本书受"北京市教委社科重点项目（编号：SZ20

"双碳"目标下北京市先进制造业创新发展与绿色提升对策研究

于晓辉 ◎ 著

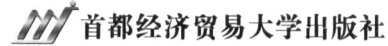

首都经济贸易大学出版社
Capital University of Economics and Business Press

·北 京·

图书在版编目（CIP）数据

"双碳"目标下北京市先进制造业创新发展与绿色提升对策研究 / 于晓辉著. -- 北京 : 首都经济贸易大学出版社, 2024. 10. -- ISBN 978-7-5638-3790-8

Ⅰ. F426.4

中国国家版本馆CIP数据核字第2024YF3282号

"双碳"目标下北京市先进制造业创新发展与绿色提升对策研究
"SHUANGTAN" MUBIAO XIA BEIJING SHI XIANJIN ZHIZAOYE CHUANGXIN FAZHAN YU LÜSE TISHENG DUICE YANJIU
于晓辉　著

责任编辑	胡　兰
封面设计	砚祥志远·激光照排　TEL：010-65976003
出版发行	首都经济贸易大学出版社
地　　址	北京市朝阳区红庙（邮编100026）
电　　话	（010）65976483　65065761　65071505（传真）
网　　址	http://www.sjmcb.cueb.edu.cn
经　　销	全国新华书店
照　　排	北京砚祥志远激光照排技术有限公司
印　　刷	北京建宏印刷有限公司
成品尺寸	170毫米×240毫米　1/16
字　　数	204千字
印　　张	14.25
版　　次	2024年10月第1版
印　　次	2024年10月第1次印刷
书　　号	ISBN 978-7-5638-3790-8
定　　价	68.00元

图书印装若有质量问题，本社负责调换
版权所有　侵权必究

前　言

绿色创新是实现2023年"碳达峰"与2060年"碳中和"（以下简称"双碳"）目标的必由之路，研究先进制造业绿色创新效率及影响因素对北京市实现"双碳"目标具有重要意义。首先，本书通过分析北京市先进制造业的发展现状、绿色创新的内涵与实际分类、历史演进和空间布局，提出北京市先进制造业当前发展的优势、存在的问题和改进空间，同时借鉴国际上典型先进制造业发展的经验，分析了北京市先进制造业发展的驱动因素。其次，本书通过构建绿色创新评价指标体系，基于超效率SBM、ML与Tobit等模型，结合近年先进制造业发展的宏观数据，分别在全国省级、北京市内部两个层面对北京先进制造业的绿色创新效率及其影响因素进行分析。研究主要表明：

第一，针对先进制造业，北京市已经从"两区"［国家服务业扩大开放综合示范区、中国（北京）自由贸易试验区］建设、成果转化与人才支持、环境奖惩、研发税等多方面给予了政策支持，然而，相对于海南省、河南省、广东省、上海市，北京市先进制造业仍存在一定的发展空间。相对于海南省，北京市可以进一步加大税收减免等政策的扶持力度；相对于河南省，北京市先进制造业可以进一步在集群、协同发展方面进行提升；相对于广东省，北京市可以加强战略性新兴产业集群建设以及产业迭代；相对于上海市，北京市先进制造业应提高资源转化率以及二氧化碳（CO_2）排放量。

第二，北京市各先进制造业绿色创新程度发展不均衡，提升路径差异化明显。北京市各先进制造业绿色创新效率呈两级分化趋势，其中，计算机、通信和其他电子设备制造业的绿色创新效率最高，但呈规模报酬递减趋势；食品制造业的技术与管理水平最高，但规模效应水平一般。新产品销售收入及发明专利对医药制造业、电气机械和器材制造业的绿色创新效率影响较大。

第三，规模效应是北京市先进制造业绿色创新效率的主要约束因素，资源配置水平有待优化。在七个先进制造业中，铁路、船舶、航空航天和其他运输设备制造业，食品制造业，电气机械和器材制造业，仪器仪表制造业，医药制造业，汽车制造业六个先进制造业的绿色创新效率受到规模效应投入水平约束，计算机、通信和其他电子设备制造业受规模报酬递减趋势的约束。整体来看，北京市先进制造业资源配置水平存在提升空间，亟须提升整体的新质生产力发展水平。

基于 Tobit 模型，本书选取通过超效率 DEA-SBM 模型评测出的 2013—2022 年绿色创新综合效率作为被解释变量，选取环境规制、地区开放水平、企业负债率、绿色产出、应收账款总计等影响因素作为解释变量，对北京市医药制造业，汽车制造业，铁路、船舶、航空航天和其他运输设备制造业，计算机、通信和其他电子设备制造业，食品制造业，电气机械和器材制造业，仪器仪表制造业七大先进制造业的影响因素进行了分析，分别找出对七大先进制造业影响最大的因素，分析其促进或抑制北京市先进制造业绿色创新的原因，并基于研究结论针对性地为七大先进制造业依次提出政策建议，以此探索北京市先进制造业绿色创新发展的提升路径，例如：行业开放水平正向影响医药制造业和汽车制造业，却对食品制造业、电气机械和器材制造业产生负向影响；政府投资正向影响汽车制造业，却反向作用于食品制造业，铁路、船舶、航空航天和其他运输设备制造业，以及电气机械和器材制造业；对于电气机械和器材制造业、仪器仪表制造业，环境规制的实施有利于绿色创新；外商投资有利于提高医药制造业的绿色创新；国企利润率的提高会提升汽车制造业、食品制造业的绿色效率，却会降低电气机械和器材制造业的绿色效率；计算机、通信和其他电子设备制造业绿色创新效率与能源消耗率、资产流动率呈正相关。

在非首都功能转移的大背景下，北京市以绿色创新为发展核心，积极提升先进制造业的竞争力。然而先进制造业的绿色创新是一个由各级政府、社会公众与企业共同组成的绿色创新系统，应该通过系统内部的有效协同发展发挥绿色创新的整体功能，提高行业的绿色创新效率。由此，本书建立由企业、政府和公众共同参与的绿色创新系统，在政府补贴和公众绿色偏好的双重约束下，分析北京市先进制造业绿色创新策略的演变过程及提升因素，研究发现：政府的研发补贴和税收优惠并非始终对企业绿色创新策略产生影响；随着时间推移，社会公众的绿色偏好对企业影响日益显著，即使政府不再提供补贴，企业也会积极开展绿色创新。

总之，本书从全国省级层面以及北京市各先进制造业内部发展对比两个视角，综合分析北京制造业绿色创新的相对效率，并且在"双碳"目标下客观识别提升北京市绿色创新水平的市场机制以及因素，以此为北京市制定绿色创新的促进政策提供一定决策依据，研究方法对其他省区市先进制造业或其他行业的绿色创新发展等具有一定的启示意义。

本书的主要贡献为：第一，通过《2006年IPCC国家温室气体指南》中的核算方法，依据原煤、焦炭、原油、燃料油、汽油、煤油、柴油与天然气八种化石燃料能源，计算北京市各先进制造业CO_2排放量并将之作为非期望产出；第二，在京津冀地区"北京创新、津冀转化、协同发展"的视角下，选取北京市七个先进制造业，针对性地研究北京地区先进制造业产业的绿色创新效率；第三，在微观层面，分别探讨北京市先进制造业绿色创新效率提升的影响因素；第四，立足北京地区先进制造业，构建基于企业、政府及社会公众三方共同参与绿色创新的演化博弈系统，从系统演化角度分析影响企业绿色创新的相关因素，进而在"双碳"背景下建立企业自发参与绿色创新的机制，为未来北京地区先进制造业绿色创新发展提供一定的理论依据。

本书主要满足绿色及碳管理相关领域研究人员的需要，对先进制造业的管理人员和技术人员也有一定的帮助。在本书研究过程中，双碳研究院部分老师以及研究生陈辰辰、刘迪、商盈润、戴天琦、苏子涵、何雁翎、崔庆茹、刘静、吴优、徐柳、高颖颖参与了资料的搜集和整理，在此一并表示感谢。本书在准备、撰写、整理过程中参考了国内外同行的许多著作和文献，引用了部分资料，特向这些作者表示感谢。

于晓辉

目 录
CONTENTS

第一章　绪论　/ 1
　　第一节　研究背景及意义　/ 1
　　第二节　研究思路及框架　/ 3

第二章　"双碳"目标下北京市先进制造业绿色创新现状　/ 6
　　第一节　北京市先进制造业的绿色发展　/ 6
　　第二节　"双碳"目标下北京市先进制造业的绿色创新发展　/ 27

第三章　北京市先进制造业绿色创新的宏观政策环境分析　/ 31
　　第一节　北京市先进制造业政策综合分析　/ 32
　　第二节　"两区"建设　/ 37
　　第三节　成果转化与人才支持　/ 43
　　第四节　环境奖惩　/ 46
　　第五节　研发税　/ 46
　　第六节　北京市先进制造业绿色创新的宏观环境政策总结　/ 47

第四章　全国视角下省级层面先进制造业绿色创新效率分析　/ 50
　　第一节　先进制造业绿色创新评价体系指标构建　/ 50
　　第二节　先进制造业评价相关模型　/ 57
　　第三节　2015—2021年省级层面先进制造业绿色创新效率评价　/ 62
　　第四节　总结及管理启示　/ 99

第五章　北京市七大先进制造业绿色创新效率评价分析　/ 103
　　第一节　绿色效率评价指标体系选取与分析　/ 103
　　第二节　北京市先进制造业绿色创新效率分析　/ 104
　　第三节　北京市先进制造业绿色创新总结及启示　/ 113

第六章　北京市七大先进制造业绿色创新效率影响因素研究　/ 115
　　第一节　模型介绍和数据说明　/ 115
　　第二节　北京市各行业绿色创新综合效率的影响因素　/ 120
　　第三节　典型先进制造业的绿色创新政策　/ 132
　　第四节　七大先进制造业绿色发展的管理启示与建议　/ 160
　　第五节　北京市七大先进制造业绿色创新效率影响因素及启示　/ 179

第七章　北京市先进制造业绿色创新演化策略研究　/ 184
　　第一节　北京市先进制造业绿色创新的三方演化博弈　/ 184
　　第二节　企业、政府、公众三方演化的稳定分析　/ 188
　　第三节　数值仿真分析　/ 192
　　第四节　结论及管理启示　/ 197

第八章　北京市先进制造业绿色创新发展管理启示及建议　/ 200
　　第一节　北京市先进制造业现状及总体提升对策　/ 200
　　第二节　北京市七大先进制造业管理启示及建议　/ 203
　　第三节　北京市绿色创新策略建议　/ 207
　　第四节　加快培育新质生产力　/ 209

参考文献　/ 213

第一章 绪 论

第一节 研究背景及意义

新一轮科技变革加速来临之际，制造业"高生产、高消耗、高排放"的发展模式日益暴露出其局限性，提升制造业绿色创新效率已经成为我国高质量和资源环境协调的重要途径之一。作为全国率先探索"碳中和"发展路径的示范区之一，北京市对先进制造业绿色创新十分重视，例如：2021年《北京市"十四五"时期高精尖产业发展规划》提出将先进制造业提升作为首都特色的产业转型升级之路；2022年发布《北京市"十四五"时期制造业绿色低碳发展行动方案》，将绿色产业创新发展作为"十四五"期间的七大行动之一；2024年发布《北京市制造业数字化转型实施方案（2024—2026年）》等政策文件，旨在推动制造业企业实现数字化转型，提升制造业的智能化、数字化水平；等等。目前，在上述政策支持下，北京市的先进制造业实现了迅猛发展，北京市在"碳中和"目标实现方面处于全国领先地位[1]。然而，在新质生产力等新发展内涵下，北京市先进制造业的综合实力仍存在一定的提升空间，与首都高质量发展要求之间存在一定差距，亟须通过绿色技术创新提高生产要素的核心竞争力。此外，北京市先进制造业数量和类别较多，有必要从绿色创新角度分类识别和评估每类北京市重点行业（如汽车、电子、医药、原材料等）的绿色创新效率，并有针对性地识别制约其绿色发展的关键因素及探讨北京地区先进制造业绿色创新发展的提升对策，以期为北京市先进制造业的新质生产力发展积累新动能，为政府绿色引导政策的制定提供一定的决策支持。此方面的研究对于北京地区的先进制造业发展及绿色创新具有一定的实际意义。

作为中国的首都和科技创新中心，北京市在先进制造业方面的发展对其他省市具有启示作用。《中华人民共和国国民经济和社会发展第十四个五年规划和2035年远景目标纲要》（"十四五"规划纲要）对京津冀地区进行重新定位，确定以京津冀等为重点加快打造引领高质量发展的第一梯队，在《京津冀协同发展规划纲要》等文件指引下，近年京津冀三地产业定位与分工日益明晰，按照"北京创新、津冀转化、区域联动"的思路，北京地区先进制造业正在跨区域资源流动的背景下实现绿色创新发展。实际上，在京津冀协同发展及非首都功能转移背景下，北京市先进制造业在北京市的发展过程中起到了关键作用：2019年，北京市地区生产总值增长6.1%，但规模以上工业中高技术制造业增加值增长达到9.9%。在高技术制造业领域，医药制造业产值同比增长6.2%，计算机、通信和其他电子设备制造业增长9.9%，专用设备制造业增长8.5%。这表明先进制造业对北京制造业发展起到了重要引领作用[2]。

在先进制造业发展过程中，北京市始终以绿色低碳为导向，推动制造业向高效、低碳、环保的方向转型发展。目前，许多行业（如智能制造、数字化制造等）采用先进制造技术，以提高生产效率和产品质量，从而增强企业的竞争力。例如，北京奔驰将"数字化、柔性化、高效、可持续"的智能制造理念全面贯彻到生产制造的每个环节，携手供应商全面推行绿色制造，建立可持续发展的绿色供应链体系。

北京先进制造业的绿色创新是由企业、政府和公众共同组成的复杂系统，应该从系统演化角度分析影响企业绿色创新的因素，从根本上提出北京市先进制造业的绿色创新发展的对策。目前，北京市先进制造业的绿色创新以政府财政补贴、税收优惠等为主。实际上，除了政府的激励，北京市先进制造业进行绿色创新也不能缺少社会公众的参与，公众的绿色偏好对先进制造业是否进行绿色创新具有很大的影响。随着国家对环境的重视，越来越多的公众自发遵守绿色低碳的社会准则，这也促使更多的企业按照公众的选择进行绿色创新。因此，北京市先进制造业的绿色创新是一个由各级政府、社会公众与企业共同组成的绿色创新系统。针对绿色创新落后于城市化发展的行业，应该从各级政府与社会公众等对创新主体行为的影响角度激励企业自发进行绿色创新，通过系统内部的有效协同发展发挥绿色创新的整体功能，提高行业的绿色创新效率。

综上，本书以北京市的先进制造业为出发点，基于2013—2022年先进制造业发展的宏观数据，在全国省级视角、北京市内部各先进制造业层面分别对北京先进制造业的绿色创新效率及其影响因素进行分析，以客观且有针对性地提出绿色创新的提升建议。然后，将"双碳"目标内化为企业绿色创新的约束或成本，再构建企业、各级政府与社会公众参与的绿色创新系统，探究促进北京地区企业绿色创新的机制。本书从绿色创新与京津冀三地产业定位分工等角度评价北京先进制造业的绿色创新效率，对于"双碳"目标下构建北京市制造企业的绿色创新市场机制具有一定的学术价值和理论意义。

第二节　研究思路及框架

结合以上背景，本书拟揭示北京市先进制造业绿色创新的相对效率，然后基于重点需要绿色创新的产业，有针对性地分析企业参与绿色创新和政府、公众之间的关系，拟提出"双碳"背景下促进北京地区先进制造业绿色创新的对策。本研究的技术路线如图1-1所示，具体研究内容如下。

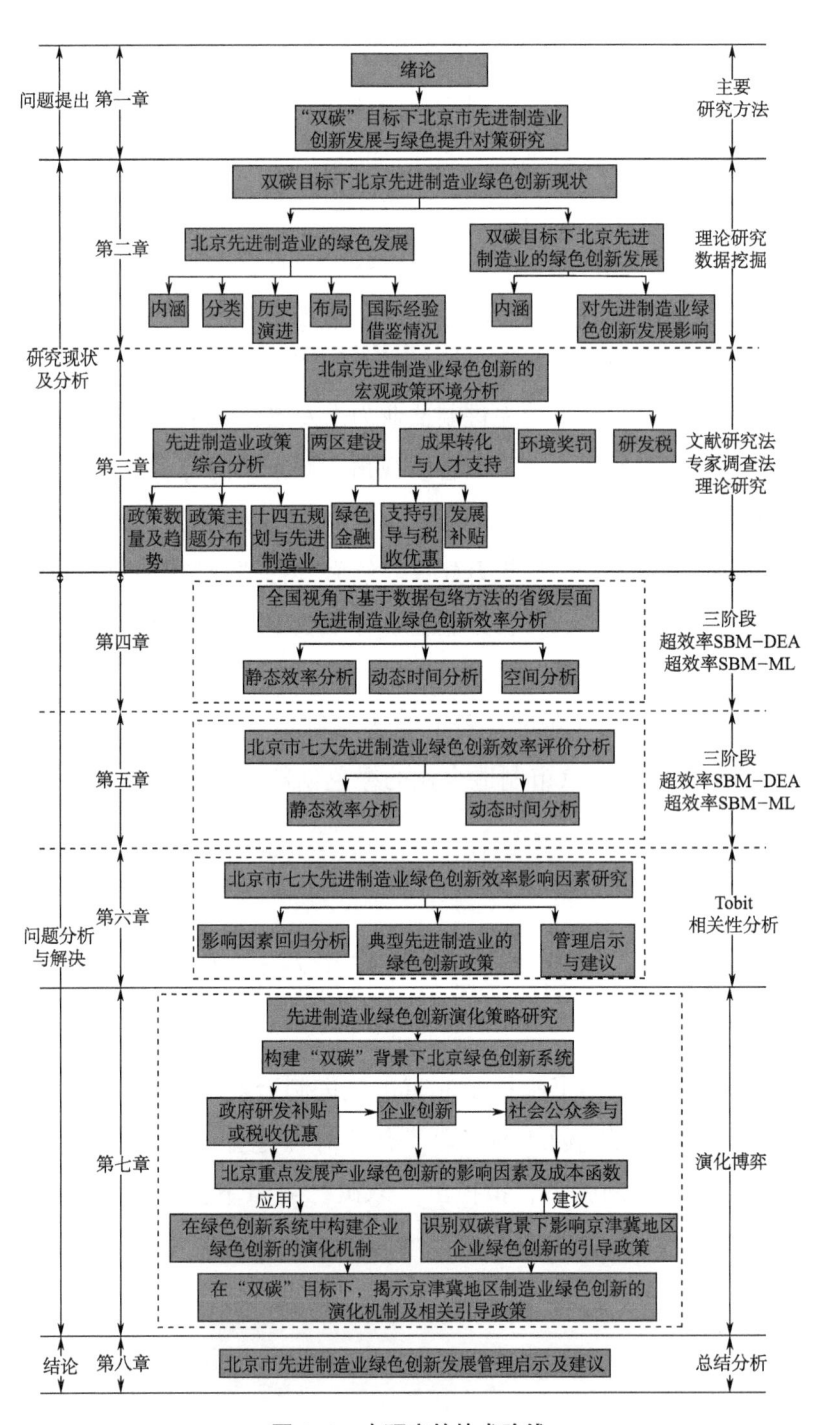

图 1-1 本研究的技术路线

第一,北京市先进制造业的创新效率对比及影响因素分析。首先,分析北京市先进制造业的发展现状、绿色创新的内涵与实际分类、历史演进和空间布局,分析北京市先进制造业当前发展的优势、存在的问题和改进空间(第二章),然后立足北京市各先进制造业现状及宏观政策环境(第三章),采用文献研究法和调查法构建先进制造业的基础数据库和绿色创新的评价指标体系(第四章)。其次,依据先进制造业宏观数据(《中国统计年鉴》《中国工业统计年鉴》《通州区统计年鉴》等),从全国视角下利用超效率SBM-DEA模型评价省级层面先进制造业的绿色创新效率,识别北京市先进制造业绿色创新发展的相对情况,通过效率的对比分析提取北京市先进制造业发展的制约因素(第四章)。再次,采用超效率SBM-ML指数揭示北京市各先进制造业绿色创新效率的针对性分析(第五章),并运用Tobit等模型识别各行业绿色创新发展的主要影响因素(第六章),以此对比分析北京市各先进制造业的绿色创新效率,有针对性地把握各行业绿色创新相对效率,从而为北京市"双碳"目标实现及各先进制造业协调发展提供一定借鉴。

第二,北京市先进制造业的绿色创新系统演化规律分析,从企业、政府及社会公众三方提取北京市先进制造业绿色创新的驱动机制(第七章)。以博弈方有限理性为前提,构建基于企业、政府及社会公众三方共同参与绿色创新的演化博弈系统,从系统演化角度分析影响企业绿色创新的相关因素,进而在"双碳"背景下建立企业自发参与绿色创新的机制,为未来北京地区先进制造业绿色创新发展提供一定的理论依据。

第三,北京市先进制造业各行业发展绿色创新的针对性建议(第八章)。结合北京市先进制造业各行业的绿色效率对比分析以及绿色创新的演化分析,提出北京市先进制造业各行业发展绿色创新的针对性建议,从而为北京市先进制造业发展提供理论指导和政策建议,进一步推动北京市先进制造业绿色转型与可持续发展。

第二章 "双碳"目标下北京市先进制造业绿色创新现状

在"双碳"背景下，北京市先进制造业面临着绿色转型的关键机遇与挑战。本章分析了北京市先进制造业的发展现状、绿色创新的内涵与实际分类、历史演进和空间布局，拟分析北京市先进制造业当前发展的优势、存在的问题和改进空间。

第一节 北京市先进制造业的绿色发展

一、北京市先进制造业内涵

北京市先进制造业是指在北京市范围内，以技术创新和产业升级为核心，具有较高技术含量、高附加值、高成长性以及良好市场竞争力的制造业。它融合了高新技术和传统产业的改造升级，是北京市产业结构调整和优化的重要方向。

北京市先进制造业致力于推动制造业的智能化绿色化和服务化，通过引进和应用先进制造技术，如人工智能、大数据、云计算、物联网等，提高制造过程的自动化、智能化水平，提升产品质量和生产效率；同时，注重资源节约和环境保护，发展绿色制造和循环经济，降低能源消耗，减少环境污染。北京市先进制造业还注重产业链的协同创新和产业生态的构建，通过加强产学研合作，推动科技创新与产业发展的深度融合，形成具有竞争力的产业集群；同时，加强与服务业的融合发展，推动制造业向高端、智能、绿色方向转型升级，提升整个产业体系的综合竞争力。北京市先进制造业的发展不仅有利于提升本地的经济竞争力和创新能力，还能够推动区域经济的协同发展，带动相关产业链的完善和升级。同时，它也符合全球制造业发展趋势，为北京市乃至全国制造业的可持续发展提供支撑。

北京市先进制造业的特征主要体现在以下 5 个方面，参见图 2-1。

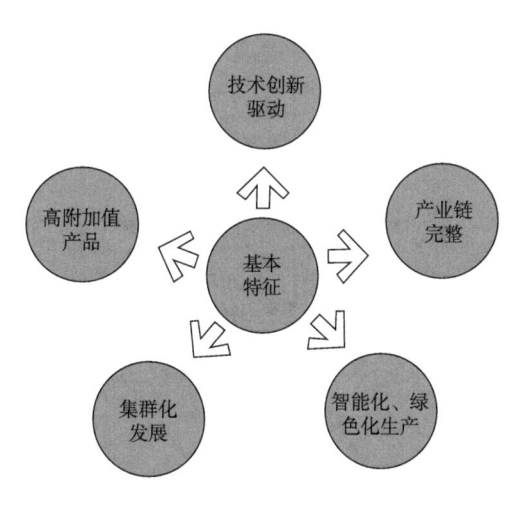

图 2-1 北京市先进制造业的特征

技术创新驱动：北京市的先进制造业注重技术创新和研发，拥有大量的高科技企业和研究机构，致力于推动新技术、新工艺和新产品的开发与应用。这使得北京市在智能制造、高端装备等领域取得了显著成就。

产业链完整：北京市的先进制造业拥有完整的产业链，从原材料供应、零部件制造到最终产品组装，形成了较为完整的产业链条，这种产业链的完整性有助于企业降低成本、提高效率，同时也为产业协同发展提供了有利条件。

智能化、绿色化生产：北京市的先进制造业正逐步实现智能化和绿色化生产。通过引入先进的信息技术、自动化设备和环保技术，企业能够提高生产效率、降低能耗和排放实现可持续发展。

集群化发展：北京市的先进制造业呈现出集群化发展的趋势，形成了一批具有特色和产业优势的产业园区和产业集群。这些产业集群通过资源共享、优势互补和协同创新，提高了整个产业的竞争力。

高附加值产品：北京市的先进制造业注重生产高附加值产品，这些产品往往具有技术含量高、市场需求大、利润空间广等特点。通过不断推动产业升级和产品结构调整，北京市的先进制造业正逐步向价值链的高端延伸。

二、绿色创新内涵

绿色创新是一个关注并实现环境可持续发展的创新模式，旨在减少对环境的不利影响。它涵盖了多个方面，包括引进新的思想、行为、产品和流程，以减轻企业的环境负担或实现特定的生态可持续发展目标。绿色创新还涉及新产品（环保技术）、新市场和新系统的开发，以及在经济战略中引入生态思想。

具体来说，北京市先进制造业的绿色创新包括以下几个关键特征：

（1）技术创新。通过研发和推广环保技术、清洁能源技术、资源循环利用技术等，减少污染物排放，提高资源利用效率。

（2）制度创新。建立和完善环境保护、资源节约、绿色发展等方面的政策法规，引导企业和公众参与绿色创新。

（3）管理创新。运用现代管理理念和方法，提高企业和政府的环境管理水平，促进绿色创新的有效实施。

（4）社会创新。倡导绿色生活方式，提高公众环保意识，形成全社会参与绿色创新的良好氛围。

（5）可持续性。绿色创新能够实现经济效益、社会效益和环境效益的统一。

三、北京先进制造业分类

北京市的先进制造业涵盖了多个细分领域,这些领域不仅反映了制造业的技术进步和创新趋势,也体现了北京市在推动产业升级和绿色发展方面的努力,主要包括以下几类。

(一) 医药制造业

医药制造业是北京现代制造业发展的四大行业之一。该行业的行业规模、效益规模、生产效率和经济效益都较好。北京市医药制造业的良好表现必然推动区域经济发展。近年来北京市的医药健康产业总体规模实现了快速增长,从 2014 年的 4 028 亿元增长到 2023 年的 9 761 亿元,实现了翻番的成就。海淀区、大兴区、昌平区、经开区等四个医药产业重点区的产业规模占比近八成[3],形成了"一南一北"的产业聚集现象。这种产业格局的形成,有利于资源的优化配置和产业的协同发展。北京市的医药制造业拥有强大的科研实力和创新能力。北京市的医药制造业也在不断推进智能化、绿色化生产,提高生产效率和产品质量,降低能耗和排放。这种转型升级不仅有助于提升企业的竞争力,也符合当前全球对于可持续发展和环保的要求。北京市的医药制造业在规模、创新、产业链完整性等方面都表现出了显著的优势和特色,并且有着广阔的发展前景和巨大的市场潜力。

(二) 汽车制造业

能源汽车作为绿色环保产业的代表,是北京市先进制造业的重点发展领域。北京市致力于发展新能源汽车技术,包括电动车、混合动力车等,以应对环境污染和能源问题。作为首都,北京市积极响应国家政策,颁布

《新能源汽车产业发展规划（2021—2025）》，加大对新能源汽车产业的投入和支持力度，到2035年，纯电动汽车成为新销售车辆的主流，公共领域用车全面电动化，燃料电池汽车实现商业化应用，高度自动驾驶汽车实现规模化应用，有效促进了节能减排和社会运行效率的提升。北京市新能源汽车产业链逐渐完善，涵盖了整车制造、动力电池、电机电控等关键环节。自动驾驶、车联网、大数据等先进技术与新能源汽车产业深度融合，为产业发展提供了强大动力。北京市作为全国政治、文化、科技中心，拥有庞大的消费市场，为新能源汽车产业的发展提供了广阔空间。

（三）计算机、通信和其他电子设备制造业

计算机、通信和其他电子设备制造业涵盖了计算机制造、通信及雷达设备制造、数字媒体设备制造、智能设备制造、电子元器件及设备制造等广泛的领域。这些行业是数字经济时代的关键基础产业，对于推动信息化、智能化、网络化发展具有重要作用。根据北京制造业的主导产业选择实证研究，计算机、通信和其他电子设备业是北京市的主要主导产业之一，销售收入和工业增加值均占较大比重。近年来，北京市的计算机、通信和其他电子设备制造业持续保持较快增长。

（四）食品制造业

北京市拥有悠久的食品制造业历史和深厚的文化底蕴，包含加工与制造、糕点糖果制造、肉类加工、食品安全监管、技术研发与创新、行业规范与标准、品牌建设与推广等方面。当前北京市食品工业以农副食品原料的初加工为主，但精细加工的程度正在逐步提升。

（五）铁路、船舶、航空航天和其他运输设备制造业

铁路、船舶、航空航天和其他运输设备制造业是一个广泛的产业领域，涵盖了制造各种交通运输工具和设备的产业，包括铁路车辆、船舶、

飞机、汽车、轨道交通设备、摩托车、自行车等各种交通工具的制造。铁路制造业主要涉及铁路干线或企业非铁路干线使用的用于运送旅客、装运货物的各种铁路车辆制造业、铁路车辆用零配件制造业及修理业。船舶制造业则包括金属船舶制造、娱乐船和运动船的建造和修理、船用配套设备制造、船舶修理及拆船等。航空航天制造业主要涉及民用机场设施、安全保卫设施、飞行试验地面设备、航空测试与计量设备等产品的制造。其他运输设备制造业还包括摩托车、自行车等两轮及三轮交通工具的制造。交通运输设备制造业是国家重点支持的战略性新兴产业之一，其产品具有极高的技术含量和附加值。该行业是一个技术密集型和用工密集型行业，需要大量的研发投入和技术创新，同时需要大量的人工投入来支持生产和服务。

（六）电气机械和器材制造业

电气机械和器材制造业是指以电力为动力源，进行电机、变压器、开关设备、电线电缆、电池等电气设备的制造的行业。这个行业涵盖了电力产生、输送、使用等相关的产业，是支撑现代化社会的基础产业，也是国民经济发展的关键领域之一。电气机械和器材制造业需要掌握大量的技术知识和专业技能，强调技术创新和研发。北京市的电气机械和器材制造业在全球市场上的竞争力不断增强，通过技术引进、产业升级和产品出口等方式积极开拓国际市场。

（七）仪器仪表制造业

仪器仪表制造业指生产各种测量、控制、校准和分析用的电子、机械、光学等仪器仪表的产业部门。该行业涵盖了测量仪器、工业自动化仪器、电工仪器、实验分析仪器、光学仪器等多个细分领域，广泛应用于国防、能源、交通、通信、制药、医疗、环保、地震、气象等领域。随着智能制造和工业互联网的推进、环保意识的提高，仪器仪表制造业将更加注重智能化、自动化的研发和应用，以及绿色、环保的产品设计和生产。数字化转型也是仪器仪表制造业发展的重要趋势，通过大数据、云计算等技术的应用提高生产效率和管理水平。

四、北京市先进制造业的历史演进

北京市先进制造业的发展是一个持续推进、不断演变的动态过程。在不同的历史时期、不同的政府政策指导和不同的城市功能定位背景下，北京市先进制造业展现出各具特色的发展特征。经过多年的历史演进，北京市先进制造业在产业层次、产业结构、产品价值和发展方向上不断提升，逐步形成了推动北京市经济高质量发展的重要动力。从近年整体数据看，北京市经济发展一直保持着平稳调整的态势，通过不断优化产业结构，制造业出现了新的变化，呈现一般制造业逐步退出和先进制造业比重不断上升的特征。

（一）产业结构现状和演变

宏观层面上，北京产业结构正不断优化，如表2-1所示，第一、二产业占比继续缩小，第三产业占比则不断提高。三次产业构成由1949年的23.1∶36.8∶40.1变化为2023年的4.6∶27.7∶67.7。其中，有三个阶段的变化较为突出。第一阶段是1978—1989年，这是一个较为明显的调整时期，产业结构逐步得到优化。第二产业比重开始明显下降，1978年其比重为71%，1989年为55.3%，下降了15.7个百分点，第三产业比重上升迅猛，从1978年的23.9%上升到1989年的36.3%，上升了12.4个百分点。第二阶段是20世纪90年代初期至2000年。第二产业比重快速下降的同时，第三产业比重快速攀升。1995年第三产业增加值首次超过第一产业与第二产业增加值之和。第三阶段是2001年至今，第三产业比重继续上升，2020年这一比重更升至83.8%。

表 2-1　1949—2023 年北京市三次产业的比例变化　　　　单位：%

年份	第一产业	第二产业	第三产业
1949	23.1	36.8	40.1
1952	22.2	38.7	39.1
1978	5.1	71.0	23.9
1980	2.3	68.9	26.8
1985	6.9	59.8	33.3
1989	8.4	55.3	36.3
1990	8.8	52.4	38.8
1995	5.8	44.1	50.1
2000	2.5	32.7	64.9
2005	1.4	30.9	67.7
2010	0.9	23.5	75.6
2015	0.6	19.7	79.7
2020	0.4	15.8	83.8
2023	4.6	27.7	67.7

注：以上数据来源于人民政府网站发布的年度国民经济和社会发展统计公报中的初步核算数据，数据更新至 2023 年 12 月。

通过分析 1949—2023 年北京市三次产业的比例变化可知，北京工业正加快进入减量集约、创新发展的后工业化新阶段，也焕发出前所未有的活力。虽然随着后工业化时期经济发展规律的演进及首都产业结构的战略性调整，第三产业已成为北京的主导产业，但工业依然是北京经济发展的支柱产业之一，是全市创新驱动、经济转型升级的重要支撑。北京市通过保持制造业一定比重并稳步提升，为更加细分的北京市行业、产业发展调整做好了准备。

（二）以先进制造业主动应变

培育和发展先进制造业是建设现代化产业体系的核心任务和主要路径。新工业革命时期，先进制造业正朝着数字化、绿色化、融合化、高端化和国际化方向发展，需要重点发展智能制造、绿色制造、柔性制造、服务型制造和集群式制造等新型制造方式。北京市通过创新驱动制造业高端化发展，发展高端制造、智能制造、绿色制造，推动先进制造业与生产性服务业深度融合，推动"北京制造"向"北京智造"转变，力争在非首都功能疏解与稳定制造业比重之间保持平衡。

近年来，北京市积极推动制造业高质量发展，加快培育制造业新动能，促进制造业向中高端迈进。北京市制造业总产值、工业增加值、出口额均居于全国前列。具体来说，从产业结构上看，北京制造业正在向高端制造业转型升级。高端装备制造、新能源、新材料等新兴产业发展迅速。制药、医疗器械、电子信息等传统行业不断优化升级。此外，北京还大力发展创新型制造业，鼓励企业通过自主开发核心技术和自主知识产权产品，提高产品附加值和竞争力。北京市政府也出台了一系列扶持政策，支持创新型企业发展、贯彻制造强国战略等。这些政策在发挥作用，同时也提高了本地制造业整体水平。北京市作为中国的首都和国家科技创新中心，拥有良好的科技创新环境和创新资源。在制造业领域，北京市重点发展的领域包括高端装备制造、新一代信息技术、新能源与节能环保、新材料与高分子材料、生物医药等，北京市形成了以中关村、清华科技园、海淀科技园等为代表的众多科技园区，成为中国创新型制造的重要基地之一。北京市政府还投入了大量资金用于支持创新，鼓励企业加大研发投入和技术创新力度，提高自主创新能力。另外，北京市还积极拓展对外开放，加强与全球制造业诸多领域合作。同时，北京市通过举办多种各类展会和会议等形式促进制造业间的交流和合作，推动本地先进制造业的发展。

北京市先进制造业是北京市经济的重要组成部分，它的发展经历了从传统制造业向高端制造业转型升级的过程。目前，北京市的制造业主要涵盖信息技术、生物医药、新能源、高端装备制造等领域。总体来看，北京市先进制造业的发展态势较为稳健。近年来，北京市先进制造业总体规模稳步增长，产值和利润水平逐年提高。在具体的制造业领域里，信息技术制造业是北京市的优势产业之一。北京市具备良好的信息通信和科技创新环境，适合信息技术制造业的发展。同时，北京市的生物医药和新能源等领域也具备较强的创新能力和发展潜力。此外，北京市还积极推动高端装备制造业发展，加强关键核心技术的攻关和产业链的整合。除了以上提到的产业，北京市的先进制造业还涵盖了其他领域。其中，高端智能装备制造业、新材料制造业、航空航天制造业等也是北京市制造业的重要领域。

（三）世界级先进制造业集群化建设

党的十九大报告提出，要建设若干世界级先进制造业集群。京津冀、长三角、粤港澳大湾区是全国城市、产业、创新发展程度最高的区域，是建设若干世界级先进制造业集群的排头兵。京津冀协同发展的战略意义深远，其中一个关键目标就是打造世界级先进制造业集群。从综合技术实力的角度来看，北京作为全国高端制造业的技术创新中心，在京津冀世界级先进制造业集群的建设中发挥着技术创新动力源的核心作用。北京拥有丰富的高端科技资源，如顶尖科研机构、高校和创新企业。这些资源的集聚为制造业创新提供了深厚的技术基础和源源不断的创新活力。北京的科研成果和创新理念能够迅速转化为实际应用，推动制造业的技术升级和产业升级。其在智能制造、工业互联网等领域的前沿探索，为整个京津冀地区的制造业提供了技术示范和引领。在创新政策和人才环境方面，北京也为京津冀其他地区树立了榜样，吸引了大量优秀人才和创新资源。京津冀世界级先进制造业集群建设是中国区域经济发展中的大事件，北京高端智库参与建设前的规划，北京的企业、科研机构、高等院校参加规划实施，都是世界级先进制造业集群不可或缺的重要建设者。京津冀世界级先进制造业集群建设正在稳步推进，北京作为技术创新动力源发挥着核心作用。

五、北京市先进制造业布局

北京市积极规划布局先进制造业（见表2-2），制定了一系列先进制造业发展规划和目标（见表2-3），培育了新一代信息技术、医药健康、新能源汽车等产业集群。同时，高精尖产业发展迅速，已形成新一代信息技术、科技服务业两个万亿级产业集群。

表2-2 北京市先进制造业布局

区域	布局
延庆区	航空航天、智能制造装备
昌平区	新一代信息技术、新能源汽车充电设备、新材料
海淀区	新一代信息技术、机器人、人工智能、节能环保服务
门头沟区	智能制造装备
丰台区	卫星制造与综合应用、节能环保服务
房山区	新材料、智能制造、医药健康
怀柔区	高端新能源装备、大容量储能装置
密云区	节能环保
平谷区	通用航空
顺义区	新能源智能汽车、第三代半导体、航空航天
朝阳区	电子信息、高端系统集成装备、新一代信息技术、软件和信息服务
通州区	软件和信息服务、科技服务
大兴区	新一代信息技术、医药健康、新能源汽车、智能装备
石景山区	软件和信息服务（数字内容）
东城区、西城区	软件和信息服务（数字内容、信息服务）

表2-3 北京市先进制造业发展规划和目标

"十四五"规划布局	培育新一代信息技术、医药健康、新能源汽车等万亿级产业集群
	力争在人工智能、集成电路设计等领域取得一批核心技术成果
	布局量子信息、人工智能、工业互联网、卫星互联网、机器人等产业
自由贸易试验区	2020年9月，中国（北京）自由贸易试验区成立，其中包括科技创新片区和高端产业片区，工业总产值占全市的22%

续表

"新智造100"工程	2021年8月《北京市"新智造100"工程实施方案（2021—2025年）》提出，推动制造业智能化转型升级，提升智能制造供给能力以及打造智能制造万亿级产业集群。到2025年，基本实现规模以上企业智能化转型升级全覆盖，全市智能制造产业集群规模突破1万亿元

六、先进制造业绿色创新的国际经验借鉴

美国和德国在先进制造业绿色创新方面取得了显著成效，这些国家通过技术创新、政策支持和市场推广等手段，推动了制造业的绿色发展，并凭借其巨大的经济规模和卓越的产业创新能力，对全球经济发展起到了关键的推动作用。鉴于此，我们选取这两个国家作为典型案例，分析它们的产业发展现状和转型升级的成功经验。这不仅有助于我们更好地理解世界制造业的前沿动态，还能为北京市高精尖产业的进步提供有益的参考和借鉴。

（一）美国

美国制造业演变过程中经历了"空心化"到回流的转变，高端先进制造业不断优化升级，传统基础产业长期保持其优势，国家顶层设计、科技创新、良好创新生态对制造业发展具有重要驱动作用，其中化工产品、计算机及电子产品和交通装备制造业属于优势行业。近年来，美国经济回温和扩张，制造业发展疲软，但其高新技术产业、高端制造业仍然占据着全球技术的制高点，制造业不断向附加值最高的尖端制造业方向发展。

1. 发展现状

就产业增加值占国内生产总值（GDP）比重而言，美国制造业在GDP中的地位呈现下降到稳定的状态（见图2-2）。2011—2018年，占比维持在11%~12%，制造业产业值逐年增加，说明2008年金融危机以来，

美国一直提倡的制造业回归战略在该过程中发挥了一定作用。在过去的全球化进程中，美国基于比较优势，借助全球化产业链将低端制造业、加工厂转移到中国等生产要素成本较低的发展中国家，大力发展高新技术产业和金融服务业，包括电子信息、生物医药等高端制造业，并对其进行贸易保护，促使美国在全球制造业体系中（尤其是高端制造业）始终占据重要地位。

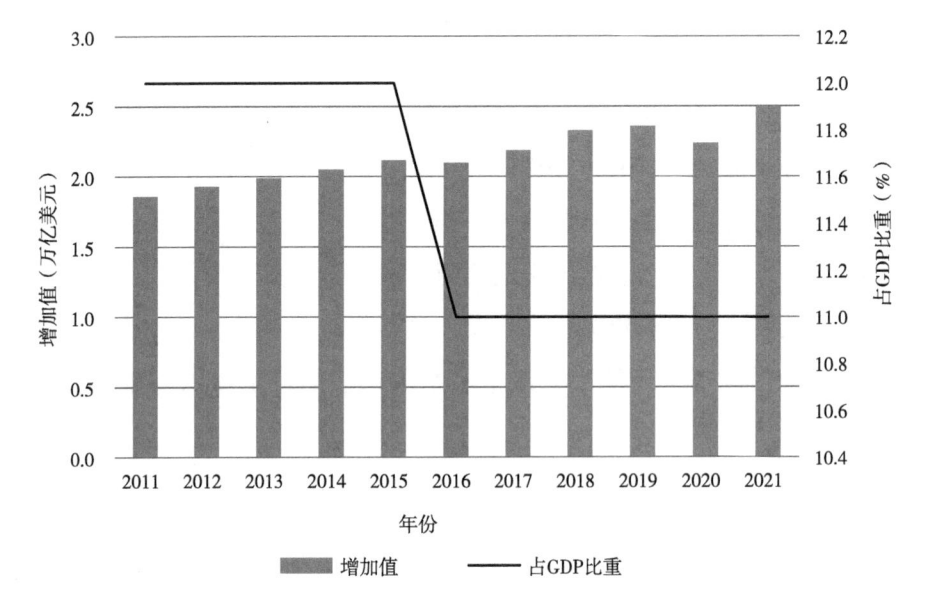

图 2-2　2011—2021 年美国制造业增加值及其占 GDP 比重

资料来源：世界银行国民经济核算数据，以及经济合作与发展组织国民经济核算数据文件。

如图 2-3 和图 2-4 所示，美国制造业中生产总值增加最多的是化工产品制造业，在制造业中占 19%；其次是食品、饮料和烟草产品制造业，在制造业中占 12%；第三大制造业是计算机和电子产品制造业，在制造业中占 11%。化工产品、食品饮料属于美国传统优势产业，具有陶氏杜邦、强生、可口可乐等全球知名企业；美国的计算机和电子产品制造业一直处于产业链顶端，其中硅谷电子信息产业集群闻名全球，集聚甲骨文、苹果、谷歌、英特尔、微软等龙头企业，凭借不断创新引领电子信息产业变革。

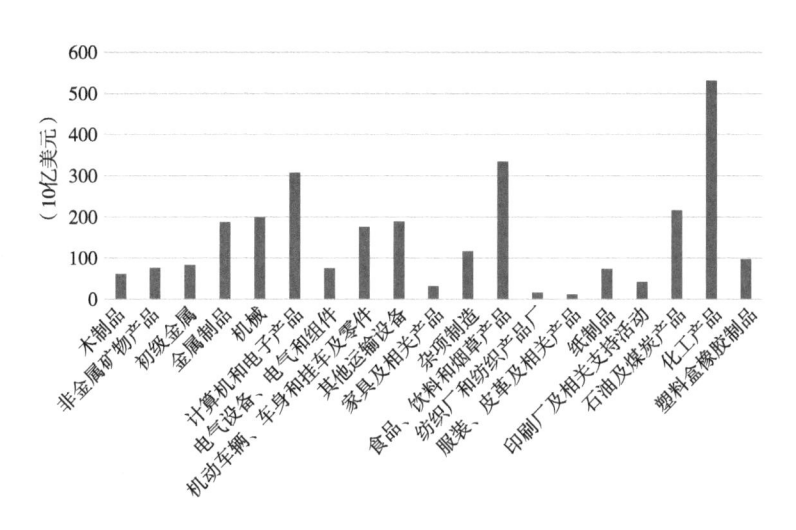

图 2-3 2023 年美国制造业细分行业增加值

资料来源：美国商务部经济分析局。

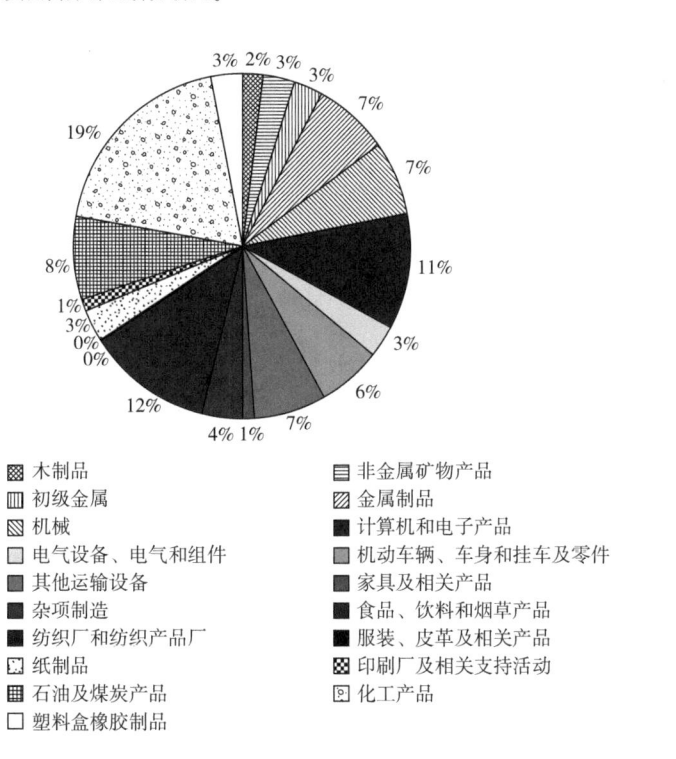

图 2-4 2023 年美国制造业细分行业增加值占制造业增加值比重

资料来源：美国商务部经济分析局。

2. 先进制造业绿色发展经验

近年来，美国通过研发应用绿色技术、加强资源循环利用和优化产品设计等手段促进先进制造业绿色转型。例如，在制造过程中，美国制造企业实现了去碳化，用低碳原料和能源替代传统的化石燃料。这一转变不仅减少了碳排放，还提高了能源利用效率。此外，它们还积极研发新型材料和技术，以进一步降低生产过程中的环境负担。美国还通过建设新型研发机构、鼓励官产学研合作、促进技术转移转化等措施加快先进制造技术创新。美国政府还出台税收优惠、资金支持等一系列政策，激励企业积极投入绿色技术的研发和应用，为绿色制造产品提供了更广阔的市场空间。

（1）技术创新支撑高端制造业发展。在科技强国中，美国创造新产业的能力冠绝各国。制造业尤其是信息技术、生物医药、装备制造等高端先进制造业作为技术密集型产业，对科技创新具有较大的依赖性，其创新发展离不开科技进步的支撑，拥有核心技术的企业将掌控产业链关键环节、占据价值链高端、引领产业发展。

（2）良好创新生态驱动制造业发展。高校、研究机构、企业、人才、金融等创新资源要素与良好创新氛围融合，构筑良好的创新生态，促使美国制造业集群与创新集群融合发展。首先，美国集聚了世界一流研究机构。波士顿生物医药产业发展有哈佛大学、麻省理工学院、波士顿大学等诸多高校支持，硅谷有斯坦福大学、加州大学伯克利分校和加州理工学院等。其次，美国集聚了各类投资资金，推动科技成果转化，如硅谷电子信息、生物医药产业集群的发展始终伴随着风险投资的发展。最后，美国领军企业吸引资源要素。硅谷电子信息有甲骨文、苹果、谷歌、英特尔、微软等，美国航空制造有波音公司、洛克希德马丁公司、美国联合航空技术公司等，生物医药产业领军企业有 Biogen、IDEC 医药、Celera 和人类基因组科学公司等。

（3）高端先进制造业稳步发展并不断优化升级。在全球化驱动的产业分工的大背景中，传统制造业受生产要素驱动和经济环境效应影响，通过技术变革、梯度转移，在国民经济和制造业的比重缓慢下降并趋于稳定。基于美国独步全球的高技术优势对高端产业的有力支撑，美国着力推进电子信息产业、生物医药业、汽车制造业、航空航天制造业、先进材料等高端先进制造业的发展，并利用先进的科学技术驱动高端先进制造业的迭代升级，长期保持高端制造优势，例如：波音公司的民用飞机市场占有率位居全球第一；高通的手机芯片技术支撑众多手机品牌的发展；高端工业医疗设备全球领先，比如通用的核磁共振设备。

综上，美国以强大的技术创新能力推动高端制造业如信息技术、生物医药、装备制造等领域的发展，同时通过高校、研究机构、企业、人才和金融等创新资源要素的融合，构建了良好的创新生态，进一步促进了制造业的发展。在全球化的产业分工背景下，美国利用其高技术优势，不仅稳步推进高端先进制造业的发展，还不断驱动这些产业的优化升级，长期保持其在高端制造领域的领先地位。

（二）日本

日本制造业保持较为稳定的发展态势，在全球具有较强竞争力，特别是汽车、电子和机械等行业。然而，随着全球产业结构调整和新兴市场崛起，部分传统制造业面临转型挑战。为应对这些挑战，日本政府和企业正在积极采取措施，如强化半导体产业竞争力等，以促进先进制造业的持续创新与发展。同时，日本制造业也越来越注重绿色和可持续发展，通过技术创新和政策扶持来提高产业的环境友好性。

1. 发展现状

在产业增加值占 GDP 比重方面，日本制造业在 GDP 中的地位呈现下降到稳定的状态，如图 2-5 所示。2011—2021 年（除 2020 年外）占比维持在 7%~8%，日本制造业增加值逐年增加，2020 年全球蔓延的新冠疫情对日本制造业造成巨大冲击，日本企业传统的管理模式和业务模式均遭受重创。

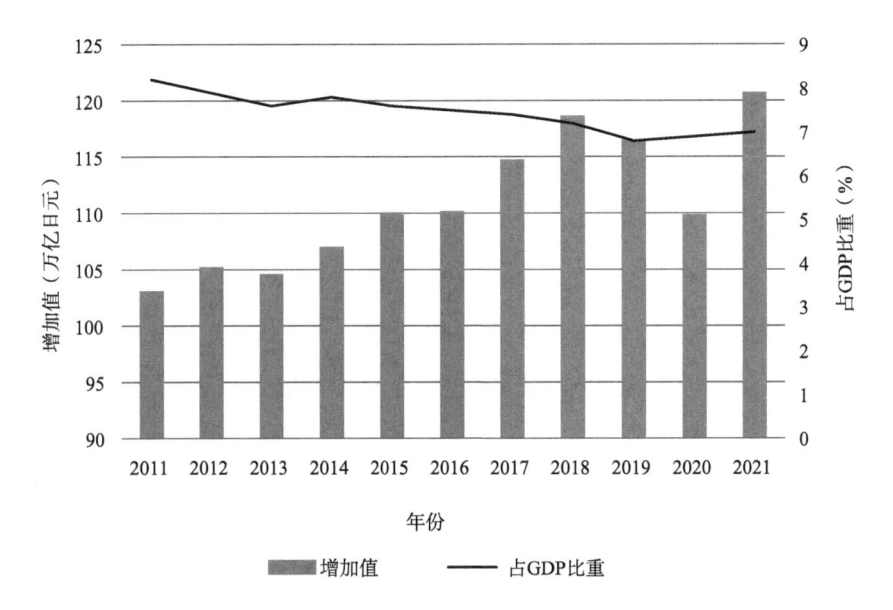

图 2-5　2011—2021 年日本制造业增加值及其占 GDP 比重

资料来源：世界银行国民经济核算数据，以及经济合作与发展组织国民经济核算数据文件。

如图 2-6 和图 2-7 所示，日本制造业中生产总值增加最多的是运输设备制造业，在制造业中占 17%；其次是通用型、生产经营型机械制造业，在制造业中占 15%；第三大制造业是化学品制造业，在制造业中占 12%。2016 年日本政府发布的制造业白皮书提出，将基于机器人、物联网和工业价值链构建日本先进制造顶层体系，通过产品的制造促进价值的制造。在绿色创新发展方面，日本拥有众多领先的企业。例如，在绿色能源领域，松下、夏普、富士胶片等公司在积极研发和推广太阳能、风能等清洁能源技术。同时，一些汽车制造商如丰田、本田等也在电动汽车和混合动力汽车领域取得了显著进展。这些企业在绿色创新方面的投入和成果不仅提升了自身的竞争力，也为整个行业的绿色发展做出了贡献。

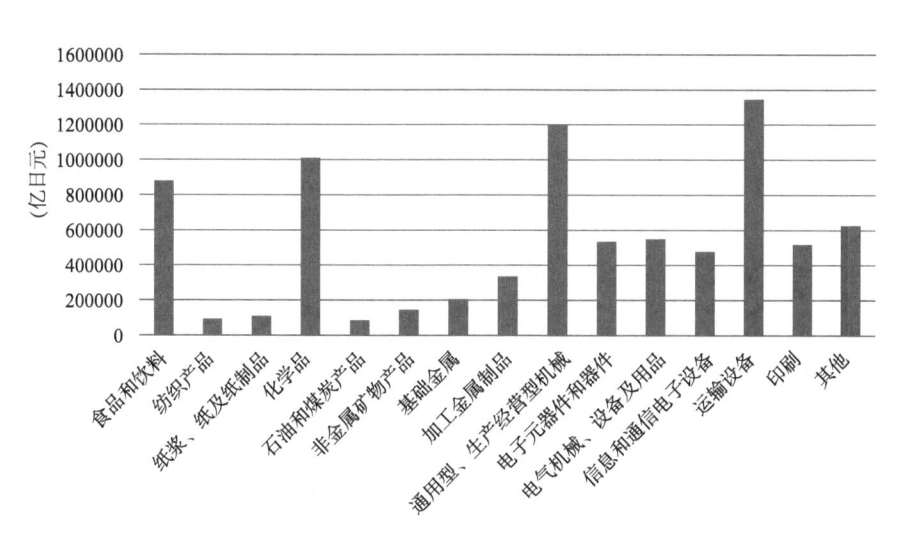

第二章 "双碳"目标下北京市先进制造业绿色创新现状

图 2-6　2021 年日本制造业细分行业增加值

资料来源：世界银行国民经济核算数据，以及经济合作与发展组织国民经济核算数据文件。

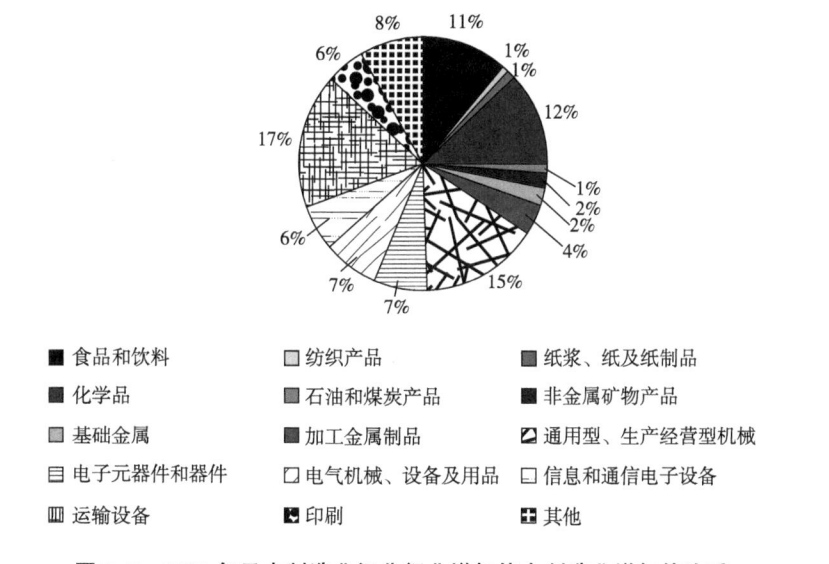

图 2-7　2021 年日本制造业细分行业增加值占制造业增加值比重

资料来源：世界银行国民经济核算数据，以及经济合作与发展组织国民经济核算数据文件。

2. 先进制造业绿色发展经验

2020 年 12 月，日本政府制定《绿色发展战略》，旨在力争到 2050 年

23

实现碳中和目标，进而实现经济与环境的良性循环。为推动《绿色发展战略》实施，日本政府将制定预算、税制、规制改革与标准化、国际合作等方面的一揽子措施，推动日本经济社会中 14 大重点领域向绿色化发展。同时，日本政府十分强调绿色化与数字化的双轮驱动，即高度重视利用新一代数字化技术和基础设施支撑绿色转型。

（1）协调"产官学"各单位，成立国家级战略组织进行技术攻关。日本制造业转型时，制造业在政府机构的主持下，集全国先进力量进行技术攻关。以集成电路为例，为了与美国竞争，日本通产省召集国内最大的五家计算机企业（富士通、日立、东芝、三菱、日本电气）共同商议，并组织最精干的科研人员成立"超大规模集成电路技术"研究项目组。经过四五年的同心协力，技术人员终于攻克半导体技术难关，抓住技术优势，一举超越美国成为世界第一大半导体销售国。这说明在攻克"卡脖子"技术难题时，有必要协调与整合多元创新力量，从"产官学"各单位选拔技术人员，形成高效合作机制，发挥各自比较优势，联合国家级科研力量开展科技攻关。

（2）发挥政府导向作用。日本政府通过出台一系列财税补贴促进绿色消费，例如，2009 年日本对新能源汽车、节能家电产品等推行"绿色税制"，还鼓励家庭和企业使用太阳能发电设备，对研发和生产废旧物资回收利用设备的企业给予高额补贴和资助。此外，2007 年起日本开始征收碳税，目标是降低碳排量，提高居民的绿色消费意识，改善能源消费结构。这些措施不仅有效地促进了日本民众的绿色消费，也推动了日本绿色新兴产业的稳定发展。

（3）加强科技成果转化与知识产权保护。技术创新是制造业和实体经济发展的原动力。日本长期重视科技投入，研发成果所获专利数量名列前茅，同时也重视科技成果的产业化，以实现创新的价值和意义。1998 年，日本颁布实施《关于促进大学等的技术研究成果向民间事业者转让的法律》，鼓励大学组建技术转移机构。2004 年，日本成立大学技术转移协会，在知识产权管理、技术转让等方面加强机构及个人之间的交流，分享有关信息、组织调研活动、提出相关建议。这些机构和组织对促进产学合作、推动企业技术进步及产业结构调整发挥了重要作用。不仅如此，日本还重视知识产权保护，形成了一套比较完善的法规体系，为自主创新和自主专利保驾护航。

在日本制造业转型期间，政府发挥导向作用，出台财税补贴政策促进绿色消费和产业发展。此外，日本还加强科技成果转化与知识产权保护，推动产学合作和技术进步，为制造业和实体经济发展注入原动力。

（三）总结与启示

美国的竞争优势主要体现在人才、研究、技术与创新领域的投资、法律监管环境方面，日本的竞争优势主要体现在研发人员与专利方面。与美国、日本两大制造业强国相比，当前我国先进制造业仍存在大而不强、创新能力弱、关键核心技术与高端装备对外依存度高等问题。本书通过对比差异，分析优势，寻找北京市下一步的发展方向，从而提出以下建议。

1. 加强绿色创新支持力度，实现全面可持续发展

美国希望通过政府的杠杆作用撬动各方主体力量，形成政产学研有效合作，从而构建更具活力的创新生态系统。奥巴马签署的《先进制造业伙伴计划》率先提出尝试政产学研联合协作模式，即联邦政府作为发起者，负责创造良好的发展环境，包括在项目初期提供资金、提供税收政策优惠以及推出知识产权保护等有益法规。鉴于此，北京市政府应制定补贴优惠政策，指明产业发展方向，促使北京市先进制造业自主创新与开放创新协同共进。政府应加大对绿色创新的政策支持力度，要求制造业减少污染物排放，并通过制定足够的政策指明未来产业的发展方向，刺激先进制造业主动进行绿色创新改革。在相关技术产业方面，要加大绿色产业基础研发的投入，构建坚固的产业基石，将发展重点放在新能源使用、能量转化、新能源交通、碳循环等领域。同时，提高数字科技与绿色产业的结合程

度，优化供需两侧的管理，未来为家家户户提供定制化低碳生活方案。

2. 优先发展优势产业，带动经济的整体发展

从日本的产业布局中可以看到，日本政府在选择重点产业发展时，优先专注于其自身具有比较优势的汽车、船舶等产业，通过建立并不断扩大其产业优势进而带动全体产业进行绿色升级。我国在发展绿色产业的同时也可以参考日本的产业布局特点，优先发展我国的优势产业，从而实现绿色转型。因此，北京市可以推动先进制造业集群化协同发展，充分发挥企业作为研发应用新型生产工具主力军的作用。发挥丰台区轨道交通智能控制产业集群、大兴区医疗器械产业集群、海淀区集成电路设计产业集群等先进特色的产业集群的力量，将科研与产业融合创新，推动产业集群发挥辐射作用，依托龙头企业带头作用，促进大中小企业协同发展。设置集群发展专项资金，调整各区制造业结构。进行集群制造业重大招商引资，鼓励龙头企业发挥产业链主引擎作用，带动上下游中小企业发展，提高资源配置效率。

3. 加强人才培养，培养先进制造复合专业人才

2016年5月，美国国家科技委员会发布"联邦大数据研发战略规划"，提出改善国家大数据教育与培训，持续发展数据科学家队伍，壮大数据授权领域的专家群体，扩大具有数据分析能力的劳动力队伍，在公众中普及数据知识，以满足对深度分析人才和分析能力等不断提高的需求。2015年1月，日本发布《机器人新战略》，提出人才培养综合配套措施，要求培养软件、系统集成等专业的人才，并且设置专门奖项，同时在2020年召开机器人奥林匹克竞赛。相比之下，北京市对人才培养的定位还不够准确，高校专业设置与人才需求还不够匹配，这些不利于支撑先进制造业的发展。2023年，北京高校培养的文史类毕业生规模占毕业生总的一半以上，但目前政府主导和重点发展产业要发展新质生产力的人才，70%集中在工学、理学等基础研究和应用型学科方面，高校专业设置和人才培养质量难以满足。因此，北京应坚持以打造创新型人才为导向，转变高校人才

培养模式。由政府主导在北京地区开展先进制造业创新人才定向培养专项计划,成立特色班将学生放在"卡脖子"的项目中培养,并基于资金补助和成果转化政策予以支持;同时对各先进制造业所缺技能型人才、高精尖人才,分别针对性设置明确的认定标准,并灵活协调户口编制,对所需高端人才的薪资收入、住房补贴、子女教育等待遇设置专项的政策支持来强化北京地区对高素质的劳动者的引进力度。

综上所述,为了推动先进制造业的高质量发展,北京市应综合考虑多个维度进行全面提升。首要任务是加强先进制造业集群的建设,通过政策扶持和产业布局优化,吸引更多的高端制造业企业聚集,形成产业链上下游的紧密配合,从而提升整个产业集群的竞争力。其次,制造业结构的优化升级也是推动高质量发展的关键环节。北京市应当引导企业向智能化、绿色化、服务化方向转型,淘汰落后产能,发展高附加值、高技术含量的产品与服务,以适应市场需求的变化。最后,加大科技创新投入,不仅包括研发资金上的增加,更包括人才培养、创新平台建设等多方面的投入,确保北京市的先进制造业持续保持技术领先地位,为国家的制造强国战略贡献更大的力量。通过这些综合措施的实施,北京市将有效推动先进制造业的高质量发展,为制造强国战略的实施提供坚实支撑。

第二节 "双碳"目标下北京市先进制造业的绿色创新发展

一、"双碳"目标内涵

2020年9月22日,习近平主席在第75届联合国大会一般性辩论上宣布中国二氧化碳排放力争于2030年前达到峰值,努力争取2060年前实现碳中和。实现碳达峰、碳中和，是以习近平同志为核心的党中央经过深思熟虑做出的重大战略决策，事关中华民族永续发展和构建人类命运共同体。实现碳达峰、碳中和是一场广泛而深刻的经济社会系统性变革，我们面临前所未有的困难挑战。

当前，我国经济结构还不合理，工业化、新型城镇化还在深入推进，经济发展和民生改善任务还很重，能源消费仍将保持刚性增长。与发达国家相比，我国从碳达峰到碳中和的时间窗口偏紧。做好碳达峰、碳中和工作，迫切需要加强顶层设计。在中央层面制定印发的《关于完整准确全面贯彻新发展理念做好碳达峰碳中和工作的意见》提出了碳达峰碳中和"双碳"目标，明确了我国"十四五"时期生态文明建设将以降碳为重点战略方向，促进经济社会发展全面绿色转型，促进生态环境持续改善，建设人与自然和谐共生的现代化，汇聚全党全国力量来完成碳达峰碳中和这一艰巨任务具有重大意义。

二、"双碳"目标对先进制造业绿色创新发展影响

制造业是中国高速发展的主要驱动力，也是传统工业化模式的核心。中国作为全球超大经济体和最大商品出口国的快速崛起，主要是由制造业推动的，特别是先进制造业。与此同时，先进制造业也是中国环境问题的一个主要成因。碳中和并不是要去工业化，而是要推动制造业部门在组织结构、能源和材料投入、生产过程、产出和回收/再加工等方面进行根本性再造，以使环境友好的增加值成为先进制造业增长的主要来源，从而改变产出的制造方式、产出内容，并以此推动生活方式转变。这个过程将给中国制造带来巨大挑战，同时也带来升级换代的重大绿色机遇。

先进制造业的绿色创新是中国碳中和的重要内容。根据国家统计局发布的数据：2021年中国制造业增加值为31.4万亿元，约占中国GDP的27%，占全球制造业比重近30%。制造业碳排放总量约占全国碳排放总量

的45%。在中国的碳排放中，大约20%~30%的碳排放产生于出口产品中。为实现先进制造业的碳中和，需要对旧工业进行改造和重建。这些改造和重建带来了投资的搁浅风险，以及未成功转型产业的中断风险，但同时也让中国制造业有可能"超越"传统行业并满足未来对绿色制成品和中间品的需求。汽车制造业就是典型的示例，根据中国汽车工业协会网站数据，目前中国已是世界上最大的电动汽车和新能源装备生产国和消费国。2021年，中国新能源汽车销量占全球销量的一半以上，在全球二十大新能源汽车厂家中，中国有十二家[4]。中国企业投资开发电动汽车的制造能力，以及基础传动系统、机器人和电池技术，使中国电动汽车制造商有能力挑战，并超越在该领域积累了数百年经验的全球燃油车行业领导者。同时，中国也在国内广泛部署太阳能和风能技术，已经成为世界最大的可再生能源设备制造商和出口国[5]。中国为全球市场供应了90%的光伏产业组件，也是世界最大的风机制造国，产量占全球一半。中国还在多项碳中和相关应用技术的开发和部署方面处于世界领先地位，包括无人机系统、先进机器人、5G网络和互联网经济等。

但是，先进制造业的绿色创新面临多重约束，包括先进制造业占GDP比重要保持基本稳定、先进制造业增长速度与GDP增速需持平，以及先进制造业与其他大型能源消费者竞争性使用有限的清洁能源。"十四五"规划和2035年远景目标纲要强调，中国要保持制造业比重基本稳定。同时，2035年GDP预计将在2020年基础上翻番。这意味着，中国制造业绝对规模也将翻番。这将增加对清洁能源的需求，使得减少先进制造业绝对排放量的任务变得更具挑战性，并加剧先进制造业对清洁能源的需求。因此，只有同时大幅降低先进制造业能源强度，推动非化石能源加快发展才能实现。除了钢铁、水泥、有色金属、石油和化工等传统高耗能制造业的能源强度下降外，成长中的绿色制造业（如太阳能、风能、电动汽车）也必须着眼于降低能源消耗，并使用清洁能源。先进制造业绿色创新不只是一个简单的能源替代和技术升级的问题，更是先进制造业价值创造方向和生产组织方式两个方面的深刻转型。为了保持可行性和灵活性，并充分利用电气化提供的技术可能性，先进制造业应充分挖掘其流程优化和数字化上的潜力，使一条装配线能够满足消费者的多样化、个性化需求。这样，在先进制造业增加值提高的同时，物质资源投入在产品价值中的贡献比重也不断下降，知识、设计、体验、生态服务、文化等无形投入的贡献比重不断提升，以尽可能实现先进制造业活动与能源资源环境损害的脱钩。"双碳"背景下，先进制造业的绿色创新和高质量发展对经济社会稳定具有重要意义，加速产业绿色转型和可持续发展，还能增强综合国力，带来更多机遇和挑战。

三、北京市先进制造业绿色创新现状总结

在"双碳"目标下，北京市的先进制造业面临着绿色转型的关键机遇与挑战。本章分析了北京市先进制造业的发展现状以及绿色创新的内涵，展现了北京市先进制造业在不同发展阶段的特点和成果，同时对标国际先进制造业绿色创新的经验，从中汲取北京市先进制造业可以参考的成功案例和做法，对北京市先进制造业的绿色发展提供一些发展启示。另外，本章深入分析了"双碳"目标的内涵，并探讨了其对北京市先进制造业绿色创新发展的具体影响："双碳"目标等政策的实施为企业提供了清晰的绿色发展路径和强大的政策支持，促使企业加速技术创新和管理优化，积极探索绿色低碳生产方式。通过不断深化绿色创新实践，北京市先进制造业将进一步提升其竞争力，助力实现碳达峰和碳中和目标，推动经济高质量发展和生态环境保护的双赢局面。

第三章　北京市先进制造业绿色创新的宏观政策环境分析

《中国制造2025》作为中国实施制造强国战略第一个十年的行动纲领，明确将绿色发展作为推动制造业由大变强、实现历史跨越的基本方向，"绿色制造工程"被列入重点实施的五大工程之一。为践行"创新、协调、绿色、开放、共享"发展理念，引导工业企业按照全生命周期、资源环境优化、绿色创新的理念实施绿色制造，加快北京制造业转型升级，实现绿色发展，2016年北京市经济和信息化委组织编制了《北京绿色制造实施方案》（以下简称《实施方案》），提出：到2025年，北京市制造业绿色发展和主要产品单耗、重点行业主要污染物排放强度达到世界先进水平，部分制造业领域绿色制造水平处于世界领先地位，成为全国绿色制造创新中心和示范应用中心。自《中国制造2025》《实施方案》等政策发布以来，北京市对制造业（尤其是先进制造业）的绿色创新十分重视，例如：2021年《北京市"十四五"时期高精尖产业发展规划》将先进制造业提升作为首都特色的产业转型升级之路；2022年发布的《北京市"十四五"时期制造业绿色低碳发展行动方案》将绿色产业创新发展作为"十四五"期间的七大行动之一。

在上述政策的大力支持下，北京市先进制造业实现了迅猛发展，目前北京市在"碳中和"目标实现方面处于全国领先地位。然而，根据新质生产力的发展内涵，北京市先进制造业的综合实力与首都高质量发展要求之间存在一定差距，需进一步通过加强绿色技术创新以提高生产要素的核心竞争力，由此为北京市先进制造业的新质生产力发展积累新动能，并为政府绿色引导政策的制定提供一定的决策支持，对于北京地区的先进制造业发展及绿色创新具有一定的实际意义。

基于此，为了分析北京市先进制造业绿色发展的成效及驱动政策，本章主要从绿色创新的宏观环境入手，梳理"两区"建设政策、成果转化与环境政策、典型先进制造业的绿色创新政策等方面与先进制造业相关的发展政策与宏观环境。本章将为后续省级层面及北京市内部各行业先进制造业的绿色创新发展分析提供一定的基础。

第一节 北京市先进制造业政策综合分析

为了更好地推动先进制造业行业的发展，北京市自2000年以来先后出台多项政策，从经济、交通、商贸、海关、财政、金融等层面鼓励发展先进制造业，助力北京先进制造行业可持续发展。

一、政策文件数量及趋势

通过北京政府网站"首都之窗"的公开信息，本书系统梳理了"十二五""十三五""十四五"规划期间的相关文件，通过检索"先进制造业"关键词，发现从2011年到2024年6月，北京市共出台与先进制造业相关的政策文件132个。

从2011年至今，北京市历年发布推动先进制造业产业发展的相关政策文件数量如图3-1所示。从时间维度上看，北京市在2011年和2019年每年仅出台个位数的有关先进制造业产业的政策文件。对比前一阶段，2020—2023年有关先进制造业产业发展政策文件明显增加，其中，政策文件数量在2020年突增到14个，2021年和2022年出台的政策文件分别为32个和27个，数量明显增加，政策文件数量在2023年达到最高值（33

个),2021—2023年是出台数量最多的三年。同时,根据图3-1的政策文件数量分布趋势,也可以看出北京市对先进制造业产业的发展越来越重视。

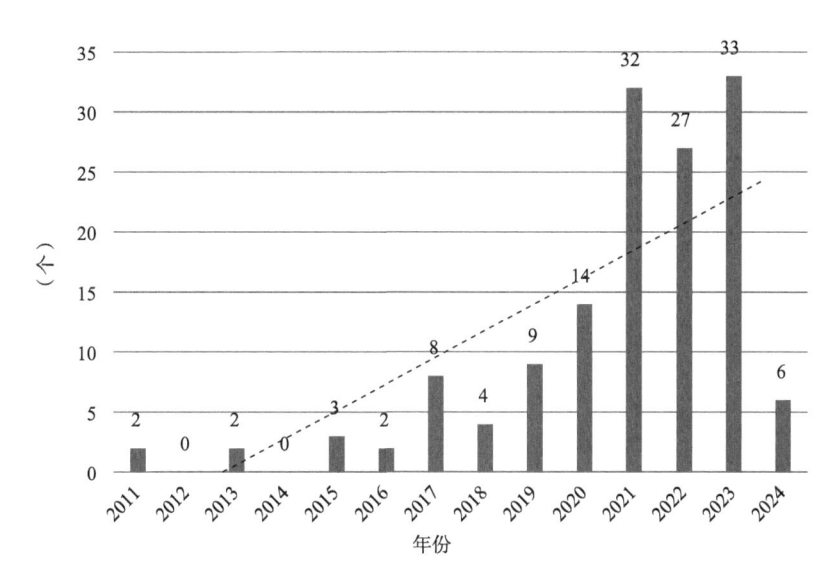

图3-1 北京市历年发布推动先进制造业产业发展的相关政策文件数量分布

通过分析政策出台较多的年份可以看到,政策的出台与北京市的国民经济、海关、商贸经济发展背景紧密相关。21世纪初期,世界正经历百年未有之大变局,新一代信息技术正加速融入制造业应用场景,全球制造业产业链和供应链结构正在发生深刻变化,包括电子信息技术、汽车制造业在内的先进产业在全球蓬勃兴起,为跟上时代步伐,搭上此次国际经济发展的列车,工业和信息化部会同北京市、天津市、河北省人民政府等联合发布《京津冀产业转移指南》,提出要优化产业布局,打造具有国际竞争力的先进制造业集群;同时,北京市不仅下大力气实施"一园五企"方案,更相继出台《北京市"十四五"时期高精尖产业发展规划》《北京市优质中小企业梯度培育管理实施细则》等政策来强化先进制造业和软件信息服务业高精尖企业对北京市国际科技创新中心建设和现代产业体系构建的重要支撑作用，并在出台以上政策后，制定了《关于促进先进制造业和软件信息服务业中小企业升规稳规创新发展的若干措施（2023—2025年）》来加强先进制造业企业梯度培育、优化企业结构，鼓励在京升规企业[1]重点围绕提升创新能力和高质量发展水平进行发展、帮助稳规企业[2]培育重点聚焦持续保持创新强度、培育骨干高精尖企业。此外，北京市政府多次将电子信息技术、仪器仪表、汽车、医药等先进制造业产业的人才培养、技术攻关等放在"综合政务"文件中反复提及。

可见，北京市鼓励在京先进制造业企业参与创新建设，向电子信息技术、仪器仪表、汽车、医药等产业靠拢、形成先进制造业创新引领的新发展格局，显示出北京立足国际、发展先进制造业产业的决心。

二、政策主题分布

北京市历年出台的有关先进制造业产业的一系列政策主要集中在成果转化与人才支持，商贸海关两区建设，国民经济、国有资产监管，综合政务四个方面，四者相关政策文件数量在2011年到2024年6月共有97个，占73.48%。其中，出台的有关成果转化与人才支持等政策有29个，占总数量的22%；出台的有关商贸海关两区建设等政策有26个，占总数量的20%；出台的有关国民经济、国有资产监管政策有23个，占总数量的18%；综合政务被提及的数量是19次，占14%；出台的有关经济、交通政策有11个，占总数量的8%；出台的有关环境奖惩等有9个，均占总数量的7%；研发税等政策分别有7个，均占总数量的5%；出台的有关市场监管、安全生产监管及其他政策分别有4个，均占总数量的3%。鉴于综合政务，市场监管、安全生产监管，国民经济、国有资产监管等的宏观特殊

---

[1] 升规企业是指上年或当年首次达到规模以上标准的先进制造业和软件信息服务业企业。
[2] 稳规企业为上年度产值（或营业收入）首次突破1亿元（含）的先进制造业和软件信息服务业企业。

性，本书对以上政策暂不研究，而重点研究两区建设、成果转化与人才支持、环境奖惩、研发税等政策，相关政策梳理部分见本章第二节至第六节，具体政策分布情况如图3-2所示。

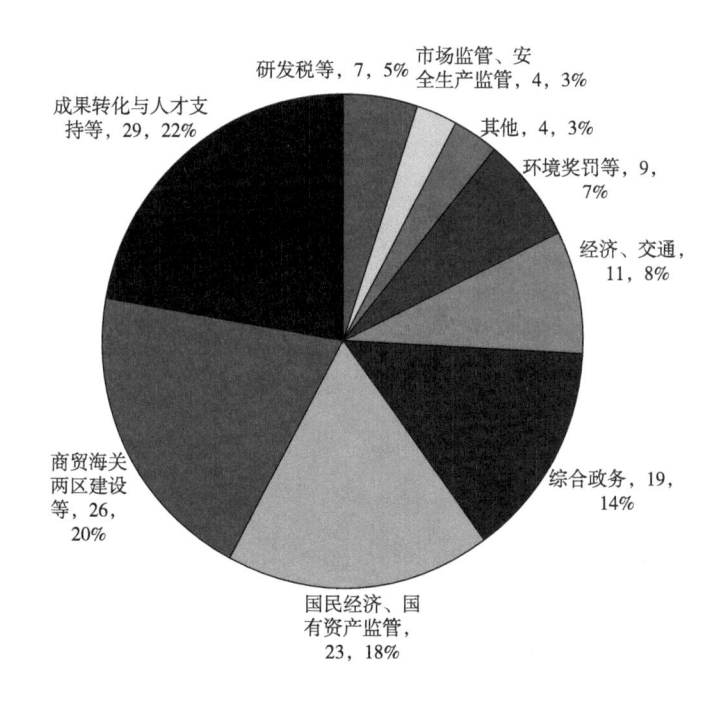

图3-2 先进制造业政策涉及主题分类的分布

- 研发税等，7，5%
- 市场监管、安全生产监管，4，3%
- 成果转化与人才支持等，29，22%
- 其他，4，3%
- 环境奖罚等，9，7%
- 经济、交通，11，8%
- 综合政务，19，14%
- 国民经济、国有资产监管，23，18%
- 商贸海关两区建设等，26，20%

三、"十四五"规划与先进制造业

2021年，《北京市"十四五"时期高精尖产业发展规划》强调北京市先进制造业的综合实力与首都高质量发展要求之间存在一定差距，先进制造业核心竞争力不强，对本市国际科技创新中心和现代产业体系建设支撑不够；从科技研发到落地转化的创新闭环尚未完全打通，高精尖产业持续发展动能不足；产业数据赋能与智慧提升的潜能尚待挖掘，新产业新业态倍增发展势能释放不够；产业链、供应链"卡脖子"问题依然存在，产业链活力和韧性有待提升，亟须进一步通过提升绿色技术创新效率以提高生产要素的核心竞争力。

2021年是北京市第十四个五年规划的开局之年，北京市向高端产业迈进的步伐加快，但高精尖产业大而不强、强而不精等问题依然没有得到解决。为落实首都城市战略定位，实现先进制造业产业高质量、深层次的发展，加大北京自主创新实力，北京市积极以政府政策为引导，鼓励先进制造业中小企业从跟随模仿转向自主创新，实现产业跟跑、并跑到领跑的转变。

自2021年以来，北京市发布一系列政策支持先进制造业的高质量发展。2021年北京市政府发布《北京市关于促进高精尖产业投资推进制造业高端智能绿色发展的若干措施》，提出鼓励利用工业腾退空间、老旧厂房优先发展先进制造业或相关创新服务，对市级相关领域产业基金，特别是新设基金，明确投资先进制造进制造业规模下限和支持落地先进制造业项目的要求等；2021年发布《北京市"十四五"时期现代服务业发展规划》，明确提出，要加快推动现代服务业与先进制造业深度融合，认定一批市级先进制造业与现代服务业融合试点企业和园区；2021年发布《金融支持北京市制造业转型升级的指导意见》，鼓励设立按市场化方式运作的各类投资先进制造业领域基金、提升业务条线和分支机构发放"制造业中长期贷款和信用贷款"的积极性，并将更多信贷资源流向先进制造业；2022年发布《关于促进先进制造业和软件信息服务业中小企业升规稳规创新发展的若干措施（2023—2025年）》，提出加强先进制造业企业梯度培育、优化企业结构，鼓励在京升规企业重点围绕提升创新能力和高质量发展水平进行发展、帮助稳规企业培育重点聚焦持续保持创新强度、培育骨干高精尖企业；2022年发布《关于继续加大中小微企业帮扶力度加快困难企业恢复发展的若干措施》，提出将先进制造业按月全额退还增值税增量留抵税额政策范围扩大至符合条件的小微企业；2023年发布《北京市促进未来产业创新发展实施方案》，提出要满足未来制造高端化、绿色化等需求，将北京打造成为世界领先的未来产业策源高地；2023年发布《北京经济技术开发区优化外商投资环境提升外企服务力度若干措施》，提出要加强先进制造业开放力度；2023年发布《北京市推动先进制造业和现代服务业深度融合发展的实施意见》，明确提出将先进制造业和现代服务业深度融合来增强先进制造业核心竞争力、实现高质量发展；2024年发布《2024年市政府工作报告重点任务清单》，提出要合力打造集成电路、网络安全、生物医药等具有竞争力的先进制造业集群等。

在上述政策的综合支持下，北京市先进制造业正在实现与现代服务业的深度融合，逐步打造具有竞争力的产业集群，北京将成为世界领先的未来产业策源高地，实现绿色化、高端化高质量发展。

第二节 "两区"建设

北京市正在建设中国（北京）自由贸易试验区与国家服务业扩大开放综合示范区（合称"两区"），"两区"方案以《国务院关于深化北京市新一轮服务业扩大开放综合试点建设国家服务业扩大开放综合示范区工作方案的批复》《国务院关于印发北京、湖南、安徽自由贸易试验区总体方案及浙江自由贸易试验区扩展区域方案的通知》为基础，以服务企业为核心，在2020年到2024年6月共推出开放政策203项，主要集中在绿色金融、支持引导与税收优惠、发展补贴三个方面，具体如图3-3所示。

为深入推动"两区"建设绿色金融领域改革开放，充分发挥金融在支持首都经济绿色低碳发展和促进生态文明建设中的积极作用，北京市发布了一系列的金融政策。例如：北京市地方金融监督管理局等印发《"两区"建设绿色金融改革开放发展行动方案》，上述政策对于北京市先进制造业的发展具有重要的推动作用。为了更好地分析两区政策对先进制造业绿色创新的支持作用，本书从北京市层面、各区层面分别对"两区"建设政策进行了梳理，主要涉及绿色金融、支持引导与税收优惠、发展补贴等方面。

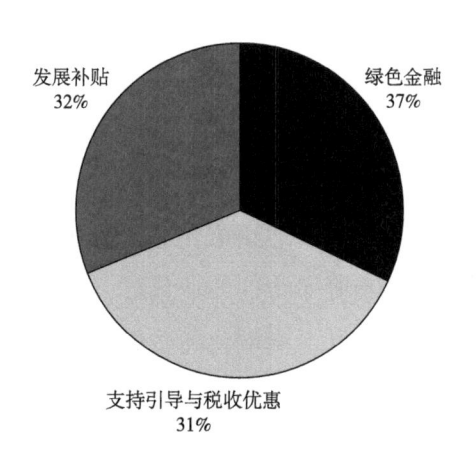

图 3-3　北京市"两区"先进制造业政策主题分布

一、绿色金融

为深入推动"两区"建设，推动金融机构绿色转型，围绕"碳达峰"目标和"碳中和"愿景，探索优化金融支持绿色建筑投融资的体制机制，政府出台了一系列绿色金融相关政策，其中：《"两区"建设绿色金融改革开放发展行动方案》提出推动金融机构绿色转型，丰富金融产品与服务，提升绿色项目信贷服务能力，支持绿色债券融资，促进发展绿色投资；《金融领域"两区"建设工作方案》提出积极申请和创建绿色金融改革创新试验区和科创金融试验区，构建金融全方位稳健开放新模式，持续优化绿色金融体系，建设全球绿色金融和可持续金融中心；《北京市经济和信息化局推进国家服务业扩大开放综合示范区和中国（北京）自由贸易试验区建设工作方案》提出构建数字金融、数字人民币试点、数据资产评估、数据集开放、区块链和人工智能公共算力平台等丰富的产业生态，组建数据交易生态联盟；等等。概括来说，在推动金融机构绿色转型方面，"两区"建设金融支撑政策主要包括提升绿色项目信贷服务能力，鼓励银行业金融机构加强对绿色项目的信贷支持，促进发展绿色投资。此外，依托北京金融市场优势，围绕"碳达峰"和"碳中和"愿景，探索优化金融支持绿色建筑投融资的体制机制，创新绿色金融产品与服务，推动绿色建筑和绿色金融协同发展。

另外，为优化创新创业生态、推动投资贸易自由化便利化、深化金融开放创新，北京市各区结合自身情况出台相关政策为北京"两区"建设贡献智慧和力量，其中：《房山区"两区"建设工作方案》提出扩大对外开放，以北京基金小镇为核心吸引外资，依托金融安全产业园鼓励技术研发，发挥科研院所与企业创新生态效应，布局金融安全基础设施；《关于促进中国（北京）自由贸易试验区科技创新片区海淀组团产业发展的若干支持政策》提出开展知识产权质押融资，对企业成功贷款并还款完毕的进行补贴，支持符合条件的企业申请经国家金融监管部门批准的相关业务资质或金融牌照；等等。总之，各区层面的"两区"建设金融支撑政策主要围绕有吸引力的金融集聚区，扩大金融市场对外开放，例如加强各类金融机构集聚，建设具有全球影响力的金融科技创新中心，支持符合条件的外资机构设立外资控股的合资银行、外资保险子公司、外资控股证券公司、外商独资或合资的资产管理公司、合资消费金融公司等机构，提升资产管理国际化水平。

二、支持引导与税收优惠

为提高"两区"建设国际收支便利化水平，更好地增强市场主体活力和综合竞争力，北京市层面出台了一系列政策，其中：《"两区"建设国际收支便利化全环节改革工作方案》提出鼓励银行在结售汇业务中通过降低手续费、费用减免等方式让利中小微企业，银行以授信或保证金等方式提供汇率避险产品，助企纾困；《"两区"建设绿色金融改革开放发展行动方案》提出加强城市副中心绿色金融资源布局，鼓励银行业金融机构在城市副中心设立绿色金融专门机构，加快设立国际绿色投资集团；等等。同时，为提升北京市通关便利化水平、优化惠企便民服务、建设国际消费中心城市，北京市层面出台了一系列税收优惠政策，主要集中在优化营商环境、推行"网上办"纳税缴费、建设政策平台、培育创新孵化器并享税收优惠、发展免税企业、布局北京市内免税店、促进开发区保税加工业务等方面。

在支持引导和税收优惠方面，北京市各区为鼓励中小企业和金融机构发展，加大力度落实房租补贴、减税降费等政策。例如：《延庆区"两区"建设工作方案》提出加大税源建设工作力度，强化各部门联动统筹，落实支持中小企业发展、减税降费、稳企稳岗等政策措施，营造便利的市场环境，推进人才政策创新，支持重点领域高端人才引进，培育一批高水平专业化技术技能人才；《海淀区"两区"建设工作关于促进中国（北京）自由贸易试验区科技创新片区海淀组团产业发展的若干支持政策》提出在海淀组团内新设立或迁入的符合区域定位的金融机构及类金融机构，租用办公用房从事金融业务，连续三年给予房租补贴，并提供一次性购房补贴；《顺义区促进高端制造业和先进软件信息业高质量发展的扶持办法》提出购买本区内合法、产权清晰的厂房楼宇，且项目达标，给予购置费和租赁费补贴，鼓励企业梯度发展，对认定为种子、苗圃、小巨人企业的，分别给予最高20万元、40万元、80万元支持，包括房租补贴（仅限种子企业）、贷款贴息和购买服务；《大兴区"两区"建设工作方案》加紧打造综合保税区"港区一体化"监管模式，推动智慧物流等项目建设，培育"保税+研发"新业态，并落实好免税店政策；等等。

总之，北京市各区在"两区"建设税收优惠上的政策主要集中在以下方面：加大制造业、技术服务业、软件和信息技术服务业以及交通运输、仓储和邮政业等行业增值税期末留抵退税政策力度；加紧打造综合保税区

"港区一体化"监管模式，推动智慧物流、跨境电商、数字贸易等重点产业项目建设，培育"保税+研发"、"保税+维修"、"保税+展示"等新业态，强化保税服务功能；加大税源建设工作力度，强化各部门联动统筹；落实支持中小企业发展、减税降费、稳企稳岗等政策措施，营造便利的市场环境。

三、发展补贴

为促进本市高精尖产业基础再造提升和产业链优化升级，推进重大项目落地建设，推动产业高端化智能化绿色化发展，北京市出台了一系列政策：《2022年北京市高精尖产业发展资金实施指南》提出先进制造业企业融资租赁补贴，重点支持先进制造业企业租赁研发、建设、生产环节中需要的关键设备和产线；《"两区"建设绿色金融改革开放发展行动方案》提出在城市副中心运河商务区等地建设绿色金融机构等集中承载地，鼓励开发气候友好型绿色金融产品，研究建立绿色金融财政支持政策；《"两区"建设国际收支便利化全环节改革工作方案》提出实施先进制造业企业融资租赁补贴，重点支持关键设备和产线租赁；《金融支持北京市制造业转型升级的指导意见》为制造业企业正常运营发展保驾护航，鼓励保险公司建立、完善支持本地制造业发展的保费补贴；《北京市人民政府关于加快社会信用体系建设的实施意见》提出加强资金保障，重点支持产品研发应用、创新示范工程等，鼓励在社会信用体系建设创新示范领域先行先试；等等。目前，"两区"建设发展的补贴政策主要包括：促进高精尖产业升级，聚焦集成电路、新材料、医药等领域，增强创新能力；建绿色金融机构集中地，开发气候友好金融产品，支持中小企业金融服务，补贴制造业租赁，奖励医药创新品种；保障制造业运营，鼓励保费补贴，加强资金保障支持研发与创新示范。

另外，北京市各区在"两区"建设发展补贴方面的政策集中表现在为提升企业技术创新能力,充分发挥区位优势,促进科技、产业和资本紧密结合,更好地支持产业载体建设等方面。例如:《关于促进中国(北京)自由贸易试验区科技创新片区海淀组团产业发展的若干支持政策》支持企业加大研发投入,设立总规模50亿~55亿元的中关村科技创新基金,通过项目投资等方式,支持中关村学城前沿技术和高精尖产业发展;《东城区"两区"建设工作方案》促进产业数字化转型和数字经济产业化,高水平建设国际生态金融城,打造金宝街智能街区,建立统一数字化平台,设科技创新基金,落实境外高端人才个税优惠;等等。总之,北京市各区"两区"建设发展补贴政策集中表现在以下方面:加大对创投企业的支持力度,降低企业运营成本,鼓励长期投资,适当放宽享受税收优惠的技术转让范围和条件;加大国际教育供给,完善外籍人员子女学校布局,允许中小学按国家有关规定接收外籍人员子女入学,落实在北京市特定区域实施境外高端人才个人所得税优惠政策。

四、"两区"建设相关政策总结

在绿色金融支撑政策方面,北京依托金融市场优势,围绕"碳达峰"目标和"碳中和"愿景,探索优化金融支持绿色建筑投融资的体制机制,创新绿色金融产品与服务,推动绿色创新和绿色金融协同发展。北京市先进制造业可以围绕"双碳"目标,利用绿色金融相关支持,加快自身绿色专项与发展。

在支持与税收优惠方面,北京通过降低企业存续和退出成本,全面推行纳税缴费"网上办",加快建设一体化政策支撑平台,推出基础研究税收试点、科技成果"先使用后付费"等突破性政策措施,加大制造业、技术服务业、交通运输、仓储和邮政业等行业增值税期末留抵退税政策力度。北京市各区"两区"建设税收优惠政策主要集中在以下方面:加大制造业、技术服务业、软件和信息技术服务业以及交通运输、仓储和邮政业等行业增值税期末留抵退税政策力度，推动智慧物流、跨境电商、数字贸易等重点产业项目建设，培育"保税+研发"、"保税+维修"、"保税+展示"等新业态，强化保税服务功能；落实支持中小企业发展、减税降费、稳企稳岗等政策措施，营造便利的市场环境。

在发展补贴政策方面，为促进本市高精尖产业基础再造提升和产业链优化升级，推进重大项目落地建设，推动产业高端化智能化绿色化发展，北京市出台了一系列政策，其中《2022年北京市高精尖产业发展资金实施指南》提出先进制造业企业融资租赁补贴，重点支持先进制造业企业租赁研发、建设、生产环节中需要的关键设备和产线。"两区"建设发展的补贴政策主要包括：降低企业运营成本，鼓励长期投资，适当放宽享受税收优惠的技术转让范围和条件；加大国际教育供给，完善外籍人员子女学校布局，允许中小学按国家有关规定接收外籍人员子女入学，落实在北京市特定区域实施境外高端人才个人所得税优惠政策。

在租金等其他政策方面，国家支持银行优化中小企业国际收支服务，加强城市副中心绿色金融资源布局，符合条件的机构可享受开办费用、办公用房补助等资金支持；北京市各区为鼓励中小企业和金融机构发展，加大力度落实房租补贴、减税降费等政策。

第三节 成果转化与人才支持

成果转化与环境方面的奖惩政策对先进制造业发展有着重要的作用。成果转化奖励和环境奖惩政策可以通过激励和约束的方式，激励先进制造业加大科技创新投入，提高生产效率和产品质量，同时推动企业加强环境保护意识，促进先进制造业绿色可持续发展。北京市加快推动科技成果转化为现实生产力，努力构建高精尖经济结构，为首都经济持续健康发展提供有力支撑，以《中华人民共和国促进科技成果转化法》和《国务院办公厅关于印发促进科技成果转移转化行动方案的通知》为基础，努力构建以企业技术创新需求为导向、以市场化交易平台为载体、以专业化服务机构为支撑的科技成果转移转化新格局，为建设全国科技创新中心和率先全面建成小康社会做出更大贡献。

为深入推进生态文明建设，加快推进科技成果转化和先进技术转移，北京市发布了一系列奖惩政策。例如，北京市人民政府办公厅印发的《北京市促进科技成果转移转化行动方案》、北京经济技术开发区管理委员会印发的《北京经济技术开发区促进绿色低碳高质量发展资金奖励办法》，对于北京市先进制造业的发展具有重要的推动作用。为了更好地分析成果转化与环境奖惩政策对先进制造业绿色创新的支持作用，本书通过查阅北京市人民政府、北京市经济和信息化局、北京市发展和改革委员会等部门资料，对有关成果转化与环境方面的奖惩政策进行了梳理研究。其中，成果转化与环境方面的奖惩政策有关成果、人才、专利、环境奖励方面的政策居多。

为大力促进高精尖产业能级跃升，推动高精尖项目投资落地，加快产业绿色低碳转型，推动产业高质量发展，北京市出台了一系列政策，其中：《中国（北京）自由贸易试验区高端产业片区亦庄组团首批产业政策》提出对汽车产业、医疗行业、科技服务业给予资金支持，重点投资和支持开发区科技型、创新型企业，吸引优质企业在开发区落地发展；《2023年北京市高精尖产业发展资金实施指南（第一批）》提出实行集成电路设计产品首轮流片奖励和医药创新品种首试产奖励，对制定强链补链方案且通过审核，符合条件的产业链龙头企业给予资金奖励；《北京市关于促进高精尖产业投资推进制造业高端智能绿色发展的若干措施》提出建设主体在京新增实缴资本不低于50亿元或实际利用外资达5亿美元，所在区将对提供全程服务的第三方机构给予单个项目不低于1 000万元奖励；《关于促进先进制造业和软件信息服务业中小企业升规稳规创新发展的若干措施（2023—2025年)》提出支持升规稳规企业开展核心技术、前沿技术、颠覆性技术创新研发，形成知识产权并在京转化、产业化，与龙头企业形成协同；等等。

同时，为鼓励创新成果取得专利权，提高发明专利质量，促进发明专利的实施和商用化，表彰为北京市经济社会发展做出突出贡献的专利权人和发明人，北京市层面出台一系列政策：《北京市深入开展质量提升行动方案（2021—2023 年）》提出推动先进标准纳入科技奖励，引导企业走技术创新路线，建立专利池，加大高精尖产业和海外知识产权资助力度，构建知识产权协同保护机制；《北京市加快科技创新发展新一代信息技术产业的指导意见》支持知识产权运营机构开展集成电路等领域运营，发挥中国（北京）知识产权保护中心作用，实现快速获权、确权和维权；《关于优化人才服务促进科技创新推动高精尖产业发展的若干措施》支持知识成果转化增值，科研人才领衔项目并落地转化，成果转化单位可将 70% 以上收益用于领衔人、团队及重要贡献人员的报酬和奖励；等等。

另外，为了培养高新技术行业的创新型人才，实现环境、经济和社会的可持续发展，北京市各区出台了一系列政策，其中：《关于促进产业发展的扶持办法实施细则》提出对引进或被评为院士、国家最高科技奖获得者及承担重大课题、重点专利项目的团队，给予一次性资金奖励；《北京市西城区支持中关村科技园区西城园自主创新若干规定实施细则》提出，对获国家科技进步奖、技术发明奖一等奖及以上、中国专利奖金奖给予 100 万元奖励，对二等奖或银奖给予 50 万元奖励；《中关村高新技术企业培育服务办法（试行）》提出支持入库企业加强科技人才队伍建设，鼓励支持企业积极引进海外人才，参与本市"科技新星计划""青年人才托举工程"等人才培养计划；《关于优化人才服务促进科技创新推动高精尖产业发展的若干措施》提出加大人才激励力度，设立"青年北京学者计划"，鼓励优秀青年从事前沿科研和原始创新，并给予周期性经费支持；等等。

第四节　环境奖惩

为推进生态文明建设，促进经济社会全面协调可持续发展，在北京市层面出台了一系列环境保护和奖励政策。例如：《北京市关于促进"专精特新"中小企业高质量发展的若干措施》支持企业申请智能化、数字化和绿色化技术改造项目，对符合条件的项目给予最高3 000万元的奖励；《北京市关于促进"专精特新"中小企业高质量发展的若干措施》提出支持企业申请智能化、数字化和绿色化技术改造项目，对符合条件的项目给予最高3 000万元的奖励；《2023年北京市高精尖产业发展资金实施指南（第一批)》提出绿色低碳发展项目奖励针对本市注册制造业企业，要求项目近期竣工且固定资产投资不低于200万元。奖励金额为总投资的25%～30%，单个企业年度奖励最高不超过3 000万元；《北京市水污染防治条例》提出，对违反水污染防治规定者可处1万至10万元罚款，情节严重者可停产、停业，排放、倾倒废弃物或存储污染物的，可处2万至20万元罚款；等等。

第五节　研发税

研发税收政策可以通过激励投资、鼓励创新、降低成本等方式，促进先进制造业的发展，提高产业竞争力，推动经济转型升级。为了更好地分析研发税政策对先进制造业绿色创新的支持作用，本书通过查阅北京市发展和改革委员会、北京市地方金融监督管理局、北京市经济和信息化局、北京市财政局、北京市海淀区"两区"建设工作领导小组办公室等部门发布的资料，对研发税收相关政策进行了梳理研究。

为促进高精尖产品创新优化，鼓励企业加大补贴力度，推动产业转型升级，北京市层面出台一系列研发税政策，其中：《关于北京市2022年国民经济和社会发展计划执行情况与2023年国民经济和社会发展计划的报告》推出基础研究税收试点、科技成果"先使用后付费"等突破性政策措施，发布实施中关村示范区"1+5"系列资金支持政策；《2022年北京市高精尖产业发展资金实施指南》设置先进制造业企业融资租赁和高精尖创新产品保险补贴，对符合条件的商业航天、汽车芯片等领域企业给予不超过50%的保费补贴；等等。

北京市层面的研发税政策主要包括：在城市副中心运河商务区、交通枢纽等地率先建设绿色金融机构、国际绿色金融组织、绿色金融基础设施等集中承载地，鼓励银行业金融机构在城市副中心设立绿色金融专门机构，加快设立国际绿色投资集团，对先进制造业企业融资租赁和高精尖创新产品保险提供补贴。

第六节　北京市先进制造业绿色创新的宏观环境政策总结

针对先进制造业，北京市从两区建设、成果转化与人才支持、环境奖惩、研发税等多方面给予了扶持：

两区建设方面，在绿色金融支撑政策上，北京市先进制造业围绕"双碳"目标，利用绿色金融相关支持，加快自身绿色专项与发展；在支持与税收优惠上，通过降低企业存续和退出成本，全面推行纳税缴费"网上办"，加快建设一体化政策支撑平台，落实支持中小企业发展、减税降费、稳企稳岗等政策措施，营造便利的市场环境；在发展补贴政策上，重点支持先进制造业企业租赁研发、建设、生产环节中需要的关键设备和产线，降低企业运营成本，鼓励长期投资，适当放宽享受税收优惠的技术转让范围和条件，并且落实在北京市特定区域实施境外高端人才个人所得税优惠政策；在租金等其他政策上，为鼓励中小企业和金融机构发展，加大力度落实房租补贴、减税降费等政策。

成果转化与人才支持方面，大力促进高精尖产业能级跃升，推动高精尖项目投资落地，加快产业绿色低碳转型，推动产业高质量发展；为鼓励创新成果取得专利权，提高发明专利质量，促进发明专利的实施和商用化，表彰为北京市经济社会发展做出突出贡献的专利权人和发明人；为了培养高新技术行业的创新型人才，实现环境、经济和社会的可持续发展，推出了一系列人才政策。

环境奖惩方面，为了促进经济社会全面协调可持续发展，北京市层面出台了一系列环境保护和奖励政策，支持企业申请智能化、数字化和绿色化技术改造项目。

研发税方面，为促进高精尖产品创新优化，鼓励企业加大补贴力度，推动产业转型升级，北京市层面出台一系列研发税政策。例如，《2022年北京市高精尖产业发展资金实施指南》设置先进制造业企业融资租赁和高精尖创新产品保险补贴，对符合条件的商业航天、汽车芯片等领域企业给予不超过50%的保费补贴。北京市层面的研发税政策主要包括：在城市副中心运河商务区、交通枢纽等地率先建设绿色金融机构、国际绿色金融组织、绿色金融基础设施等集中承载地，鼓励银行业金融机构在城市副中心设立绿色金融专门机构，加快设立国际绿色投资集团，对先进制造业企业融资租赁和高精尖创新产品保险提供补贴。

总之，北京市深入实施人才优先发展战略、健全人才引进培养使用机制，积极鼓励投资融资创新，注重财税政策激励与消费环境改善相结合；支持先进制造业企业租赁研发、建设、生产环节中需要的关键设备和产线，加强金融支持，着力支持各类投资机构依托国家级、市级基金设立科技成果转化投资基金，对符合条件的项目给予创新贷款贴息支持、保费补贴等，加快完善政策性投资基金的管理和运营机制。北京市各区通过加强产业资本引导、强化金融投资支撑、充分利用北京的政府投资基金等资源，来加大对各区先进制造企业的支持力度。

另外，对于不同先进制造业，相关绿色创新政策也有所不同。医药制造业为贯彻国家关于进一步加大增值税期末留抵退税政策实施力度等要求，在税收政策方面推出基础研究税收试点、科技成果"先使用后付费"、市区两级综合运用资金补贴等措施；汽车制造业为推动智能汽车的创新发展和产业转型升级，从国家层面建立统一的智能汽车基础地图标准体系，依托国家前瞻性技术的研发，加快新型充换电等新技术的应用；计算机、通信和其他电子设备制造业着重引进重大科技成果产业化项目，协调并鼓励市区内的计算机、通信和其他电子设备制造业企业在集成电路 EDA 工具及 IP 等领域通过技术合作等方式来开展合作研发、扩大生产等，并逐渐形成"北京智造"品牌。

本章从"两区"建设、成果转化与人才支持、环境奖惩、研发税等方面出发对绿色创新政策进行分类整理，以便更清晰直观地了解北京市对于不同制造业的绿色创新政策及激励方式，同时便于为下一章国家省级层面对比分析奠定基础，从而为北京市先进制造业绿色发展提出有效的建议。

第四章 全国视角下省级层面先进制造业绿色创新效率分析

在上一章北京市先进制造业绿色创新政策实施情况分析的基础上，本章将从全国视角下对比分析北京市先进制造业的发展水平，运用数据包络分析（Data Envelopment Analysis，DEA）模型，从横向和纵向两个维度，分析2015—2021年全国范围内29个省区市的绿色创新效率，将北京市与其他28个省区市进行对比，探讨其他省区市在发展先进制造业方面合理有效的经验措施，进而识别北京市先进制造业目前在绿色创新方面存在的不足，以此为北京市先进制造业的绿色创新发展提出合理的建议。上述研究依据《2006年IPCC国家温室气体指南》中的核算方法，基于原煤、焦炭、原油、燃料油、汽油、煤油、柴油与天然气八种化石燃料能源，来计算先进制造业CO_2排放量，并将其作为非期望产出。

第一节 先进制造业绿色创新评价体系指标构建

一、评价体系指标构建原则

为了科学、严谨地测算分析区域先进制造业绿色创新发展效率，本书采取DEA模型评价先进制造业绿色创新的效率。DEA模型是以相对效率为基础，结合运筹学等原理，构造出的一种可以针对多指标投入产出问题的评测模型。在构建先进制造业绿色创新评价指标时，本书遵循以下基本原则[6]。

(一) 科学性原则

用于评测先进制造业绿色创新发展水平的投入产出指标数量在指标体系中要科学、严谨。若选择的评价指标数量过多，分析得到的结果容易存在偏差，不够严谨。但若选择的评价指标数量较少，得到的评价结果则很可能会由于缺乏样本有效性而不能如实反映出先进制造业的发展水平。在研究单元决策对象（DMU）和投入、产出指标数量方面，DMU 的数量最好是投入、产出指标数量之和的 3 倍及以上[7][8]。

(二) 全面性原则

先进制造业绿色创新发展效率的评价需要考虑较多因素的影响，在进行构建制造业指标体系时，除了投入、产出指标之外，在环境指标的选择方面要尽可能全面地考虑绿色、创新、发展等相关指标，建立全面的 DEA 三阶段评价体系。

(三) 客观性原则

在运用 DEA 三阶段模型对先进制造业各 DMU 的投入指标、产出指标及环境指标进行选取、分析、评价等过程中，要秉持客观公正的态度。所选取的指标要能充分代表 DMU 的某一基本特性。评价完毕后，结合各 DMU 的经济等现状，针对性地给出客观、具体的结论和发展建议。

(四) 协调性原则

在选取各指标时，应考虑各 DMU 对应的指标数据是否完备，例如：选择 A 指标作为先进制造业绿色创新指标体系的某一指标，那么 A 指标的历年统计数据应在所有 DMU 历年的统计年鉴或各大数据库等中有所记录且充分完整。

(五) 易操作性原则

本书将 DEA 理论应用到先进制造业的绿色创新评价中，旨在为先进制造业行业提供有针对性的发展建议。因此，在构建评价指标体系时，相关指标数据的收集要方便、易得且可靠，收集的数据也应便于量化处理，这样有助于在数据分析过程中更加快速、精准地获得分析结果。

二、先进制造业绿色创新的评价指标体系

将 DEA 理论应用到先进制造业的绿色创新发展评价时，一级指标分为投入、产出、环境三个方面，下面分别进行叙述。

(一) 投入指标

先进制造业在进行大规模创新发展活动时，需要大量的科研人员、科研经费、能源投入。R&D（研究与试验发展）人员全时当量是比较科技人力投入而制定的指标；R&D 经费内部支出是调查行业用于内部开展科研创新的实际支出，可以衡量整个行业中创新发展的投入情况；能源消耗总量是调查行业在一定时期所消费的各种能源的总和，可反映行业的绿色发展情况[9]。因此，本书借鉴徐建中[10]、光峰涛[11] 的研究，选取规模以上制造业企业 R&D 人员全时当量、规模以上制造业企业 R&D 经费内部支出、先进制造业研发机构数和先进制造业新产品开发经费支出，分别作为投入指标的人力投入、资本投入；参考丁显有[12]、李杰[13] 的研究，选取规模以上制造业能源消耗总量作为投入指标的能源投入。

(二) 产出指标

专利可反映拥有自主知识产权的科技和设计成果情况，可以直接反映

企业创新潜力、在科技研发新产品方面的情况[14]，且与上节的投入指标变量具备一定的逻辑关系。因此，参考熊曦[14]、闫星[15]、王正[16]的研究，将规模以上制造业企业发明专利申请数和先进制造业新产品开发项目数、规模以上制造业企业新产品销售收入，分别作为产出指标的科技产出、资金产出。此外，以上学者虽然考虑了SO_2排放量，但未考虑碳排放量，故本书结合"双碳"目标，选取CO_2排放量作为制造业绿色发展的非期望产出变量。

(三) 环境指标

在选择环境变量时，需要遵循两个原则：一是选取的环境变量不由DMU控制，即变量并不是DMU可以主观调节的；二是选取的环境变量要对DMU的综合技术效率产生影响[15]。本书在选取先进制造业的绿色创新发展评价指标体系的环境变量时，分为发展水平和绿色水平两大类：

首先，在发展水平方面，J. A. Schumpeter[17]认为企业所处行业的市场集中度越高，则越能刺激企业进行技术创新；企业只有形成相应的规模效应，才有能力进行新技术的开发，以此来推动经济的发展，因此参考王锋正等[18]与刘文虎等[19]的研究，将"工业资产总计"作为企业规模环境变量。参考何景师等[20]的研究，将GDP作为环境变量。郭彦琳[21]认为"利润总额"是企业的付出与收获，能反映企业经济效益的发展水平，因此选取"工业利润总额"作为反映企业发展水平的环境变量。

其次，在绿色水平方面，参考侯建等[22]与尹士等[23]的研究，选取"三废"代表的"工业废水排放量""一般工业固体废弃物产生量""工业SO_2排放量"作为环境变量。

综上，结合"双碳"等理论，构建的先进制造业绿色创新发展的评价指标体系如表4-1所示。

表 4-1　先进制造业绿色创新发展评价指标体系

一级指标	二级指标	三级指标	指标单位
投入指标	人力投入	先进制造业企业 R&D 人员全时当量	人/年
	资本投入	先进制造业企业 R&D 经费内部支出	万元
	资本投入	先进制造业新产品开发经费支出	万元
	资本投入	先进制造业研发机构数	个
	能源投入	先进制造业能源消耗总量	万吨（按标准煤）
产出指标	科技产出	先进制造业企业发明专利申请数	件
	科技产出	先进制造业新产品开发项目数	项
	资金产出	先进制造业企业新产品销售收入	万元
	非期望产出	先进制造业 CO_2 排放量	万吨
环境指标	发展水平	规模以上工业资产总计	亿元
	发展水平	规模以上工业利润总额	亿元
	发展水平	地区生产总值	亿元

注：规模以上工业企业即年主营业务收入2 000万元及以上的法人工业企业。

三、评价对象与数据来源

（一）评价对象的选取

在运用超效率 SBM-DEA 三阶段模型前，需要先确定 DMU 的数量并构建其要评测的指标体系。本书拟选取的 DMU 为全国 31 个省区市。鉴于国家统计局、EPS 数据库、前瞻数据库等均不能有效搜寻到西藏和青海的各指标数据，在选择 DMU 方面，本书剔除了西藏和新疆地区。综上，本书选取的 DMU 包括北京、天津、河北、山西、内蒙古、辽宁、吉林、黑龙江、上海、江苏、浙江、安徽、福建、江西、山东、河南、湖北、湖南、广东、广西、海南、重庆、四川、贵州、云南、陕西、甘肃、青海、宁夏，在一定程度上可以很好地反映北京市相对全国各省区市的发展水平。在 DMU 和投入产出指标数量方面，本书符合"DMU 的数量是投入产出指标数量之和的 3 倍以上"的原则。

（二）数据来源

本书所选用的先进制造业指标数据主要来自 EPS 数据库、前瞻数据库、中华人民共和国工业和信息化部、国家统计局、各省区市的经济和信息化局、统计年鉴、各省区市 2015—2022 年统计年鉴等。CO_2 排放量主要依据《2006 年 IPCC 国家温室气体指南》中的核算方法，基于原煤、焦炭、原油、燃料油、汽油、煤油、柴油与天然气八种化石燃料能源进行计算，并将其作为非期望产出，其具体计算方法、步骤在"样本数据预处理"小节已提及，本节不再重复，极个别缺失的数值采取移动平均法、K 值近邻填补法等增补。

四、样本数据预处理

（一）样本数据规范化处理

数据规范化也叫数据标准化（归一化），是数据变换的一种。由于不同指标的数据之间可能存在较大的差异，为了消除指标之间的量纲和取值范围差异的影响，需要对样本数据进行规范化处理：将数据按比例进行缩放，使之落入一个特定的区域。考虑到 DEA 数据不能为 0 等因素，故使用最小-最大规范化方法（Min-Max 规范化方法）进行处理，即通过公式（4-1）将样本数据规范化到 [0.000 1, 1] 的区间。

$$A^* = 0.000\ 1 + 0.999\ 9 \frac{A_i - A_{\min}}{A_{\max} - A_{\min}} \quad (4-1)$$

其中，A^* 表示无量纲化值，A_i 表示该组数据中第 i 个原始观测值，$A_{\max}$ 和 $A_{\min}$ 分别表示该组数据中最大的观测值、最小的观测值。

（二）永续盘存法

为了避免物价指数等因素对规模以上制造业企业的 R&D 经费内部支出数据的影响，本书借鉴陈普[24]的研究对指标数据进行存量处理，以 2014 年为基期，永续盘存法公式如式（4-2）、式（4-3）所示：

$$K_{i,t} = 1 - \delta K_{i,t-1} + I_{i,0} \quad (4-2)$$

$$K_{i,0} = I_{i,0}(g + \delta) \quad (4-3)$$

其中，$K_{i,t}$、$K_{i,t-1}$ 为第 i 个地区，第 t、$t-1$ 期研发存量；δ 是折旧率，综合现有研究经验，δ 通常取 15%[25]；$I_{i,t}$ 是第 i 个地区、第 t 年以不变价计算的规模以上制造业 R&D 经费内部支出额；g 是基于 2014 年不变价的 2015—2021 年研发资金总额的几何平均增长率。

（三）CO_2 排放量估算

由于 CO_2 排放量的指标数据没有在各地统计年鉴、数据库中直接公布，本书参考张立国[26]的研究文献，使用《2006 年 IPCC 国家温室气体指南》提供的计算公式来获得 CO_2 排放量（万吨），具体如式（4-4）所示：

$$F_{CO_2} = \sum_{i=1}^{8} W_i = \sum_{i=1}^{8} E_i \times NCV_i \times CEF_i \times COF_i \times (44/12) \quad (4-4)$$

其中，F_{CO_2} 表示先进制造业由八种化石燃料能源排放的 CO_2 排放量累加值；W_i 表示第 i 种能源的 CO_2 排放量；E_i 表示第 i 种化石燃料能源消耗原值；NCV_i 代表第 i 种燃料能源的平均低位发热量；CEF_i 是《2006 年 IPCC 国家温室气体指南》提供的第 i 种燃料能源的碳排放系数；COF_i 是第 i 种燃料的碳氧化因子（$COF_i = 1$ 时表示完全氧化）；$i = 1, 2, \cdots, 8$ 分别代表原煤、焦炭、原油、燃料油、汽油、煤油、柴油、天然气八种化石燃料能源。上述 CO_2 排放量计算涉及的能源估算参数如表 4-2 所示。

表 4-2　二氧化碳排放量估算参数

能源名称	平均低位发热量	碳排放系数（IPCC）	碳氧化因子（%）	折标准煤系数
原煤	20 908 kJ/kg	25.8 t/TJ	100	0.714 3 kg 标准煤/kg
焦炭	28 435 kJ/kg	29.2 t/TJ	100	0.971 4 kg 标准煤/kg
原油	41 816 kJ/kg	20.0 t/TJ	100	1.428 6 kg 标准煤/kg
燃料油	41 816 kJ/kg	21.1 t/TJ	100	1.428 6 kg 标准煤/kg
汽油	43 070 kJ/kg	18.9 t/TJ	100	1.471 4 kg 标准煤/kg
煤油	43 070 kJ/kg	19.5 t/TJ	100	1.471 4 kg 标准煤/kg
柴油	42 652 kJ/kg	20.2 t/TJ	100	1.457 1 kg 标准煤/kg
天然气	32 238~38 931 kJ/m³	15.3 t/TJ	100	1.100 0~1.330 kg 标准煤/m³

注：碳排放系数单位的相关换算关系：$1\ TJ=10^3\ GJ$，$1\ GJ=10^6\ kJ$，$1\ kJ=10^3\ J$；其中，t/TJ 表示吨碳每太焦耳，GJ 为千兆焦耳，kJ 为千焦耳，J 为焦耳。

第二节　先进制造业评价相关模型

DEA 模型是以相对效率为基础，结合运筹学等原理构造出的一种可以针对多指标投入产出问题的评测模型。本节运用 DEA 模型构建评价模型，分析基于北京地区重点发展制造业所在区域识别绿色创新的相对效率。DEA 模型能够对 DMU 进行定量评测分析，在评估时依据三个效率：综合效率（TE）、纯技术效率（PTE）、规模效率（SE）。三者关系如式（4-5）所示：

$$TE = SE \cdot PTE \qquad (4\text{-}5)$$

一、超效率 SBM-DEA 模型

传统 DEA 模型有 BCC 模型和 CCR 模型两种，二者均是径向效率模型[27]，但均不能有效解决 DMU 非期望产出等问题。SBM 模型为非径向效率模型，可以将松弛变量、弱有效、非期望产出等考虑在内，克服传统DEA模型的缺点。但SBM模型仍没有解决有效DMU效率均为1时如何更细致地进行评价排名的问题。因此，本文选用超效率SBM模型来替换传统SBM-DEA模型。一阶段超效率SBM-DEA模型[28]如式（4-6）所示：

$$\min \rho = \frac{1 + \frac{1}{m}\sum_{i=1}^{m}\frac{S_i^-}{x_{ik}}}{1 - \frac{1}{v+u}\left(\sum_{r=1}^{v}\frac{S_r^+}{y_{rk}} + \sum_{q=1}^{u}\frac{S_q^{o-}}{O_{qk}}\right)}$$

$$\text{s.t.} \begin{cases} \sum_{\substack{j=1 \\ j \neq k}}^{n} \lambda_j x_{ij} - S_i^- \leq x_{ik}, \ i = 1, 2, \cdots, m \\ \sum_{\substack{j=1 \\ j \neq k}}^{n} \lambda_j y_{rj} + S_r^+ \geq y_{rk}, \ r = 1, 2, \cdots, v \\ \sum_{\substack{j=1 \\ j \neq k}}^{n} \lambda_j O_{qj} - S_q^{o-} \leq O_{qk}, \ q = 1, 2, \cdots, u \\ 1 - \frac{1}{v+u}\left(\sum_{r=1}^{v}\frac{S_r^+}{y_{rk}} + \sum_{q=1}^{u}\frac{S_q^{0-}}{O_{qk}}\right) > 0 \\ \lambda_j, \ S_i^-, \ S_r^+, \ S_q^{o-} \geq 0 \\ j = 1, 2, \cdots, n \ (j \neq k) \end{cases} \quad (4\text{-}6)$$

其中，ρ 为综合效率（TE），也是各DMU的绿色创新效率，将TE进行分解，可分解为PTE和SE，其中，PTE代表技术水平和管理水平，SE代表规模效应。若 $\rho<1$，表明DMU该时期的绿色创新效率处于无效状态；当且仅当 $\rho \geq 1$，才能说明DMU的绿色创新效率达到了强有效状态。m、v、u分别表示投入、期望产出、非期望产出的变量个数；x_{ij} 是决策单元 j 的第 i 项投入，y_{rj} 是决策单元 j 的第 r 项期望产出，O_{kj} 是决策单元 j 的第 k 项非期望产出。λ_j 为决策单元 j 的权重变量。S_i^-、S_q^{o-} 表示投入冗余和非期望产出冗余，S_r^+ 表示期望产出不足；x_{ik}、y_{rk}、O_{qk} 分别代表着投入、期望产出、非期望产出的向量值。

二、似 SFA 回归

由于 DEA 一阶段模型仅考虑投入产出，未考虑到环境指标带来的影响，可能会致使各效率值出现偏差，所以还需要科学、严谨地选取若干环境变量作为解释变量。本书将在一阶段 SBM-DEA 模型中得到的投入松弛变量作为被解释变量，并通过似 SFA（Stochastic Frontier Analysis）模型将投入指标的松弛变量分离为环境因素、统计噪声和管理无效率，以及剔除以上三种要素的影响、重新调整各投入的数值来使得各 DMU 处于相同外部环境[29]，即对环境条件好的 DMU 增加更多的投入，对环境条件差的 DMU 的增加较少的投入，对环境条件最差的 DMU 增加 0 投入。似 SFA 回归函数具体如式（4-7）和式（4-8）所示[30]。

$$S_{ni} = f(Z_i; \beta_n) + v_{ni} + \mu_{ni}, \quad i = 1, 2, \cdots, I; \quad n = 1, 2, \cdots, N \quad (4-7)$$

$$\sigma^2 = \sigma_{vn}^2 + \sigma_{\mu n}^2, \quad \gamma = \frac{\sigma_{\mu n}^2}{\sigma_{vn}^2 + \sigma_{\mu n}^2} \quad (4-8)$$

其中，S_{ni} 是第 i 个 DMU 第 n 项投入的松弛变量；$f(Z_i; \beta_n)$ 表示环境因素对 S_{ni} 的影响，Z_i 是第 i 个选取的环境变量，β_n 是环境变量的系数；$v_{ni} + \mu_{ni}$ 是混合误差项，v_{ni} 为随机干扰，表示随机干扰因素对投入松弛变量的影响，呈正态分布，即 $v \sim N^+(0, \sigma_\mu^2)$；$\mu_{ni}$ 为管理无效率，表示管理因素对投入松弛变量的影响，假设其服从在零点截断的正态分布，即 $\mu \sim N^+(0, \sigma_\mu^1)$；$\gamma$ 表示管理无效率的方差占总方差的比重。若 γ 的测算值趋近 1，表明管理无效率的影响占主导地位。反之，若 γ 的测算值趋近 0，表明随机干扰的影响占主导地位，此时应该用最小二乘法来估计混合误差项等参数[30]。最小二乘法（OLS）如式（4-9）所示[31]。

$$Q_i = \alpha_0 + \sum_k \alpha_k \eta_{ik} + \varepsilon_i, \quad i = 1, 2, \cdots, n \quad (4-9)$$

其中，Q_i 为被解释变量，α_0 为截距，α_k 为第 k 个解释变量的拟合系数，即斜率；η_{ik} 为第 k 个解释和变量在第 i 个样本点的取值，即解释变量；ε_i 为误差项。

SFA 回归的目的是剔除环境因素和随机因素对效率测度的影响，以便将所有 DMU 调整到相同的外部环境中。调整公式如式（4-10）所示。

$$X_{ni}^* = X_{ni} + [\max(f(Z_i\hat{\beta}_n)) - f(Z_i\hat{\beta}_n)] + [\max(\nu_{ni}) - \nu_{ni}]$$
$$i = 1, 2, \cdots, I; \ n = 1, 2, \cdots, N \qquad (4\text{-}10)$$

其中，X_{ni}^* 是调整后的投入；X_{ni}^* 是调整前的投入；$[\max(f(Z_i\hat{\beta}_n)) - f(Z_i\hat{\beta}_n)]$ 是对外部环境因素进行调整，$\max(f(Z_i\hat{\beta}_n))$ 表示处于最差环境条件的情况，其他 DMU 均需要以其为基准来进行调整投入变量的数值，$[\max(\nu_{ni}) - \nu_{ni}]$ 用于改善和优化随机因素，保证每一个决策单元的统计噪声相同。

结合式（4-4），可分离出管理无效率项 U，进而可分离出随机干扰项 V，管理无效率与随机干扰的分离公式分别如式（4-11）和式（4-12）所示[32]：

$$E[U_{ni} | V_{ni} + U_{ni}] = \frac{\sigma\lambda}{1+\lambda^2}\left[\frac{\phi\left(\frac{\varepsilon\lambda}{\sigma}\right)}{\varphi\left(\frac{\varepsilon\lambda}{\sigma}\right)} + \frac{\varepsilon\lambda}{\sigma}\right] \qquad (4\text{-}11)$$

$$E[V_{ni} | V_{ni} + U_{ni}] = S_{ni} - f(Z_i\beta_n) - E[U_{ni} | V_{ni} + U_{ni}] \qquad (4\text{-}12)$$

其中，$\lambda = \frac{\sigma_{\nu n}}{\sigma_{\mu n}}$，混合误差项 $\varepsilon = V_{ni} + U_{ni}$，$\phi$、$\varphi$ 分别表示标准正态分布的密度函数和分布函数。

三、调整后的 SBM-DEA 模型

经过二阶段似 SFA 回归分析，原始投入指标的数据剔除了环境因素、统计噪声和管理无效率三种要素对投入指标数值的影响，各 DMU 处于相同的外部环境中。再次对各 DMU 的效率进行评测分析，此时得出的 TE、SE、PTE 测算值较为准确，能够更加科学、严谨地反映区域先进制造业的

发展效率水平。

四、Malmquist 指数法模型

超效率 SBM-DEA 模型不能跨期进行比较，无法呈现出绿色创新效率值的变动情况，从而无法测度各 DMU 与自身相比是否取得了进步。因此，本书通过计算各 DMU 在不同时期下的 ML 指数来测度北京市各先进制造业从 t 期到 $t+1$ 期的绿色创新全要素生产率（TFP）的变动情况。ML 指数可以进一步分解为绿色创新效率变化（EC）和技术进步变化（TC），其中，TC 是指生产技术进步对具体 DMU 产生的影响。EC 可进一步分解为纯技术效率变化（PEC）和规模效率变化（SEC），来反映技术管理水平和资源配置水平的发展情况。ML 指数模型[33] 具体推导公式如下：

$$ML_t^{t+1} = \left[\frac{1+\overrightarrow{D^t}(x^{t+1}, y^{t+1}, O^{t+1})}{1+\overrightarrow{D^t}(x^t, y^t, O^t)} \times \frac{1+\overrightarrow{D^{t+1}}(x^{t+1}, y^{t+1}, O^{t+1})}{1+\overrightarrow{D^{t+1}}(x^t, y^t, O^t)} \right]^{\frac{1}{2}}$$

(4-13)

$$EC_t^{t+1} = \frac{1+\overrightarrow{D^{t+1}}(x^{t+1}, y^{t+1}, O^{t+1})}{1+\overrightarrow{D^t}(x^t, y^t, O^t)} \quad (4-14)$$

$$TC_t^{t+1} = \left[\frac{1+\overrightarrow{D^t}(x^t, y^t, O^t)}{1+\overrightarrow{D^{t+1}}(x^t, y^t, O^t)} \times \frac{1+\overrightarrow{D^t}(x^{t+1}, y^{t+1}, O^{t+1})}{1+\overrightarrow{D^{t+1}}(x^{t+1}, y^{t+1}, O^{t+1})} \right]^{\frac{1}{2}}$$

(4-15)

$$ML_t^{t+1} = EC_t^{t+1} \times TC_t^{t+1} = SEC_t^{t+1} \times PEC_t^{t+1} \times TC_t^{t+1} \quad (4-16)$$

其中，x^t、y^t、O^t 分别表示第 t 期的投入、期望产出和非期望产出；$\overrightarrow{D^t}(x^t, y^t, O^t)$ 表示第 t 期的方向距离函数，$\overrightarrow{D^t}(x^{t+1}, y^{t+1}, O^{t+1})$ 表示基于 t 期技术水平的 $t+1$ 期的混合距离函数；若 DMU 的 ML_t^{t+1} 测算值大于 1，表示在 DMU 从 t 期到 $t+1$ 期的变化中，全要素生产率（TFP）水平有所提

高，反之则退步或不变；TC_t^{t+1}、EC_t^{t+1}、SEC_t^{t+1}、PEC_t^{t+1} 大于 1 时，分别代表在 DMU 从 t 期到 $t+1$ 期的变化中，技术进步、绿色创新效率、规模效率、纯技术效率得到提高。

第三节 2015—2021 年省级层面先进制造业绿色创新效率评价

为研究中国先进制造业绿色创新发展的状况，本书基于先进制造业绿色创新发展的评价指标体系及其原始投入产出数据，分别运用了超效率 SBM-DEA 三阶段模型和超效率 SBM-ML 指数模型对 2015—2021 年中国省级层面先进制造业绿色创新的效率，并进行了横向、纵向分析。

一、省级层面先进制造业绿色创新效率的横向分析

（一）DEA 第一阶段

第一阶段暂不考虑外部环境影响因素和随机误差项的干扰，基于 SBM-DEA 模型，利用 MaxDEA-Ultra 9 软件对 2015—2021 年中国省级层面先进制造业的投入、产出指标进行分析，得到其各地区 2015—2021 年先进制造业综合效率、纯技术效率、规模效率，测算结果分别见表 4-3、表 4-4、表 4-5，各个省级层面的三个效率对比情况参见图 4-1，其中：

（1）综合效率（TE）体现了先进制造业在创新资源分配等方面能力，也即一般所说的创新效率。

（2）纯技术效率（PTE）体现了先进制造业的技术水平和管理水平。

（3）规模效率（SE）体现了先进制造业创新规模的大小。一般来说，

规模越大，越能够形成规模效应，降低单位生产成本。

下面对综合效率、纯技术效率值、规模效率值分别进行具体分析。

1. 综合效率分析

由于综合效率为规模效率与纯技术效率之积，因此，若使某地区的综合效率大于1，那需要地区先进制造业纯技术效率和规模效率都大于1，这意味着地区先进制造业的技术先进且规模足够。根据表4-3可知，在不剔除环境因素带来的干扰情况下，中国各省级层面先进制造业绿色创新效率可以分为四个发展梯队：

首先，北京、天津、上海、河南、广西、海南共6个省区市在2015—2021年的综合效率值均达到效率前沿面，虽然辽宁在2018年效率未达到前沿面，但该年综合效率值大于所在年份的平均值，因此，北京、天津、上海、河南、广西、海南、辽宁7个省区市先进制造业发展程度相对最好，属于先进制造业绿色创新发展的综合效率第一梯队。

其次，黑龙江、江苏、山东、广东、重庆、四川、青海、宁夏共8个省区市的综合效率在2015—2021年至少有4次达到效率前沿面。安徽省在2015年、2017年、2021年的综合效率达到前沿面，在2016年虽效率无效但超过该年效率的均值。因此，黑龙江、江苏、山东、广东、重庆、四川、青海、宁夏、安徽共9个省区市先进制造业发展程度相对较好，属于先进制造业绿色创新发展的综合效率第二梯队。

再次，河北、山西、内蒙古、吉林、浙江、福建、江西、湖北、贵州、云南共10个省区综合效率在2015—2021年虽效率普遍无效，但至少有1次达到效率前沿面，表明以上10个省区先进制造业发展程度一般，属于先进制造业绿色创新发展的综合效率第三梯队。

最后，湖南、陕西、甘肃3个省综合效率在2015—2021年的综合效率均无效，表明以上3个省先进制造业发展程度相对一般，属于先进制造业绿色创新发展的综合效率第四梯队。

表 4-3 各 DMU 历年制造业绿色创新的综合效率

地区	2015 年	2016 年	2017 年	2018 年	2019 年	2020 年	2021 年
北京	1.000	1.000	1.000	1.000	1.000	1.000	1.000
天津	1.000	1.000	1.000	1.000	1.000	1.000	1.000
河北	0.684	0.697	0.715	0.728	1.000	0.736	1.000
山西	1.000	0.479	0.539	0.429	0.392	0.596	1.000
内蒙古	0.472	0.397	1.000	1.000	1.000	0.692	0.658
辽宁	1.000	1.000	1.000	0.942	1.000	1.000	1.000
吉林	1.000	0.674	0.562	0.763	1.000	0.748	0.711
黑龙江	1.000	0.556	1.000	1.000	1.000	1.000	1.000
上海	1.000	1.000	1.000	1.000	1.000	1.000	1.000
江苏	1.000	1.000	1.000	0.653	0.558	1.000	0.712
浙江	1.000	1.000	0.883	0.775	0.648	0.771	0.824
安徽	1.000	0.865	1.000	0.616	0.466	0.649	1.000
福建	0.787	0.832	0.811	0.791	0.728	1.000	1.000
江西	1.000	1.000	1.000	0.543	0.454	0.629	0.755
山东	1.000	1.000	1.000	1.000	0.740	0.850	0.815
河南	1.000	1.000	1.000	1.000	1.000	1.000	1.000
湖北	0.518	0.690	0.633	0.624	0.568	1.000	0.643
湖南	0.620	0.641	0.579	0.610	0.490	0.602	0.584
广东	1.000	1.000	1.000	0.787	1.000	1.000	1.000
广西	1.000	1.000	1.000	1.000	1.000	1.000	1.000
海南	1.000	1.000	1.000	1.000	1.000	1.000	1.000
重庆	1.000	1.000	1.000	1.000	0.681	0.758	0.715
四川	1.000	1.000	1.000	0.658	0.670	1.000	1.000
贵州	1.000	0.683	0.657	1.000	0.489	0.566	1.000
云南	0.659	1.000	0.629	0.563	0.472	1.000	0.489
陕西	0.350	0.378	0.383	0.394	0.407	0.514	0.606
甘肃	0.730	0.665	0.643	0.447	0.345	0.417	0.413
青海	1.000	1.000	1.000	1.000	0.484	1.000	0.538
宁夏	1.000	1.000	1.000	0.768	1.000	0.772	0.468
均值	0.890	0.847	0.863	0.796	0.745	0.838	0.825

2. 纯技术效率分析

纯技术效率反映了研究对象的技术水平和管理水平，通过表4-4可以看出：

纯技术效率第一梯度：北京、天津、辽宁、上海、江苏、浙江、安徽、江西、山东、河南、广东、广西、海南、青海共14个省区市。在2015—2021年的纯技术效率数据中，以上14个省区市均达到效率前沿面，表明以上14个省区市先进制造业技术水平和管理水平相对最好。

纯技术效率第二梯度：河北、山西、内蒙古、吉林、黑龙江、重庆、四川、云南、宁夏、福建共10个省区市。河北、山西、内蒙古、吉林、黑龙江、重庆、四川、云南、宁夏共9个省区市的纯技术效率在2015—2021年至少有4次达到效率前沿面，而福建的纯技术效率在2019—2021年连续有效，且2016的效率值超过均值等，表明以上10个省区市先进制造业技术水平和管理水平相对较好。

纯技术效率第三梯度：湖北、湖南、贵州、甘肃、陕西。湖北、湖南、贵州、甘肃的纯技术效率虽普遍无效但在2015—2021年都达到效率前沿面，陕西省的在2015—2021年的纯技术效率均未达到效率前沿面，表明湖北、湖南、贵州、甘肃先进制造业技术水平和管理水平相对较差，而陕西省的先进制造业技术水平和管理水平相对最差。

表4-4 各DMU历年制造业绿色创新的纯技术效率

地区	2015年	2016年	2017年	2018年	2019年	2020年	2021年
北京	1.000	1.000	1.000	1.000	1.000	1.000	1.000
天津	1.000	1.000	1.000	1.000	1.000	1.000	1.000
河北	0.734	0.780	0.724	1.000	1.000	1.000	1.000
山西	1.000	0.494	0.579	0.460	1.000	1.000	1.000
内蒙古	1.000	0.413	1.000	1.000	1.000	1.000	0.767
辽宁	1.000	1.000	1.000	1.000	1.000	1.000	1.000
吉林	1.000	0.678	0.562	1.000	1.000	1.000	1.000
黑龙江	1.000	0.556	1.000	1.000	1.000	1.000	1.000

续表

地区	2015年	2016年	2017年	2018年	2019年	2020年	2021年
上海	1.000	1.000	1.000	1.000	1.000	1.000	1.000
江苏	1.000	1.000	1.000	1.000	1.000	1.000	1.000
浙江	1.000	1.000	1.000	1.000	1.000	1.000	1.000
安徽	1.000	1.000	1.000	1.000	1.000	1.000	1.000
福建	0.787	0.863	0.865	0.827	1.000	1.000	1.000
江西	1.000	1.000	1.000	1.000	1.000	1.000	1.000
山东	1.000	1.000	1.000	1.000	1.000	1.000	1.000
河南	1.000	1.000	1.000	1.000	1.000	1.000	1.000
湖北	0.521	0.706	0.656	0.630	1.000	1.000	0.787
湖南	0.621	0.673	0.597	0.655	1.000	0.654	0.722
广东	1.000	1.000	1.000	1.000	1.000	1.000	1.000
广西	1.000	1.000	1.000	1.000	1.000	1.000	1.000
海南	1.000	1.000	1.000	1.000	1.000	1.000	1.000
重庆	1.000	1.000	1.000	1.000	1.000	1.000	0.742
四川	1.000	1.000	1.000	0.658	1.000	1.000	1.000
贵州	1.000	0.713	0.661	1.000	0.604	0.616	1.000
云南	1.000	1.000	1.000	0.584	0.513	1.000	0.506
陕西	0.357	0.385	0.383	0.395	0.451	0.515	0.620
甘肃	1.000	0.704	0.744	0.557	0.427	0.464	0.477
青海	1.000	1.000	1.000	1.000	1.000	1.000	1.000
宁夏	1.000	1.000	1.000	1.000	1.000	1.000	0.625
均值	0.932	0.861	0.889	0.889	0.931	0.940	0.905

3. 规模效率分析

规模效率反映了各研究对象的创新规模大小，一般来说研究对象创新规模越大，越容易形成规模效应，才有能力进行新技术的开发，以此来推动经济的发展，进而降低单位生产成本，提高生产效率。根据表4-5，可以得到以下结论：

规模效率第一梯队：北京、天津、辽宁、上海、河南、广西、海南的规模效率和综合效率完全一致，黑龙江省在2015—2021年的规模效率均达到效率前沿面，表明以上8个省区市的创新规模相对最好。

规模效率第二梯队：江苏、山东、重庆、四川、贵州、青海、宁夏、广东共8个省区市的规模效率在2015—2021年至少有4次达到效率前沿面，表明以上8个省区市的创新规模相对较好。

规模效率第三梯队：河北、山西、内蒙古、吉林、安徽、福建、江西、湖北、云南、浙江共10个省区的规模效率在2015—2021年虽效率普遍无效，但至少有1次达到效率前沿面，表明以上10个省区的创新规模相对一般。

规模效率第四梯队：此外湖南、陕西、甘肃共3个省的规模效率在2015—2021年均无效，表明以上3个省的先进制造业创新规模相对最弱。

表4-5 各DMU历年制造业绿色创新的规模效率

地区	2015年	2016年	2017年	2018年	2019年	2020年	2021年
北京	1.000	1.000	1.000	1.000	1.000	1.000	1.000
天津	1.000	1.000	1.000	1.000	1.000	1.000	1.000
河北	0.932	0.893	0.987	0.728	1.000	0.736	1.000
山西	1.000	0.970	0.932	0.933	0.392	0.596	1.000
内蒙古	0.472	0.962	1.000	1.000	1.000	0.692	0.858
辽宁	1.000	1.000	1.000	0.942	1.000	1.000	1.000
吉林	1.000	0.994	0.999	0.763	1.000	0.748	0.711
黑龙江	1.000	1.000	1.000	1.000	1.000	1.000	1.000
上海	1.000	1.000	1.000	1.000	1.000	1.000	1.000
江苏	1.000	1.000	1.000	0.653	0.558	1.000	0.712
浙江	1.000	1.000	0.883	0.775	0.648	0.771	0.824
安徽	1.000	0.865	1.000	0.616	0.466	0.649	1.000
福建	0.999	0.964	0.937	0.956	0.728	1.000	1.000
江西	1.000	1.000	1.000	0.543	0.454	0.629	0.755
山东	1.000	1.000	1.000	1.000	0.740	0.850	0.815

续表

地区	2015年	2016年	2017年	2018年	2019年	2020年	2021年
河南	1.000	1.000	1.000	1.000	1.000	1.000	1.000
湖北	0.993	0.978	0.965	0.991	0.568	1.000	0.817
湖南	0.999	0.952	0.969	0.932	0.490	0.921	0.809
广东	1.000	1.000	1.000	0.787	1.000	1.000	1.000
广西	1.000	1.000	1.000	1.000	1.000	1.000	1.000
海南	1.000	1.000	1.000	1.000	1.000	1.000	1.000
重庆	1.000	1.000	1.000	1.000	0.681	0.758	0.964
四川	1.000	1.000	1.000	1.000	0.670	1.000	1.000
贵州	1.000	0.958	0.994	1.000	0.808	0.920	1.000
云南	0.659	1.000	0.629	0.964	0.919	1.000	0.966
陕西	0.979	0.983	0.998	0.998	0.903	0.998	0.977
甘肃	0.730	0.944	0.864	0.802	0.809	0.897	0.865
青海	1.000	1.000	1.000	1.000	0.484	1.000	0.538
宁夏	1.000	1.000	1.000	0.768	1.000	0.772	0.748
均值	0.957	0.981	0.971	0.902	0.804	0.894	0.909

综上，结合表4-3、表4-4、表4-5以及图4-1可知，中国各省区市先进制造业的发展程度主要受各地区技术水平和管理水平发展不平衡，以及众多省区市创新规模大而不强等因素共同影响。此外，一阶段SBM-DEA模型没有考虑到环境变量在评测各效率时对各DMU的影响，因此评测出的效率值可能存在低估与高估的现象，需要对其原始指标的数据进行修正。

4. DEA第一阶段分析总结

在未剔除环境变量在评测各效率时，整体来看，2015—2021年先进制造业绿色创新发展较好的有北京、天津、上海、河南、广西、海南、辽宁共7个省区市；先进制造业绿色创新发展中等的有黑龙江、江苏、山东、广东、重庆、四川、青海、宁夏共8个省区市；先进制造业绿色创新发展发展一般的有河北、山西、内蒙古、吉林、浙江、福建、江西、湖北、贵州、云南共 10 个省区；先进制造业绿色创新发展最差的有湖南、陕西、甘肃 3 个省。同时由于第一阶段的效率值未剔除环境变量带来的影响，测算会致使其评测出的效率值存在偏差的现象。因此，本书重点对第三阶段进行重点梳理。

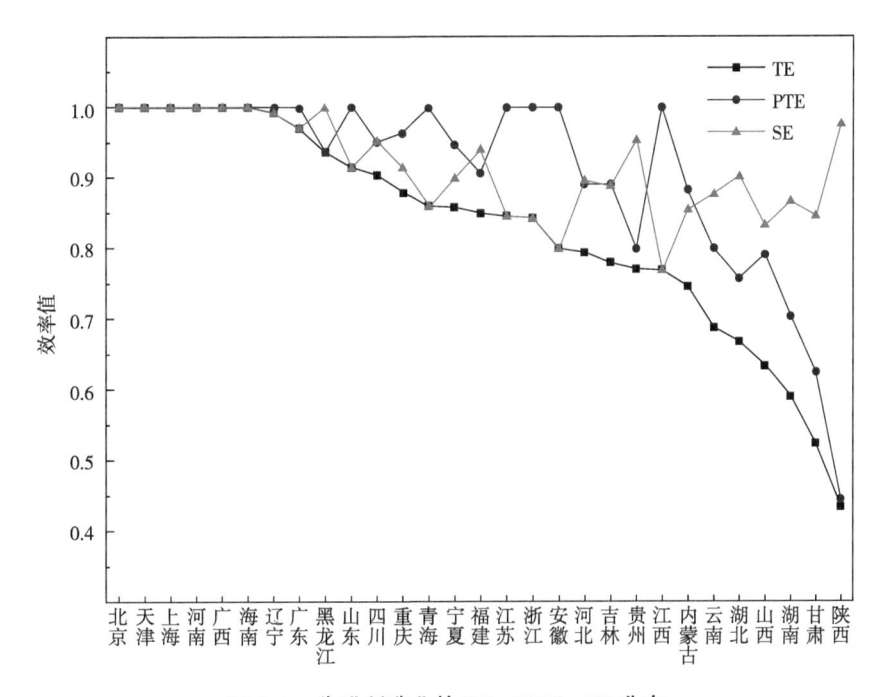

图 4-1　先进制造业的 TE、PTE、SE 分布

（二）DEA 第二阶段

本节将运用 SBM-DEA 模型一阶段测算出的中国各省区市先进制造业企业 R&D 人员全时当量、先进制造业企业 R&D 经费内部支出、先进制造业能源消耗总量先进制造业研发机构数、先进制造业新产品开发经费支出共五项投入指标的松弛变量作为被解释变量，将各 DMU 的规模以上工业资产总计、规模以上工业利润总额、地区生产总值环境变量作为解释变量，使用 Frontier4.1 软件分别对指标体系中 5 项投入指标的原始数据松弛

变量进行 SFA 回归分析等,第二阶段 SFA 测算结果见表 4-6。

表 4-6 第二阶段 SFA 测算结果

自变量	因变量				
	研发机构数松弛变量	R&D 人员折合全时当量松弛变量	R&D 经费内部支出松弛变量	新产品开发经费支出松弛变量	能源消耗总量松弛变量
常数项	-4.05E+00 (-1.41E+00)	-8.63E+02 ** (-2.09E+00)	-6.70E+04 *** (-6.70E+04)	-7.76E+04 *** (-3.28E+02)	-4.18E+02 ** (-2.02E+00)
规模以上工业资产总计	-2.26E+01 (-7.81E-01)	-4.92E+03 *** (-2.96E+01)	-1.58E+05 *** (-1.58E+05)	-4.13E+04 *** (-7.98E+02)	-3.66E+03 *** (-5.52E+00)
规模以上工业利润总额	-8.86E+00 (-4.42E-01)	-6.08E+02 (-9.58E-01)	1.43E+05 *** (1.43E+05)	1.39E+05 *** (4.70E+03)	6.93E+02 (7.65E-01)
GDP	2.69E+01 (9.73E-01)	4.69E+03 *** (5.59E+00)	2.50E+03 *** (2.50E+03)	-1.10E+05 *** (-1.61E+03)	2.83E+03 * (1.77E+00)
σ^2	3.94E+02 *** (5.74E+00)	1.45E+07 *** (1.06E+07)	2.04E+10 *** (2.04E+10)	2.05E+10 *** (2.05E+10)	2.69E+06 *** (6.61E+05)
γ	3.57E-01 *** (3.42E+00)	8.71E-01 *** (6.24E+01)	9.03E-01 *** (8.68E+01)	9.44E-01 *** (1.56E+02)	6.48E-01 *** (1.73E+01)
Log 值	-8.75E+02 ***	-1.79E+03 ***	-2.50E+03 ***	-2.46E+03 ***	-1.71E+03 ***
LR 单边检验	9.38E+01 ***	1.90E+02 ***	2.20E+02 ***	2.99E+02 ***	7.07E+01 ***

注:括号内为 t 检验值,*、**、*** 分别表示在 10%、5%和 1%的统计水平上显著。

其次,由表 4-6 可知,中国各省区市先进制造业的所有投入指标的松弛变量系数 σ^2、γ 均通过 t 检验,说明运用 SFA 进一步对投入变量分析是合适且必要的,也说明地区生产总值、规模以上工业利润总额、规模以上工业资产总计等三个环境变量确实会对中国各省区市先进制造业综合效率测算结果产生显著影响。同时,σ^2 较大,表明各地区的环境指标所带来的冗余影响占据着主导的位置。γ 趋近 1,代表着混合误差项中的管理无效率与随机误差产生了较大作用,并且管理无效率在混合误差项中占据着主导作用[34],也进一步说明了仅进行 DEA 一阶段的测算会致使其评测出的效率值存在偏差的现象，因此，有必要对原始投入量进行调整。此外，当 DMU 的回归系数为正数时，环境变量的增加会减少制造业的产出或造成制造业投入的浪费；当 DMU 的回归系数为负数时，环境变量的增加会加大制造业产出或减少制造业的投入，有利于降低制造业的投入松弛变量[35]。关于环境变量对各投入影响的分析如下。

（三）DEA 第三阶段

运用 SFA 模型对中国各省区市投入指标的原始数据进行调整，使得各省区市处于相同的环境和统计噪声后，再次采取 MaxDEA-Ultra9 软件对制造业各省区市的综合效率、纯技术效率、规模效率进行评测分析，得到的中国各省区市制造业绿色创新发展的各效率测算结果（见表 4-7、表 4-8、表 4-9），调整后的各省区市先进制造业的三个效率对比见图 4-2。

表 4-7　调整后各 DMU 历年制造业绿色创新综合效率

地区	2015 年	2016 年	2017 年	2018 年	2019 年	2020 年	2021 年
北京	1.000	1.000	1.000	1.000	1.000	1.000	1.000
天津	1.000	1.000	1.000	1.000	1.000	1.000	1.000
河北	0.709	0.718	0.745	0.732	1.000	0.851	1.000
山西	0.619	0.435	0.395	0.289	1.000	1.000	1.000
内蒙古	0.223	0.313	1.000	0.342	1.000	0.475	0.627
辽宁	1.000	1.000	1.000	0.835	1.000	1.000	1.000
吉林	1.000	0.626	0.545	0.646	1.000	0.817	1.000
黑龙江	1.000	0.508	1.000	1.000	0.757	1.000	0.800
上海	1.000	1.000	1.000	1.000	1.000	1.000	1.000
江苏	1.000	1.000	1.000	1.000	0.844	1.000	1.000
浙江	1.000	1.000	1.000	1.000	1.000	1.000	1.000
安徽	1.000	1.000	1.000	1.000	1.000	1.000	1.000
福建	0.882	1.000	1.000	1.000	1.000	1.000	1.000

续表

地区	2015 年	2016 年	2017 年	2018 年	2019 年	2020 年	2021 年
江西	1.000	1.000	1.000	1.000	1.000	0.829	1.000
山东	1.000	1.000	1.000	1.000	0.895	1.000	1.000
河南	1.000	1.000	1.000	1.000	1.000	1.000	1.000
湖北	0.536	0.715	0.695	0.704	1.000	1.000	0.806
湖南	0.672	0.688	0.643	0.728	0.655	0.648	0.723
广东	1.000	1.000	1.000	1.000	1.000	1.000	1.000
广西	0.832	1.000	1.000	1.000	1.000	1.000	1.000
海南	1.000	1.000	1.000	1.000	1.000	1.000	1.000
重庆	1.000	1.000	1.000	1.000	1.000	1.000	0.784
四川	1.000	1.000	1.000	0.741	0.768	1.000	1.000
贵州	1.000	0.689	0.691	1.000	0.614	0.654	1.000
云南	1.000	1.000	1.000	0.521	0.522	1.000	0.537
陕西	0.336	0.387	0.406	0.407	0.469	0.520	0.656
甘肃	0.357	0.544	0.421	0.272	0.318	0.321	0.302
青海	0.052	1.000	0.257	0.148	0.286	1.000	0.191
宁夏	1.000	1.000	0.449	0.282	0.528	0.533	0.319
均值	0.835	0.849	0.836	0.781	0.850	0.884	0.853

表 4-8 调整后各 DMU 历年制造业绿色创新纯技术效率

地区	2015 年	2016 年	2017 年	2018 年	2019 年	2020 年	2021 年
北京	1.000	1.000	1.000	1.000	1.000	1.000	1.000
天津	1.000	1.000	1.000	1.000	1.000	1.000	1.000
河北	0.722	0.771	0.749	0.745	1.000	1.000	1.000
山西	1.000	0.525	0.449	0.346	1.000	1.000	1.000
内蒙古	1.000	0.447	1.000	0.601	1.000	0.672	1.000
辽宁	1.000	1.000	1.000	1.000	0.895	1.000	1.000
吉林	1.000	0.658	0.587	0.805	1.000	1.000	1.000

续表

地区	2015年	2016年	2017年	2018年	2019年	2020年	2021年
黑龙江	1.000	0.599	1.000	1.000	0.770	1.000	1.000
上海	1.000	1.000	1.000	1.000	1.000	1.000	1.000
江苏	1.000	1.000	1.000	1.000	1.000	1.000	1.000
浙江	1.000	1.000	1.000	1.000	1.000	1.000	1.000
安徽	1.000	1.000	1.000	1.000	1.000	1.000	1.000
福建	1.000	1.000	1.000	1.000	1.000	1.000	1.000
江西	1.000	1.000	1.000	1.000	1.000	1.000	1.000
山东	1.000	1.000	1.000	1.000	1.000	1.000	1.000
河南	1.000	1.000	1.000	1.000	1.000	1.000	1.000
湖北	0.568	0.718	0.707	1.000	1.000	1.000	1.000
湖南	0.687	0.691	0.650	0.749	0.807	0.685	0.749
广东	1.000	1.000	1.000	1.000	1.000	1.000	1.000
广西	1.000	1.000	1.000	1.000	1.000	1.000	1.000
海南	1.000	1.000	1.000	1.000	1.000	1.000	1.000
重庆	1.000	1.000	1.000	1.000	1.000	1.000	0.787
四川	1.000	1.000	1.000	1.000	1.000	1.000	1.000
贵州	1.000	0.713	0.744	1.000	0.616	0.657	1.000
云南	1.000	1.000	1.000	0.632	0.523	1.000	0.614
陕西	0.402	0.407	0.437	0.446	0.472	0.531	0.657
甘肃	1.000	0.829	0.658	0.516	0.385	0.501	0.523
青海	1.000	1.000	1.000	1.000	1.000	1.000	1.000
宁夏	1.000	1.000	1.000	1.000	1.000	1.000	0.653
均值	0.944	0.874	0.896	0.887	0.916	0.933	0.930

表4-9 调整后各DMU历年制造业绿色创新规模效率

地区	2015年	2016年	2017年	2018年	2019年	2020年	2021年
北京	1.000	1.000	1.000	1.000	1.000	1.000	1.000
天津	1.000	1.000	1.000	1.000	1.000	1.000	1.000
河北	0.982	0.932	0.995	0.983	1.000	0.851	1.000

续表

地区	2015年	2016年	2017年	2018年	2019年	2020年	2021年
山西	0.619	0.829	0.880	0.835	1.000	1.000	1.000
内蒙古	0.223	0.701	1.000	0.570	1.000	0.708	0.627
辽宁	1.000	1.000	1.000	0.933	1.000	1.000	1.000
吉林	1.000	0.951	0.927	0.802	1.000	0.817	1.000
黑龙江	1.000	0.847	1.000	1.000	0.982	1.000	0.800
上海	1.000	1.000	1.000	1.000	1.000	1.000	1.000
江苏	1.000	1.000	1.000	1.000	0.844	1.000	1.000
浙江	1.000	1.000	1.000	1.000	1.000	1.000	1.000
安徽	1.000	1.000	1.000	1.000	1.000	1.000	1.000
福建	0.882	1.000	1.000	1.000	1.000	1.000	1.000
江西	1.000	1.000	1.000	1.000	1.000	0.829	1.000
山东	1.000	1.000	1.000	1.000	0.895	1.000	1.000
河南	1.000	1.000	1.000	1.000	1.000	1.000	1.000
湖北	0.943	0.995	0.983	0.704	1.000	1.000	0.806
湖南	0.978	0.995	0.990	0.972	0.811	0.946	0.965
广东	1.000	1.000	1.000	1.000	1.000	1.000	1.000
广西	0.832	1.000	1.000	1.000	1.000	1.000	1.000
海南	1.000	1.000	1.000	1.000	1.000	1.000	1.000
重庆	1.000	1.000	1.000	1.000	1.000	1.000	0.995
四川	1.000	1.000	1.000	0.741	0.768	1.000	1.000
贵州	1.000	0.967	0.929	1.000	0.998	0.994	1.000
云南	1.000	1.000	1.000	0.824	0.999	1.000	0.873
陕西	0.835	0.951	0.930	0.912	0.994	0.978	0.997
甘肃	0.357	0.656	0.640	0.527	0.825	0.642	0.577
青海	0.052	1.000	0.257	0.148	0.286	1.000	0.191
宁夏	1.000	1.000	0.449	0.282	0.528	0.533	0.489
均值	0.886	0.960	0.930	0.870	0.929	0.941	0.908

1. 修正的综合效率分析

基于修正综合效率的第一发展梯队：北京、天津、上海、浙江、安徽、河南、广东、海南共 8 个省市，其在 2015—2021 年的综合效率值均达到效率前沿面。辽宁、福建、山东三省虽然分别在 2018 年、2015 年、2019 年效率未达到前沿面，但该年综合效率值大于所在年份的平均值，表明以上 11 个省市先进制造业发展程度相对最好。其中，浙江、安徽部分年份的综合效率在一阶段无效，在使得各省区市处于相同的环境和统计噪声中后，浙江、安徽、广东三省的综合效率实现了全部有效。

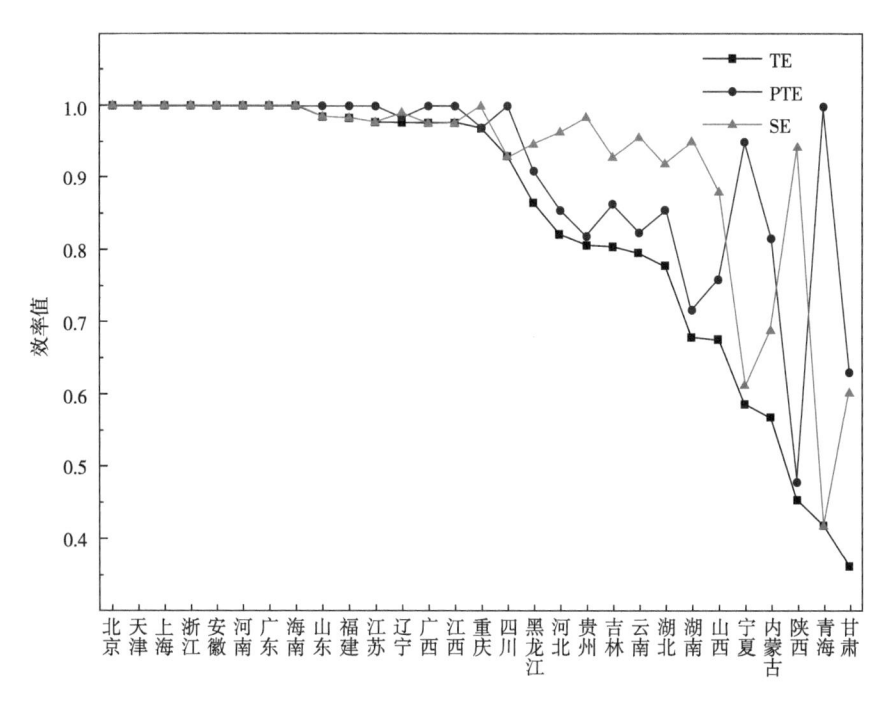

图 4-2　调整后先进制造业的 TE、PTE、SE 分布

基于修正综合效率的第二发展梯队：黑龙江、江苏、江西、广西、重庆、四川、云南共 7 个省区市的综合效率在 2015—2021 年至少有 4 次达到效率前沿面，表明以上 7 个省区市先进制造业发展程度相对较好。其中，

云南省在一阶段评测时，其处于先进制造业发展程度相对较差阶段，综合效率处于普遍无效状态，在使得各省区市处于相同的环境和统计噪声中后，云南省的综合效率提升至相对较好阶段。

基于修正综合效率的第三发展梯队：河北、山西、内蒙古、吉林、湖北、贵州、青海、宁夏共8个省区综合效率在2015—2021年虽效率普遍无效，但至少有1次达到效率前沿面，表明以上8个省区先进制造业发展程度相对较差。

基于修正综合效率的第四发展梯队：湖南、陕西、甘肃三省综合效率无论在第一阶段还是第三阶段，其在2015—2021年的综合效率均无效，表明以上三省先进制造业发展程度相对最差。

备注：广西在一阶段评测时，其综合效率在2015—2021年的综合效率值均达到效率前沿面，但是在三阶段评测时，其综合效率在2015年出现了无效且效率值小于均值的情况。而青海和宁夏由于和其他DMU处于相同的环境和统计噪声中后，综合效率变为普遍无效状态。

此外，由表4-7和图4-2可得，在运用SFA模型对中国各省区市投入指标的原始数据进行调整，使得各省区市处于相同的环境和统计噪声中后，三阶段的综合效率相对于第一阶段普遍得到提升，表明外部环境因素对效率的影响是负向的，也就是说外部环境对绿色创新效率的评测不利。由于第一阶段环境问题效率较低，在将环境因素和随机扰动剔除后，各地区的综合效率普遍得到了提升，这也进一步说明了地区生产总值、规模以上工业利润总额、规模以上工业资产总计等三个环境变量对中国各省区市先进制造业综合效率测算结果存在显著影响，也证明了三阶段DEA模型在此研究中的应用有效可行。

2. 修正的纯技术效率分析

从表4-8可以看出：

修正的纯技术效率第一梯队：北京、天津、上海、江苏、浙江、安徽、福建、江西、山东、河南、广东、广西、海南、四川、青海共15个省区市在2015—2021年的纯技术效率均达到效率前沿面，辽宁省虽然在2018年效率未达到前沿面，但该年纯技术效率值大于所在年份的平均值，表明以上16个省区市先进制造业技术水平和管理水平相对最好。

修正的纯技术效率第二梯队：山西、吉林、黑龙江、湖北、云南、宁夏、重庆、内蒙古共8个省区市的纯技术效率在2015—2021年至少有4次达到效率前沿面，表明以上8个省区市先进制造业技术水平和管理水平相对较好。

修正的纯技术效率第三梯队：河北、贵州、甘肃3个省的纯技术效率虽普遍无效但在2015—2021年都达到过效率前沿面，陕西省2015—2021年的纯技术效率均未达到效率前沿面，表明河北、贵州、甘肃3个省的先进制造业技术水平和管理水平相对较差，湖南省和陕西省的先进制造业技术水平和管理水平相对最弱。

3. 修正的规模效率分析

从表4-9可以看出：

修正的规模效率第一梯队：北京、天津、上海、浙江、安徽、河南、广东、海南共8个省市的规模效率在2015—2021年均达到效率前沿面，辽宁省、重庆市虽然分别在2018年、2019年效率未达到前沿面，但该年规模效率值大于所在年份的平均值，表明以上10个省市的创新规模相对最好。

修正的规模效率第二梯队：黑龙江、江苏、福建、江西、山东、广西、四川、云南共8个省区的规模效率在2015—2021年至少有4次达到效率前沿面，贵州省在2015年、2018年、2021年的规模效率达到前沿面，2016年的规模效率虽然没有达到效率前沿面，但是效率值大于该年均值，表明以上9个省区的创新规模相对较好。

修正的规模效率第三梯队：河北、山西、内蒙古、吉林、湖北、青海、宁夏7个省区的规模效率在2015—2021年虽效率普遍无效，但至少有1次达到效率前沿面，表明以上7个省区的创新规模相对一般。

修正的规模效率第四梯队：湖南、陕西、甘肃三省的规模效率在2015—2021年均无效，表明以上三省先进制造业的创新规模相对最弱。

此外，结合表4-7、表4-8、表4-9以及图4-2可知，中国先进制造业发展水平中等的省区市，由于规模效率较低而无法得到更好的发展；处于一般水平的省区市先进制造业由于技术水平和管理水平发展以及创新规模极差较大或均无效，发展程度较低。

4. DEA第三阶段分析总结

整体来看，2015—2021年先进制造业绿色创新发展较好的有北京、天津、上海、浙江、安徽、河南、广东、海南、辽宁、福建、山东共11个省市；先进制造业绿色创新发展中等的有黑龙江、江苏、江西、广西、重庆、四川、云南共7个省区市；先进制造业绿色创新发展的纯技术效率较好但规模效率较差的有青海、山西、吉林、湖北、宁夏、内蒙古共6个省区；先进制造业绿色创新发展的纯技术效率较差但规模效率较好的是贵州省；先进制造业绿色创新发展的纯技术效率和规模效率均较差的有湖南、陕西、河北、甘肃共4个省。

具体来看，北京市先进制造业绿色创新发展水平在全国排名第6，综合水平比北京市高的地区分别是海南省、河南省、上海市、浙江省、广东省。北京市相对于以上5个省市来说，主要存在政策力度相对较弱、科研投入冗余、绿色创新资源转化率较低，及二氧化碳排放量较高等问题。首先，北京市相对于海南省还存在对外开放不足、税收减免等鼓励政策相对不足等问题，如海南省设置专属保税仓，依据自由贸易港的税收减免或"零关税"等政策吸引众多先进制造业企业将电子产品等设置在港口和航空运输便利的海南省进行制造生产，在保证海南省先进制造业专利申请数、新产品销售收入等的同时极大降低其先进制造业企业R&D经费内部支出、先进制造业新产品开发经费支出等，从而使得海南省在高技术产业绿色创新较高。其次，北京市先进制造业相对于河南省来说在集群、协同发展方面相对欠缺，例如，河南省通过构建"一区多点"发展格局、建设郑州国际软件产业园、洛阳软件人才及产业基地建设等产业基地，引领省内18个地级市结合自身发展情况在省内推动、构建汽车、电子信息、医药制造等高技术行业集群协同发展，并将先进制造业培育成国家级创新龙头企业等，以在保持其投入幅度相对变动较低的情况下极大地提高河南省先进制造业新产品销售收入水平和科研专利数量，从而使得河南省在高技术产业绿色创新较高。再次，北京市相对于广东省来说，在战略性新兴产业集群建设以及产业迭代方面存在不足，如广东省围绕20个战略性产业集群，包括集成电路、新能源汽车、新型储能等产业在内的新支柱正在形成，人工智能、量子计算、深海空天等未来产业正加快布局，发展新动能不断涌现，通过产业链群来激发粤港澳大湾区的产业创新活力的同时实现资源整合，进而来推动广东省先进制造业的绿色创新发展实现高质量发展，以使得广东省在高技术产业绿色创新较高。最后，北京市相对于上海市、浙江省来说，其在税收优惠、财政政策支持、产业用地等方面颁发的鼓励先进制造业发展的政策要求基本一致；但北京市与二者相比，先进制造业存在资源转化率较低、二氧化碳排排放量较高等问题。对比北京市和上海市近几年的投入产出情况可以看到，在先进制造业的"R&D人员折合全时当量"、"R&D经费内部支出"、"新产品开发经费支出"、进行成果转化的"专利申请数"以及"新产品开发项目数"方面，上海市和北京市大致相同，然而上海市先进制造业的"研发机构数"、"能源消耗总量"和"二氧化碳排放量"均显著低于北京市，从而使得上海市先进制造业的绿色创新发展效率高于北京市。

为了更直观地分析绿色创新效率的空间分布，本书运用Qrigin制图软件绘制出2015—2021年我国各省区市先进制造业绿色效率图，以此直观反映东中西部三个地区不同时期的效率差异。如图4-3至图4-9所示：从2015年至2021年，我国各省区市先进制造业的绿色创新效率整体上呈现出稳步上升的趋势。从空间分布角度综合来看，东部地区的先进制造业的绿色创新效率始终保持领先地位，其次是中部地区，最后是西部地区。其中，在产业转移过程中，福建等部分东部省份2021年先进制造业的绿色创新相对于2015年实现了显著的提升。随着区域间产业转移深入推进，中西部地区产业增加值占比不断提高，绿色创新效率不断提升，表明中西部与东部地区的先进制造业绿色创新发展差距正在进一步缩小。但同时，相对于东部地区，中西部地区在先进制造业的绿色创新效率方面表现出较低的水平，东部地区向中西部产业转移趋缓，中部地区成为承接先进制造业的绿色创新产业发展转移的主力军，也说明我国中西部地区先进制造业的发展仍有较大的空间，空间的差异性在我国各省区市间显著存在。在后续发展中，还需通过加强在先进制造业关键领域和环节的政策引导，进一步推动各地区先进制造业绿色发展的有序转移。

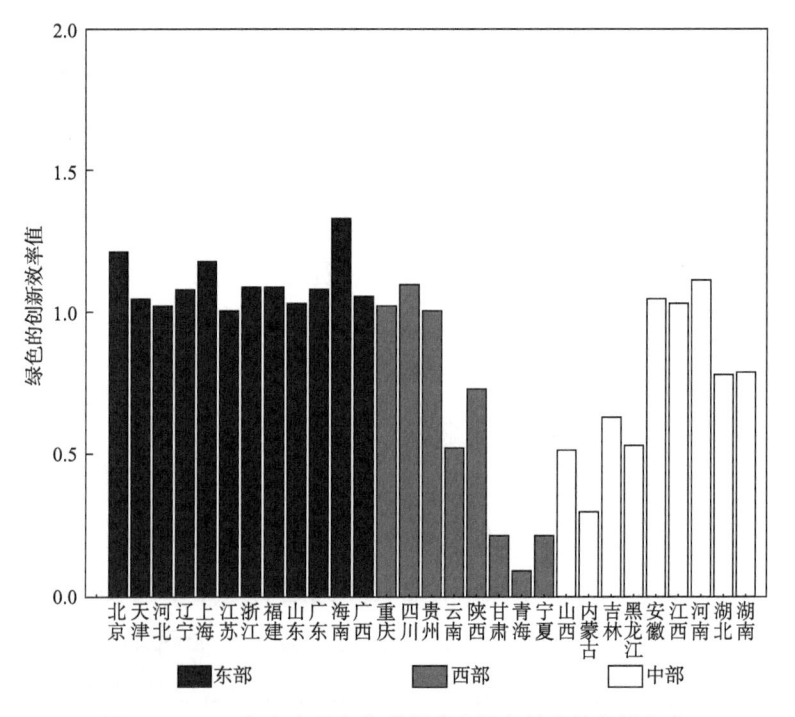

图4-3 2021年各省区市先进制造业绿色效率的空间分布

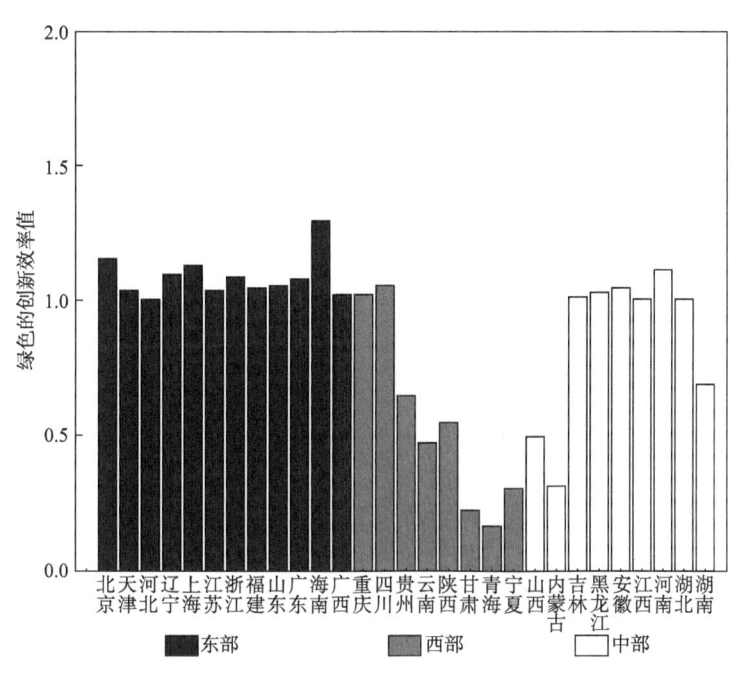

图 4-4　2020 年各省区市先进制造业绿色效率的空间分布

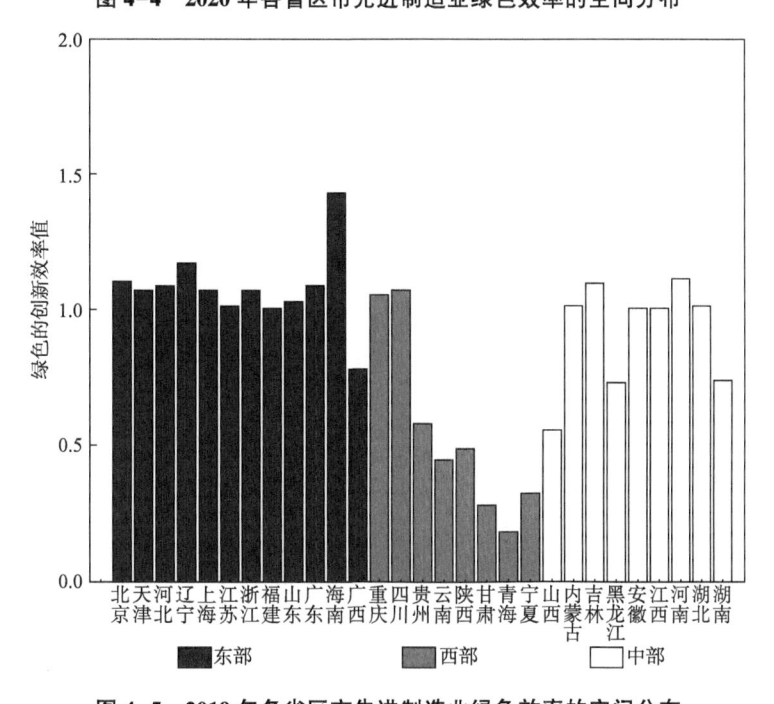

图 4-5　2019 年各省区市先进制造业绿色效率的空间分布

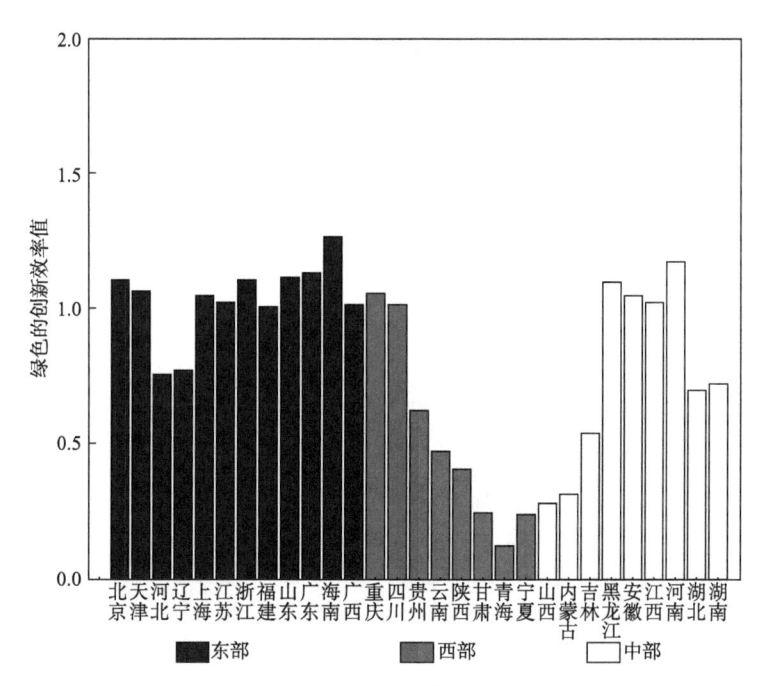

图 4-6　2018 年各省区市先进制造业绿色效率的空间分布

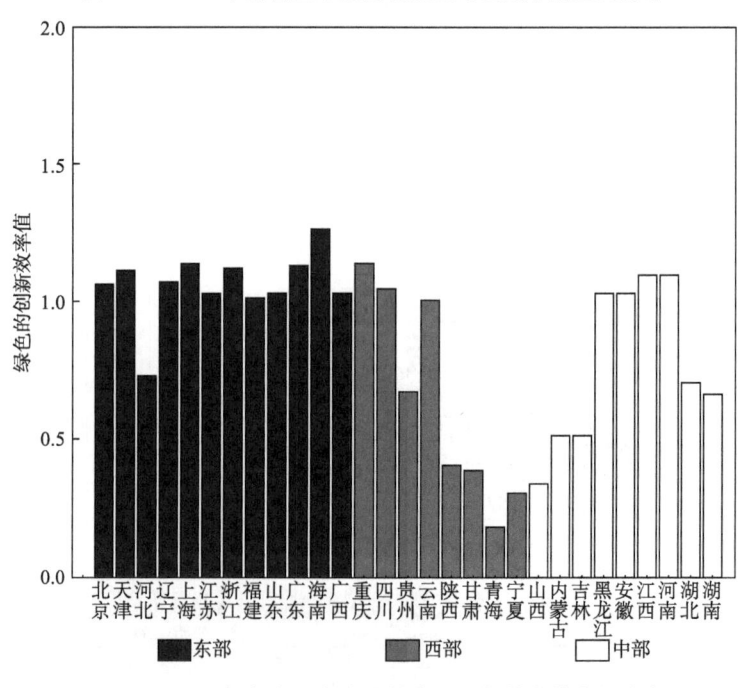

图 4-7　2017 年各省区市先进制造业绿色效率的空间分布

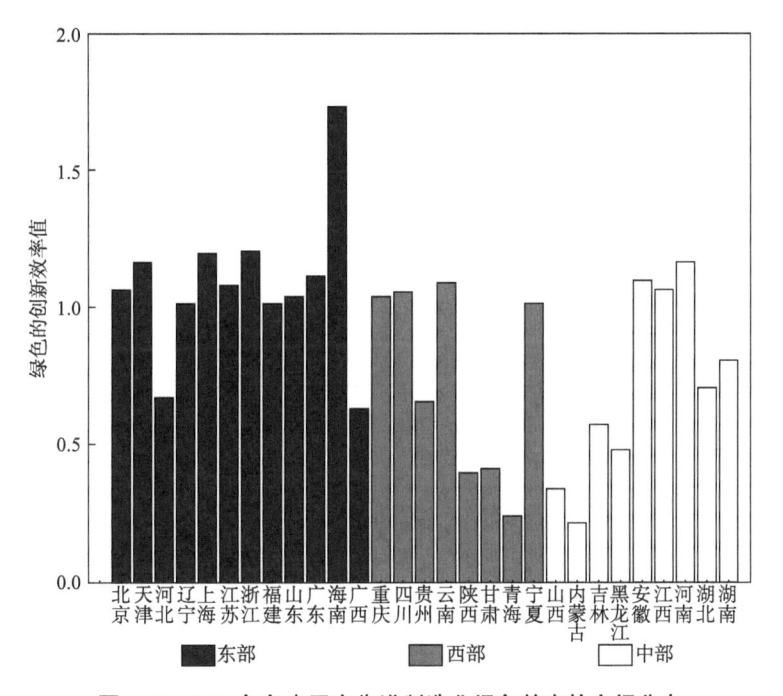

图 4-8 2016 年各省区市先进制造业绿色效率的空间分布

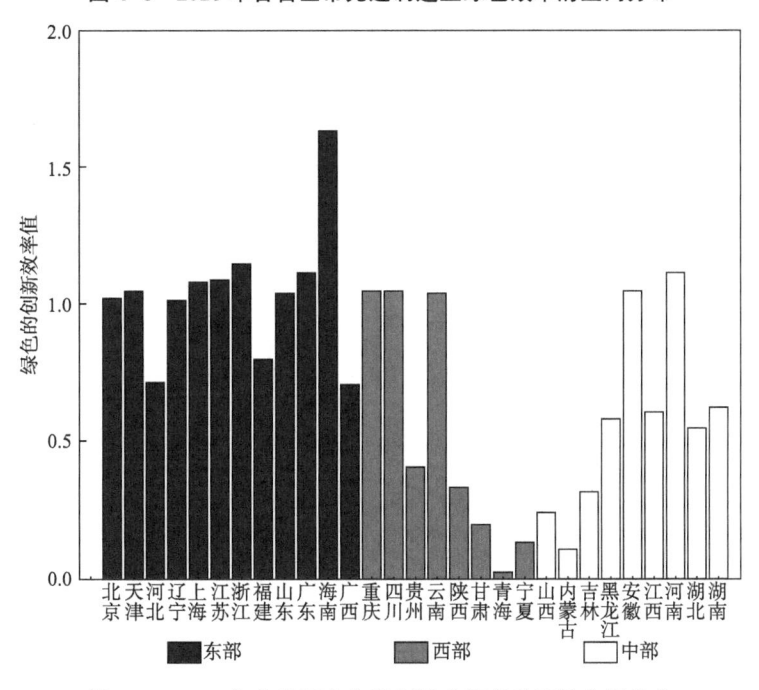

图 4-9 2015 年各省区市先进制造业绿色效率的空间分布

二、省级层面先进制造业绿色创新效率的纵向分析

由于 DEA 模型每一年都有独自的前沿面，只能进行静态分析，为了研究效率的动态演变情况，本书基于调整后的投入、原始产出指标数据，采用 ML 指数模型对中国各省区市先进制造业的全要素生产率（TFP）进行测算，将经 SFA 回归分析调整前后的各地区制造业的 TFP 见表 4-10。

表 4-10　各 DMU 历年制造业绿色创新的全要素生产率

年份	MI	EC	PEC	SEC	TC
2015—2016	1.811 750 089	1.637 463 880	0.935 176 892	1.750 249 028	1.193 376 748
2016—2017	1.079 481 276	1.048 764 009	1.050 361 062	0.976 265 210	1.024 508 794
2017—2018	0.941 606 567	0.923 556 160	0.999 359 683	0.919 082 833	1.022 299 279
2018—2019	1.447 547 425	1.244 599 931	1.081 141 495	1.137 006 699	1.171 436 028
2019—2020	1.113 194 488	1.120 376 320	1.042 259 135	1.077 854 053	0.991 815 390
2020—2021	0.942 427 127	0.982 308 247	1.015 133 361	0.966 230 613	0.967 197 226

从时间序列来看，2015—2016 年、2016—2017 年、2018—2019 年、2019—2020 年的 TFP 分别为 1.811 750 089、1.079 481 276、1.447 547 425、1.113 194 488，年均分别上升了 81.18%、7.9%、44.75%、11.32%；2017—2018 年和 2020—2021 年的 TFP 则分别降低了 5.84%、5.76%。结合表 4-11 分解效率的测算结果可知，2017—2018 年先进制造业的 TFP 下降的主要原因是综合技术效率和规模效率的共同抑制以及技术进步缓慢，而 2020—2021 年 TFP 下降是由于该时期规模效率退步和技术退步。

表 4-11　2013—2021 年先进制造业绿色创新全要素生产率及其分解

地区	MI	EC	PEC	SEC	TC
北京	1.041	1.000	1.000	1.000	1.041
天津	1.045	1.000	1.000	1.000	1.045
河北	1.171	1.071	1.063	1.008	1.106

续表

地区	MI	EC	PEC	SEC	TC
山西	1.440	1.301	1.174	1.091	1.124
内蒙古	1.766	1.609	1.185	1.415	1.068
辽宁	1.044	1.005	1.002	1.001	1.040
吉林	1.126	1.045	1.027	1.013	1.114
黑龙江	1.146	1.059	1.056	0.971	1.131
上海	1.036	1.000	1.000	1.000	1.036
江苏	1.030	1.005	1.000	1.005	1.027
浙江	1.020	1.000	1.000	1.000	1.020
安徽	1.008	1.000	1.000	1.000	1.008
福建	1.050	1.022	1.000	1.022	1.026
江西	1.035	1.006	1.000	1.006	1.033
山东	1.031	1.002	1.000	1.002	1.032
河南	0.989	1.000	1.000	1.000	0.989
湖北	1.137	1.091	1.111	0.998	1.036
湖南	1.088	1.016	1.020	1.003	1.080
广东	1.023	1.000	1.000	1.000	1.023
广西	1.064	1.034	1.000	1.034	1.026
海南	1.015	1.000	1.000	1.000	1.015
重庆	1.026	0.964	0.965	0.999	1.066
四川	1.066	1.013	1.000	1.013	1.064
贵州	1.169	1.058	1.051	1.001	1.209
云南	1.126	0.996	0.998	0.985	1.121
陕西	1.148	1.121	1.088	1.032	1.028
甘肃	1.079	1.011	0.916	1.147	1.055
青海	4.428	4.270	1.000	4.270	1.065
宁夏	1.112	0.927	0.942	0.980	1.166

下面，本书使用超效率SBM模型达到效率前沿面的省区市的效率重新评测，以更好地区分各地区发展效率如何及排名情况，通过超效率

SBM 非导向模型测算的综合效率和历年比北京市发展较好的地区如表 4-12、表 4-13 所示。

表 4-12 超效率 SBM 模型下的综合效率

地区	2015 年	2016 年	2017 年	2018 年	2019 年	2020 年	2021 年
北京	1.026 5	1.063 0	1.071 3	1.096 8	1.105 1	1.154 4	1.215 4
天津	1.045 9	1.164 2	1.119 1	1.060 6	1.068 2	1.039 5	1.045 1
河北	0.711 8	0.668 4	0.736 4	0.752 5	1.089 8	1.008 6	1.025 2
山西	0.238 5	0.335 9	0.343 8	0.273 9	0.557 3	0.495 7	0.507 9
内蒙古	0.108 5	0.209 5	0.512 2	0.306 8	1.009 5	0.318 5	0.298 7
辽宁	1.011 4	1.013 0	1.076 6	0.766 7	1.171 2	1.098 0	1.081 6
吉林	0.313 5	0.571 9	0.512 1	0.532 7	1.099 9	1.014 9	0.628 0
黑龙江	0.581 9	0.477 2	1.037 0	1.092 7	0.728 5	1.028 8	0.528 4
上海	1.083 3	1.190 2	1.147 1	1.040 0	1.071 4	1.128 3	1.182 4
江苏	1.087 6	1.074 8	1.034 5	1.020 1	1.013 9	1.037 3	1.005 3
浙江	1.151 9	1.202 8	1.129 2	1.097 8	1.070 6	1.093 2	1.088 3
安徽	1.045 5	1.088 5	1.034 8	1.043 0	1.004 5	1.041 7	1.051 3
福建	0.798 3	1.009 1	1.021 7	1.003 7	1.007 7	1.046 2	1.089 5
江西	0.604 7	1.060 0	1.100 8	1.021 3	1.003 0	1.005 7	1.033 3
山东	1.034 8	1.033 5	1.035 2	1.113 5	1.029 5	1.059 6	1.030 0
河南	1.119 4	1.154 8	1.099 3	1.170 9	1.114 6	1.114 5	1.110 9
湖北	0.551 1	0.703 8	0.711 1	0.694 2	1.018 5	1.006 9	0.778 0
湖南	0.621 5	0.797 6	0.667 9	0.720 5	0.739 5	0.693 7	0.786 6
广东	1.118 8	1.106 6	1.134 2	1.125 6	1.088 5	1.080 5	1.083 5
广西	0.701 6	0.630 1	1.037 6	1.013 0	0.779 3	1.022 1	1.058 4
海南	1.629 8	1.730 2	1.272 1	1.260 2	1.430 2	1.295 8	1.328 3
重庆	1.047 3	1.032 8	1.144 0	1.049 0	1.051 0	1.028 6	1.020 1
四川	1.043 9	1.052 9	1.050 2	1.008 6	1.070 5	1.055 1	1.102 2
贵州	0.409 7	0.653 7	0.672 5	0.620 1	0.581 7	0.650 7	1.003 8
云南	1.040 4	1.086 2	1.007 1	0.466 0	0.448 4	0.476 0	0.520 0
陕西	0.330 4	0.393 6	0.410 5	0.405 7	0.488 3	0.547 6	0.730 9

续表

地区	2015年	2016年	2017年	2018年	2019年	2020年	2021年
甘肃	0.1961	0.4041	0.3830	0.2405	0.2765	0.2295	0.2093
青海	0.0224	0.2370	0.1806	0.1165	0.1789	0.1661	0.0862
宁夏	0.1320	1.0127	0.3089	0.2381	0.3276	0.3120	0.2149

表4-13 发展情况对比

年份	比北京发展好的省区市
2015	海南、浙江、河南、广东、江苏、上海、重庆、天津、安徽、四川、云南、山东
2016	海南、浙江、上海、天津、河南、广东、安徽、云南、江苏
2017	海南、上海、重庆、广东、浙江、天津、江西、河南、辽宁
2018	海南、河南、广东、山东、浙江
2019	海南、辽宁、河南
2020	海南
2021	海南

依据表4-13，本书对先进制造业绿色创新发展效率高于北京市三次以上的地区所颁布的先进制造业政策进行了梳理研究。

首先，海南省先进制造业在2015—2021年连续6年绿色创新效率大于北京市，本书对海南省战略地位和与有关先进制造业的政策等进行了梳理（见表4-14），研究发现：海南省依据国家给予的政策优势和国际旅游岛地区优势等发布了《海南省鼓励和支持战略性新兴产业和高新技术产业发展的若干政策》《海南省支持高新技术企业发展若干政策》，凭借自由贸易港的税收减免等政策吸引了若干先进制造业入驻，从而提升了海南省对外开放力度。

表4-14 海南省先进制造业政策示例

时间	机构	政策	内容及意义
2011年10月	中华人民共和国海关总署	《海口海关支持海南战略性新兴产业和高新技术产业发展八项措施》	综合运用海南国际旅游岛和海关特殊监管区域政策，支持高技术企业等落户洋浦保税港区和海口综合保税区

续表

时间	机构	政策	内容及意义
2012年11月	海南省人民政府	《海南省促进就业规划（2011—2015年）》	在经济转型和结构调整中稳步实现先进制造业产业升级时，大力发展中小企业、民营经济，提高第二产业就业份额
2015年2月	海南省人民政府	《2015年海南省政府工作报告》	坚持集群、环保、高技术的发展方向，打造汽车制造等产业，延长产业链条，实现集群发展，并扶持一批高新技术企业
2015年9月	海南省人民政府	《海南省鼓励和支持战略性新兴产业和高新技术产业发展的若干政策》	对高技术企业为研究、开发和生产所需进口的设备、物资实行相应的税收减免优惠政策
2016年8月	中华人民共和国海关总署	《海口海关支持海南战略性新兴产业和高新技术产业发展七项措施》	对高级认证、一般认证的高技术企业开展加工贸易业务，并优先审批开展高新技术产业产品保税仓储的业务
2020年10月	海南省人民政府	《海南省支持高新技术企业发展若干政策》	在海南省重点产业扶持政策中支持高新技术企业发展，鼓励高新技术企业加大研发投入、自主创新，增强核心竞争力
2018年10月	国务院	《中国（海南）自由贸易试验区总体方案》	完善和提升海关监管、金融、物流等支持体系，实现监管单位的信息互换、监管互认、执法互助
2018年11月	市场监管总局、药监局、知识产权局	《关于支持中国（海南）自由贸易试验区建设的若干意见》	探索建立维护海南自贸试验区公平竞争秩序的体制机制，严厉打击不正当竞争行为，营造公平竞争的市场环境
2021年9月	省乡村振兴局	《关于推进自由贸易试验区贸易投资便利化改革创新若干措施的通知》	在自贸试验区开展本外币合一银行账户体系试点，实现本币账户与外币账户在开立、变更等方面标准、规则和流程的统一
2021年12月	厅政策法规处	《海南自由贸易港优化营商环境条例》	落实通关便利化政策，精简监管证件和随附单证，简化货物流转流程和手续，对清单外事项按照境内外一致原则实施管理
2021年12月	省科学技术厅	《海南自由贸易港科技开放创新若干规定》	支持融资租赁企业引进国外先进高端科研仪器设备，开展融资租赁服务

研究还发现：海南省属于岛屿型经济体，相对于有历史基础的东部沿海地区和区域性的制造业中心来说，海南省制造业整体基础相对薄弱，基础设施建设相对落后。但近年来，我国处于制造业升级和服务业扩张的转型升级期。在制造业向中西部转移的浪潮中，海南省依据国家给予的政策和国际旅游岛地区等优势，发布了《海南省支持高新技术企业发展若干政策》等文件，提升海南省对外开放力度。例如，依据自由贸易港的税收减免、简化进口产品在海南省的进境手续；建设高技术产业的专属保税仓；对于高新技术企业科研和生产所需进口的原辅料、设备等，按规定纳入海南自由贸易港相关政策的"正面清单"或不列入"负面清单"。享受减免关税或"零关税"等鼓励政策吸引了若干先进制造业入驻海南省，如富士康科技集团等高技术产业为进出口便利化，将电子产品等生产工厂布局在港口和机场附近，从而使得海南省在承接高技术产业、进行产业转移的版图上占据一席之地。北京市"两区"政策相对于海南省还存在对外开放不足、税收减免等鼓励政策相对不足等问题，例如，海南省设置专属保税仓，依据自由贸易港的税收减免或"零关税"等政策吸引了富士康科技集团等先进制造业企业将电子产品等设置在港口和航空运输便利的海南省，从而使得海南省在高技术产业绿色创新较高。

其次，对比河南省与北京市历年的投入产出情况发现，虽然河南省先进制造业的各项科研投入水平普遍远低于北京市，但河南省先进制造业新产品销售收入水平和北京市不相上下，在全国也均处于第一梯队，这也是河南省先进制造业的绿色创新效率大于北京市的一个重要原因。因此，本书对河南省产业集群情况和先进制造业相关政策等进行了梳理，研究发现：河南省坚持协同推进，强化龙头企业带动作用，优化产业空间布局，实施高端化、绿色化、智能化三大改造，加快转型升级，在人才、补贴、奖励、税收等各个领域出台一系列政策（见表4-15），这些举措在促进河南省先进制造业的发展的同时，也使其在汽车制造业，医药制造业，计算机、通信和其他电子设备制造业的产业集群建设经验丰富、成果可观。

表 4-15　河南省产业集群和先进制造业政策

时间	机构	政策	内容及意义
2013 年 12 月	河南省人民政府	《加快推进产业结构战略性调整的指导意见》	坚持协同推进。强化龙头企业带动，优化产业空间布局： 在汽车制造业方面，将焦作、新乡、南阳、许昌、鹤壁、开封、安阳等建设成特色产业来集群发展。 在医药制造业方面，加快建设郑州国家生物高技术产业基地，推动开封、新乡、驻马店、安阳、商丘、焦作等地特色生物医药产业园区建设。 在计算机、通信和其他电子设备制造业方面，重点建设郑州航空港经生产基地，构建"一区多点"发展格局来推进鹤壁、漯河、信阳、洛阳、新乡、南阳、许昌、开封等特色产业集群发展
2016 年 9 月	河南省人民政府	《河南省推进供给侧结构性改革降成本专项行动方案》	全面落实研发费用加计扣除政策。企业开展研发活动中实际发生的研发费用，未形成无形资产计入当期损益的，在按规定据实扣除的基础上，按照研发费用的 50% 加计扣除；形成无形资产的，按照无形资产成本的 150% 在税前摊销
2016 年 11 月	河南省人民政府	《河南省推进制造业供给侧结构性改革专项行动方案（2016—2018 年）》	1. 以建设先进制造业大省为主题，促进融合发展，培育智能制造装备、生物医药、节能环保和新能源装备、新一代信息技术等新兴产业。 2. 坚持把制造能力调强。立足聚焦发展先进制造业，突破成套水平低、产业链条短等诸多局限，打造一批具有影响力和竞争力的主导产业、龙头企业、优势集群和拳头产品，提升终端高端供给水平。 3. 坚持把产业结构调优。主攻适销对路的终端产品、高端产品，以先进制造业带动现代服务业发展，以服务业升级促进先进制造业发展
2017 年 7 月	河南省人民政府	《河南省消费品和装备制造业标准与质量提升实施方案》	1. 健全智能制造标准，重点围绕电力装备、农机装备、轨道交通装备等装备制造业，健全装备制造业标准体系。 2. 提高标准供给水平。规范地方标准管理，促进产业集群转型升级和中小企业集群发展

续表

时间	机构	政策	内容及意义
2019年8月	河南省发改委	《河南省生物医药产业发展工作方案》	加快医药产业创新发展，通过评价的企业给予100万元奖励；支持符合条件、具有自主知识产权的创新药和创新医疗器械按规定纳入省医保支付目录或采购目录；鼓励各地设立生物医药产业投资基金，重点支持创新团队项目落地、重大产业化项目建设和龙头企业并购重组
2020年8月	河南省人民政府	《河南省推动制造业高质量发展实施方案》	支持企业市场推广。对本地产品直接销往"一带一路"沿线及其他重点区域的企业，按运费的20%给予补贴，单个企业每年最高不超过500万元。 重大技术改造。对企业实施的设备、研发投入500万元以上的技改示范项目，按照设备、研发实际投入的25%以内给予后补助，单个项目补助金额最高100万元。 鼓励绿色化改造。对企业实施的设备、研发投入300万元以上的重大节能、节水等绿色化改造的示范项目，按照设备、研发实际投入的30%以内给予后补助，单个项目补助金额最高200万元。 鼓励智能化改造。对示范作用大、带动能力强的投资500万元以上的智能化改造项目，按照软硬件投入的30%给予后补助，单个项目补助金额最高300万元
2020年11月	洛阳市人民政府	《强化金融支持洛阳制造业高质量发展若干政策措施》	洛阳市企业在证券公司指导下完成以上市或挂牌为目的，给予20万元奖励。 对洛阳市政府性融资担保机构、国有小额贷款公司制造业企业融资费率（担保费率、利率）较上年下调10%，切实降低制造业企业融资成本。 设立洛阳制造业高质量发展基金，首期投资100亿元进行洛阳市制造业转型升级、制造业重大招商引资
2020年11月	开封市人民政府	《开封市推动制造业高质量发展实施方案》	实施高端化、绿色化、智能化三大改造，加快转型升级。建成一批智能化园区和工业互联网平台

续表

时间	机构	政策	内容及意义
2021年10月	河南省人民政府	《河南省制造业头雁企业培育行动方案（2021—2025年）》	1. 到2025年，力争在"556"制造业体系每个重点领域认定3到5家头雁企业，形成十百千亿级优质企业雁阵。 2. 支持企业改造升级，对头雁企业实施的重点技改项目，单一项目最高补助金额上限提高。 3. 对年主营业务收入的制造业首次超过一定限制的头雁企业，分别一定奖励
2020年10月	郑州市人民政府	《郑州市制造业高质量发展三年行动计划（2020—2022年）》	支持战略性新兴企业扩大规模、重点新兴领域加快发展、企业市场推广
2023年2月	河南省人民政府办公厅	《河南省制造业绿色低碳高质量发展三年行动计划（2023—2025年）》	实施绿色低碳产品创新、绿色供应链协同、资源循环利用提升、数字化赋能、绿色制造服务供应商引育等十大行动
2021年10月	河南省人民政府办公厅	《河南省先进制造业集群培育行动方案（2021—2025年）》	重点培育10个重大先进制造业集群。 电子信息集群。壮大新型显示和智能终端、智能传感器、网络安全、5G等千亿级产业链，加快培育集成电路、光通信、汽车电子等产业链，积极布局新一代人工智能（类脑智能）、量子信息、区块链、卫星及北斗应用等未来产业链。到2025年，建成全国重要的万亿级电子信息产业集群。 汽车制造集群。培育整车及零部件、新能源及智能网联汽车等千亿级产业链，积极推动燃料电池汽车示范应用城市群建设。到2025年，集群规模达到5 000亿级，成为全国新能源及智能网联汽车发展高地。 生物医药集群。培育生物医药、现代中药、高端医疗器械及卫材等千亿级产业链，推动生物医药产业"由点到面"全方位提升。到2025年，集群规模达到5 000亿级，成为全国重要的生物医药产业基地

续表

时间	机构	政策	内容及意义
2022年1月	河南省人民政府	《河南省"十四五"战略性新兴产业和未来产业发展规划》	打造"1+N+N"（1个综合性平台、N个细分行业和特定领域平台、N个产业集群平台）。培育壮大新乡、许昌、周口、濮阳等生物制造产业集群，支持建设生物制造产业园，提升氨基酸、乳酸、维生素等大宗发酵产品的产业自主创新能力，实现产业良性和高端化发展。培育壮大郑州上街、安阳北关、周口西华等无人机研发制造产业集群，推动"5G+无人机""北斗+无人机"走在全国第一方阵
2022年1月	河南省人民政府办公厅	《河南省加快传统产业提质发展行动方案等三个方案》	重点建设电子信息、节能环保、新型材料3个万亿级新兴产业集群，深入实施新型显示和智能终端、生物医药、新能源及智能网联汽车等十大新兴产业链现代化提升方案。支持郑州市建设电子信息产业集群，锻造智能终端、智能传感器等产业链长板，大力发展洛阳高端装备产业集群，进一步提升智能农机、高端轴承等产业链竞争力
2023年3月	河南政府网	《河南省2023年国民经济和社会发展计划》	推动新兴产业融合化集群化发展。抢抓新能源汽车"风口"机遇，发挥生物医药新材料产业引导基金作用，提升新型显示和智能终端产业能级，推进超聚变全球总部建设，围绕龙头企业招引布局一批产业链配套项目
2022年1月	河南省人民政府	《河南省"十四五"制造业高质量发展规划和现代服务业发展规划》	锻造集群长板，补齐集群短板，推动产业由集聚发展向集群发展全面提升。优化集群生态，培土奠基产业生态圈层，推动集群内大中小企业实现融通共赢发展

进一步，对河南省和北京市的政策进行梳理后发现，河南省在2014年通过《推进制造业供给侧结构性改革专项行动方案（2016—2018年）》

等来加快产业转型升级、强化转型升级示范，发布了《河南省推动制造业高质量发展实施方案》等政策文件，加快郑州国际软件产业园、洛阳软件人才及产业基地建设，包括：结合自身发展先进制造业情况，推动构建省内汽车、电子信息、医药制造等高技术产业集群，实现协同发展；以创新引领高质量发展，通过提高先进制造业新产品销售收入水平和科研专利数量等措施，改善河南省先进制造业整体"大而不强"的问题，例如，河南省在汽车制造业根据各地实际情况，将焦作、新乡、南阳、许昌、鹤壁、开封、安阳等地建设成特色产业实现集群发展；在医药制造业方面，加快建设郑州国家生物高技术产业基地，推动开封、新乡、驻马店、安阳、商丘、焦作等地特色生物医药产业园区建设；在计算机、通信和其他电子设备制造业方面，重点建设郑州航空港经生产基地，构建"一区多点"发展格局来推进鹤壁、漯河、信阳、洛阳、新乡、南阳、许昌、开封等地特色产业集群发展；此外，河南省《制造业头雁企业培育行动方案》提出一系列措施，如将信息技术和高端装备等先进制造业培育成国家级创新龙头企业等，致力于将河南省建设成先进制造业大省，与2018年京津冀地区产业转移方案不谋而合。

再次，广东省是我国经济总量第一大省，近年广东以实体经济为本，突出"制造业当家"，推动传统产业转型升级，提升新兴产业发展能级，推动经济实现高质量发展。广东省专精特新企业培育数量上升至全国第一，除了打造专精特新企业，广东省围绕20个战略性产业集群，包括集成电路、新能源汽车、新型储能等产业在内的新支柱正在形成，人工智能、量子计算、深海空天等未来产业正加快布局，发展新动能不断涌现。这也是广东省先进制造业绿色创新优于北京市的一个方面。同时，广东省通过加大制造业投资奖励、加强金融和产业资本支持、推进科技创新平台建设等措施，降低企业用地、社会保险、用电、融资等成本，支持实体经济发展，建设制造强省，具体政策见表4-16。

表 4-16　广东省产业集群和先进制造业政策

时间	机构	政策	内容及意义
2018年9月	广东省人民政府	《广东省降低制造业企业成本支持实体经济发展若干政策措施（修订版）》	在国家规定的税额幅度内，降低城镇土地使用税适用税额标准，降低符合核定征收条件企业的购销合同印花税核定征收标准，统一调整全省契税纳税期限到办理房屋、土地权属变更前。全省各地区核定征收企业所得税应税所得率按国家规定的最低应税所得率确定
2023年5月	国家税务总局广东省税务局	《税收支持广东高质量发展的若干措施》	落实好个人所得税专项附加扣除政策以及股权激励、创业投资、职务科技成果转化税收优惠政策，助力打造创新人才新高地。落实好科技企业孵化器、大学科技园和众创空间税收优惠政策。支持配合免税店建设，积极推动离境退税第三方支付方式办理退税、离境退税"即买即退"等便利化措施
2021年4月	广东省人民政府	《广东省加快先进制造业项目投资建设若干政策措施》	省财政设立先进制造业发展专项资金。支持先进制造业投资奖励、首台（套）重大技术装备研制与推广应用、新建大型产业园区建设。支持对20个战略性产业集群的大型技术改造项目给予奖励
2021年4月	广东省人民政府	《广东省加快先进制造业项目投资建设若干政策措施》	每年安排一定用地指标用于先进制造业项目预支使用和用地指标奖励制造业发展较好的地级以上市政府，优先用于先进制造业项目引进建设。优先保障先进制造业项目使用林地定额需求
2018年9月	广东省人民政府	《广东省降低制造业企业成本支持实体经济发展若干政策措施（修订版）》	支持金融机构加大对战略性产业集群企业和项目的信贷支持力度，提高先进制造业项目金融服务质效。鼓励地市成立本地先进制造业重点项目金融信贷工作专班，便利企业融资等

续表

时间	机构	政策	内容及意义
2023年5月	国家税务总局广东省税务局	《税收支持广东高质量发展的若干措施》	降低企业用地成本、企业社会保险成本、企业用电成本、企业运输成本和融资成本
2022年5月	广州市南沙区人民政府办公室	《关于印发广州市南沙区帮扶企业纾困解难若干措施的通知》	鼓励研发机构增加研发费用，对重大科研成果予以奖励。采取事后奖补方式，对在珠江西岸设立具有法人资格的先进装备制造业研发机构总部（或分支机构）予以支持和对珠江西岸科研机构、企业的重大科研成果予以奖励，支持首（台）套装备的研发与使用
2022年5月	惠州市政府办公室	《惠州市进一步支持中小企业和个体工商户纾困发展若干政策措施》	鼓励区内政府性融资担保机构为符合条件的中小微企业提供融资增信支持。对南沙区在一定时期内获得银行等金融机构新增贷款的中小微企业，按实际支付利息的30%给予贴息支持
2022年6月	国务院	《广州南沙深化面向世界的粤港澳全面合作总体方案》	推动金融与科技、产业深度融合，探索创新科技金融服务新业务新模式，为在南沙的港澳科研机构和创新载体提供更多资金支持。支持符合条件的港澳投资者依法申请设立证券公司、期货公司、基金公司等持牌金融机构
2023年2月	中国人民银行、交通运输部、中国银行保险监督管理委员会	《关于进一步做好交通物流领域金融支持与服务的通知》	运用支农支小再贷款、再贴现支持地方法人金融机构等发放交通物流相关贷款，并鼓励交通物流企业发行公司信用类债券融资。鼓励金融机构为完善综合交通网络布局、落地"十四五"规划重大工程、加快农村路网建设、水运物流网络建设等提供支持

续表

时间	机构	政策	内容及意义
2023年3月	省政府办公厅	《2023年广东金融支持经济高质量发展行动方案》	广东将继续运用贷款贴息、担保降费补助、贷款风险补偿等"行之有效"的政策,引导金融机构加大投入。支持满足房企融资需求,外贸企业提供更加便利的融资、结售汇、保险服务,鼓励有条件的法人金融机构组建绿色金融专业部门、建设特色分支机构,建立完善"环境、社会和公司治理"(ESG)评价体系
2023年4月	深圳市前海管理局	《深圳前海深港现代服务业合作区支持金融业高质量发展专项资金管理办法》	对粤港澳大湾区重大金融合作平台与金融基础设施、香港金融行业组织、港资商品现货交易场所,基于相应奖励,促进深港金融互联互通。对开展飞机及航空专用设备租赁业务的公司和开展船舶、海工设备等业务的公司,按照当年实际交易租赁合同金额或者租赁资产购买合同金额的相应百分比给予奖励,不设上限
2023年7月	深圳市地方金融监督管理局	《深圳金融支持外贸稳规模优结构的指导意见》	鼓励金融机构与民营外贸企业建立中长期合作关系;银行加大对外贸企业融资支持,降低融资成本;鼓励大型骨干外贸企业、供应链企业向金融机构共享信息
2023年7月	深圳市政府办公厅	《关于贯彻落实金融支持前海深港现代服务业合作区全面深化改革开放意见的实施方案》	支持前海合作区的证券公司申请跨境业务试点;支持符合金融控股公司设立情形、条件成熟的企业集团在前海合作区设立金融控股公司;支持跨国公司在前海合作区率先设立财资中心;加快建设粤港澳大湾区债券平台;建立深圳市绿色金融公共服务平台;推动深港两地金融管理部门在前海合作区建立紧密的跨境金融监管合作机制
2023年7月	国家金融监督管理总局深圳监管局	《关于银行业保险业支持深圳制造强市建设的指导意见》	推动银行保险机构加大制造业贷款投放力度。重点推动制造业中长期、信用贷款、首贷投放。持续优化内部定价机制,要求银行业金融机构逐步完善制造业企业授信体系,结合重点制造业企业特征,制定针对性的信用评价模型和风险防控体系。积极向制造业企业合理让利,降低企业综合融资成本

续表

时间	机构	政策	内容及意义
2022年6月	广东省人民政府办公厅	《广东省发展绿色金融支持碳达峰行动实施方案》	强化绿色金融创新发展的财政支持，健全绿色金融发展支持配套机制，开展省级绿色普惠金融创新试点
2019年8月	横琴新区管委会	《横琴新区引进人才租房和生活补贴暂行办法》	具有本科以上学历和学士以上学位，在一体化区域居住的，按租房和生活补贴标准的100%发放补贴；未在一体化区域居住的，按租房和生活补贴标准的80%发放补贴。申请人属跨境办公运营的澳门企业或机构的，按租房和生活补贴标准的50%发放补贴
2020年6月	国资委	《关于进一步做好服务业小微企业和个体工商户房租减免工作的通知》	严格执行房屋所在地对经营出现困难的服务业小微企业和个体工商户的房租减免政策，对承租本企业房屋用于经营、出现困难的服务业小微企业和个体工商户至少免除上半年3个月房屋租金。上半年减免期限不足的，根据房屋所在地要求在下半年进行补足或顺延
2022年5月	广州市南沙区人民政府办公室	《广州市南沙区帮扶企业纾困解难若干措施》	支持国有企业租金减免，重点商业综合体和非国有企业减租免租。引导支持集体物业、非国有企业和个人业主为受疫情影响较大行业的最终承租人减免租金或允许延期、分期缴租
2022年5月	惠州市政府办公室	《惠州市进一步支持中小企业和个体工商户纾困发展若干政策措施》	在减免市场主体租金方面，惠州对承租国有房屋（国有及国有控股企业、国有实际控制企业、行政事业单位权属的房屋）的服务业小微企业和个体工商户给予减免今年3个月的租金
2023年8月	东莞市发展和改革局	《关于切实降低制造业企业成本增强发展信心的若干措施》	开展市、镇、村三级联合减租行动，在落实原有市属国有物业减免3个月租金的基础上，镇属物业对制造业企业减免1个月租金，倡导村（社区）所属集体物业对制造业企业减免1个月租金。加大力度整治违法违规加价收费行为，禁止擅自提高公摊面积比例

通过对比北京市与广东省的政策发现，作为制造业大省，多年来广东省始终坚持发展先进制造业。在支柱行业中，新能源汽车产销两旺，带动汽车制造业发展；计算机、通信和其他电子设备制造业、电气机械和器材制造业均持续增长。同时广东省政府蓄力打造十大战略性支柱产业集群和十大战略性新兴产业集群，以新兴产业集群为核心，不走传统型、数量型、资源型的路子，而是要实现能级叠加、产业迭代、集群蝶变。例如，广州经济技术开发区的创新大道路，聚集了40多个生物制药产业项目、80家集成电路产业上下游企业以及智能网联与新能源汽车产业链群，这一超级产业链群正成为激发粤港澳大湾区产业创新活力的纽带。

最后，在鼓励先进制造业的政策方面，上海市与北京市均采用与周边省市协同发展的政策，具有一定的借鉴意义。在税收优惠、财政政策支持、产业用地等方面，上海市与北京市的标准与国家颁发的鼓励先进制造业发展的政策要求基本一致，对比两市历年的投入产出情况可以看到，在先进制造业的"R&D人员折合全时当量""R&D经费内部支出""新产品开发经费支出"和进行成果转化的"专利申请数"以及"新产品开发项目数"方面，上海市和北京市的大致相同。但上海市先进制造业的"研发机构数"、"能源消耗总量"和"二氧化碳排放量"均显著低于北京市，从而使得上海市先进制造业的绿色创新发展效率高于北京市。

第四节　总结及管理启示

本章采用了数据包络分析（DEA）等模型，对全国范围内的部分省级先进制造业进行了绿色创新效率评估。DEA方法是一种非参数的效率评估工具，可以有效地处理多投入、多产出的复杂系统，非常适合用于评估制造业的绿色创新效率。在根据科学性原则、全面性原则等原则构建先进制造业绿色创新发展评价指标体系后,通过样本数据处理等方法来收集大量的省级制造业数据,并通过 DEA 模型对这些数据进行了深入分析。

首先,本章构建三阶段超效率 SBM-DEA 模型,研究发现:2015—2021 年,先进制造业绿色创新发展较好的有北京、天津、上海、浙江、安徽、河南、广东、海南、辽宁、福建、山东共 11 个省区市;先进制造业绿色创新发展中等的有黑龙江、江苏、江西、广西、重庆、四川、云南共 7 个省区市;先进制造业绿色创新发展的纯技术效率较好但规模效率较差的有青海、山西、吉林、湖北、宁夏、内蒙古共 6 个省区;先进制造业绿色创新发展的纯技术效率一般但规模效率较好的为贵州省;先进制造业绿色创新发展的纯技术效率和规模效率均较差的有湖南、陕西、河北、甘肃共 4 个省。北京、天津、上海、浙江、安徽、河南、广东、海南共 8 个省市的绿色创新综合效率发展最好,湖南、陕西、甘肃三省先进制造业绿色创新发展程度相对最差;地区生产总值、规模以上工业利润总额、规模以上工业资产总计等三个环境变量对中国各省区市先进制造业绿色创新效率具有显著影响。

其次,本章运用 Malmquist 指数模型来衡量各 DMU 先进制造业各发展效率在相邻时期的演变程度等。研究发现,中国先进制造业发展水平中等的省区市由于规模效率较低而无法得到更好的发展,处于较差水平的地区大多因为技术水平、管理水平发展以及创新规模极差较大或均无效导致发展受阻。

最后,本章从横向和纵向两个维度分析 2015—2021 年全国范围内 29 个省区市的绿色创新效率;将北京市与其他 28 个省区市进行对比,分析这些地区在发展制造业方面实行的合理有效的措施,找出北京市先进制造业绿色创新发展的不足之处,对比差异,分析劣势,寻找北京市下一步的发展方向,从而提出北京市先进制造业绿色创新发展的有效建议。研究发现:先进制造业绿色创新发展效率高于北京市三次以上的地区分别为海南省、河南省、广东省。通过北京市与海南省、河南省、广东省、上海市先进制造业相关政策对比梳理，研究发现：

（1）北京市"两区"政策相对于海南省还存在对外开放不足、税收减免等鼓励政策相对不足等问题，例如，海南省设置专属保税仓，依据自由贸易港的税收减免或"零关税"等政策吸引了富士康科技集团等先进制造业企业将电子产品等设置在港口和航空运输便利的海南省进行制造生产，从而使得海南省在高技术产业绿色创新较高。

（2）北京市先进制造业相对于河南省来说在集群、协同发展方面相对欠缺，例如河南省通过建设郑州国际软件产业园等产业基地，引领省内18个地级市结合自身发展情况在省内推动、构建汽车、电子信息、医药制造等高技术行业集群协同发展，以创新引领高质量发展来提高先进制造业新产品销售收入水平等。

（3）相对于广东省来说，北京市在战略性新兴产业集群建设以及产业迭代方面存在不足，如广东省通过产业链群来激发粤港澳大湾区的产业创新活力。

（4）相对于上海市而言，北京市先进制造业存在资源转化率较低、二氧化碳排排放量较高等问题。上海市和北京市在税收优惠、财政政策支持、产业用地等方面的政策要求基本一致，但上海市先进制造业的"研发机构数"、"能源消耗总量"和"二氧化碳排放量"均显著低于北京市，从而使得上海市先进制造业的绿色创新发展效率高于北京市。

进一步，通过分析海南省、河南省、广东省、上海市这四个省市在发展制造业方面的有效措施，对比北京市先进制造业与其的差异和劣势，明确北京市的发展重点，提出以下建议：

一是设置绿色金融目标考核机制。将推动绿色金融发展纳入年度工作责任目标，明确主责部门和时间表，将相关任务纳入重点督办事项，确保绿色金融改革任务落到实处、改出效果。

二是推动北京市集群化协同发展。发挥北京市已有产业集群的力量，设置集群发展专项资金，调整各区制造业结构。开展集群制造业重大招商引资活动，推动产业集群发挥辐射作用，依托龙头企业和大型项目，围绕支柱产业的上下游领域延伸产业链，实现北京市各区的协同发展。

三是激励企业创新，加大研发补贴力度。促进高新技术企业发展，势必要从产品创新角度着手，突破发展瓶颈。例如，政府可以采取对高新技术企业按15%的税率征收企业所得税、研发费用按100%加计扣除、投入基础研究按100%加计扣除、购置设备器具一次性扣除等税收政策，同时落实好个人所得税专项附加扣除政策以及股权激励、创业投资、职务科技成果转化税收优惠政策。

四是引导有基础、有条件的企业开展创新。开展以设备换芯、生产换线、机器换人为核心的智能化改造，建设数字化车间、智能化工厂；深化"5G+AI+工业互联网"应用，强化人机协作，发挥工业互联网平台作用，优化供应链资源配置，提升数据、资金等要素流通效率，积极推动中小企业上云上平台。同时在供应链风控和信用风控方面强化制造业数字绿色创新的风险控制，注重统筹短期效果和长期目标，激发市场主体活力。

五是培育新的创新组织形式。打造京津冀城市群创新生态系统，创新人才合作共享机制，利用区域间的互补优势和协作机制，降低区域内的创新资源交易成本，加快科技创新资源开放共享；通过强化科技成果转化基础能力建设，提升科技成果对接效率，促进北京创新成果在津冀落地转化，也有利于京津冀产业优化升级。

第五章 北京市七大先进制造业绿色创新效率评价分析

由第四章分析可知,北京市先进制造业的绿色创新发展整体主要可以借鉴海南省、河南省、广东省、上海市等省市的经验,但北京市先进制造业具体产业绿色创新发展效率还未知。因此,本书聚焦于北京市先进制造业之间的差异性和绿色创新效率,基于超效率 SBM–DEA、超效率 SBM-ML 模型,选取北京市医药制造业,汽车制造业,铁路、船舶、航空航天和其他运输设备制造业,计算机、通信和其他电子设备制造业,食品制造业,电气机械和器材制造业以及仪器仪表制造业七个先进制造业进行评测,分析北京市先进制造业具体产业绿色创新发展的静态和动态效率,以实现北京市先进制造业的高质量、协同发展。

第一节 绿色效率评价指标体系选取与分析

本章将医药制造业,汽车制造业,铁路、船舶、航空航天和其他运输设备制造业(以下简称"铁路及航天制造业"),计算机、通信和其他电子设备制造业(以下简称"计算机及通信制造业"),食品制造业,电气机械和器材制造业(以下简称"机械及器材制造业")和仪器仪表制造业,作为评测北京市先进制造业绿色创新效率的代表,根据其绿色效率发展情况提出一定的管理建议。

在构建北京市先进制造业绿色发展评价指标体系时,结合第四章科学、全面、客观性等原则，考虑北京市部分行业的具体数据与北京市宏观数据指标之间的差异性，本书结合第四章表4-1所构建的先进制造业绿色创新发展评价指标体系，同时考虑到北京市行业数据可得性，选取以上七个先进制造业的R&D人员全时当量、R&D经费内部支出、能源消耗总量作为北京市先进制造业绿色创新发展评价指标体系的投入指标。同时，选取以上七个先进制造业的发明专利申请数、新产品销售收入作为期望产出指标，选取二氧化碳排放量作为非期望产出指标。此外，由于本章节研究的是北京市七个先进制造业，其环境变量均为北京市相同指标数据，即各制造业均处于相同外部环境中，故无须剔除环境因素、统计噪声和管理无效率三种要素对各制造业的影响。因此，本书所构建的北京市先进制造业绿色创新发展评价指标体系见表5-1所示。

表5-1 北京市先进制造业绿色创新发展评价指标体系

一级指标	二级指标	三级指标	指标单位
投入指标	投入	规模以上企业R&D人员全时当量	人/年
		规模以上企业R&D经费内部支出	万元
		规模以上企业能源消耗总量	万吨（按标准煤）
产出指标	期望产出	规模以上企业发明专利申请数	件
		规模以上企业新产品销售收入	万元
	非期望产出	二氧化碳排放量	万吨

注：规模以上工业企业即年主营业务收入2 000万元及以上的法人工业企业。

第二节　北京市先进制造业绿色创新效率分析

一、数据来源及样本数据预处理

结合北京市统计年鉴、北京市各区统计年鉴2013—2022年的数据对

表5-1的所有指标数据进行预处理，其中，对涉及经济的指标，如 R&D 经费内部支出、新产品销售收入采用了永续盘存法进行处理；对于二氧化碳排放量则结合原煤、焦炭、原油、燃料油、汽油、煤油、柴油、天然气八种化石燃料，通过使用《2006年 IPCC 国家温室气体指南》能源提供的计算公式来获得。数据预处理的具体计算方法、步骤在第四章"样本数据预处理"小节已提及，本节不再重复。

二、北京市绿色创新效率横向分析

本书通过 MaxDEA-Ultra9 软件运用超效率 SBM-DEA 模型对北京市2013—2021年的先进制造业绿色创新发展指标体系中的投入产出指标的原始数据进行分析，得到北京市各行业2013—2021年先进制造业综合效率值、纯技术效率值、规模效率值的测算结果，见表5-2、图5-1、图5-2和图5-3。

表5-2 绿色创新综合效率分布

效率		2013年	2014年	2015年	2016年	2017年	2018年	2019年	2020年	2021年	2022年
医药	TE	0.159	0.181	0.197	0.194	0.231	0.243	0.24	0.254	1.212	0.207
	PTE	0.367	0.354	0.313	0.297	0.336	0.3	0.313	0.292	1.221	0.228
	SE	0.433	0.513	0.63	0.651	0.686	0.812	0.768	0.871	0.993	0.906
	RTS	IRS	IRS	IRS	IRS	IRS	IRS	IRS	IRS	DRS	IRS
汽车	TE	0.219	0.446	1.036	1.07	0.465	0.394	1.167	0.47	0.419	0.301
	PTE	0.29	0.519	1.059	1.077	0.499	0.417	1.194	0.502	0.423	0.337
	SE	0.755	0.858	0.978	0.994	0.932	0.945	0.978	0.938	0.989	0.892
	RTS	IRS	IRS	IRS	IRS	IRS	IRS	IRS	IRS	IRS	IRS
铁路及航天	TE	0.177	0.277	0.419	0.496	1.007	0.434	0.488	0.517	0.386	0.387
	PTE	1.156	1.174	1.302	1.244	1.117	1.069	1.105	1.08	0.525	0.584
	SE	0.153	0.236	0.321	0.399	0.901	0.406	0.442	0.479	0.736	0.662
	RTS	IRS	IRS	IRS	IRS	IRS	IRS	IRS	IRS	IRS	IRS

续表

效率		2013年	2014年	2015年	2016年	2017年	2018年	2019年	2020年	2021年	2022年
计算机及通信	TE	2.175	1.992	1.79	1.712	1.39	2.027	2.003	1.885	2.222	2.167
	PTE	2.176	2.209	2.093	2.05	2.004	2.133	2.274	2.144	2.315	2.177
	SE	0.999	0.902	0.855	0.835	0.694	0.95	0.881	0.879	0.96	0.995
	RTS	DRS	DRS	DRS	DRS	DRS	DRS	DRS	DRS	DRS	DRS
食品	TE	0.055	0.105	0.156	0.153	0.191	0.161	0.194	0.182	0.305	0.156
	PTE	3.498	2.914	2.616	2.78	3.145	2.261	2.363	2.494	3.43	3.211
	SE	0.016	0.036	0.059	0.055	0.061	0.071	0.082	0.073	0.089	0.049
	RTS	IRS	IRS	IRS	IRS	IRS	IRS	IRS	IRS	IRS	IRS
机械及器材	TE	1.053	0.31	1.065	1.031	1.067	1.095	1.094	1.163	1.066	1.221
	PTE	1.069	1.015	1.083	1.065	1.365	1.178	1.095	1.171	1.169	1.335
	SE	0.986	0.305	0.984	0.968	0.781	0.929	0.999	0.994	0.912	0.915
	RTS	IRS	IRS	IRS	IRS	IRS	IRS	DRS	IRS	IRS	IRS
仪器仪表	TE	0.223	0.288	0.519	1.006	0.536	0.584	1.124	1.162	1.184	1.148
	PTE	1.707	2.015	1.825	1.807	1.811	2.246	2.025	2.215	2.372	2.533
	SE	0.131	0.143	0.285	0.557	0.296	0.26	0.555	0.525	0.499	0.453
	RTS	IRS	IRS	IRS	IRS	IRS	IRS	IRS	IRS	IRS	IRS

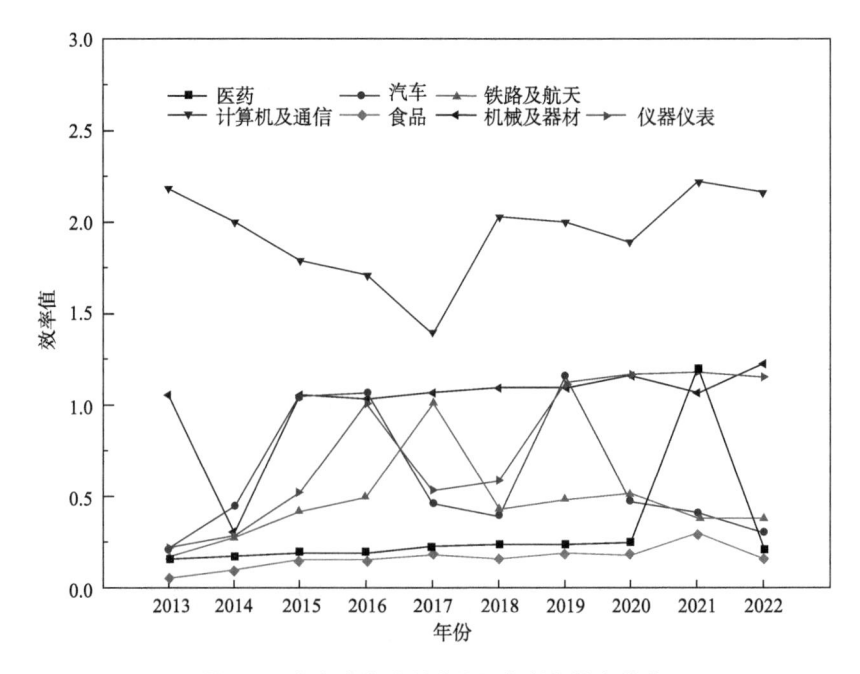

图 5-1 北京市先进制造业绿色创新综合效率

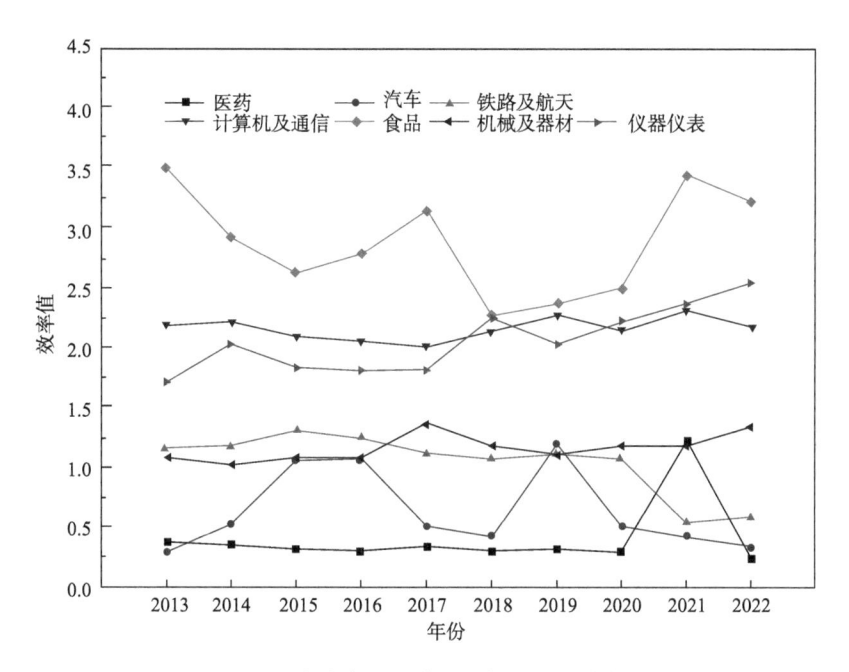

图 5-2　北京市先进制造业绿色创新纯技术效率

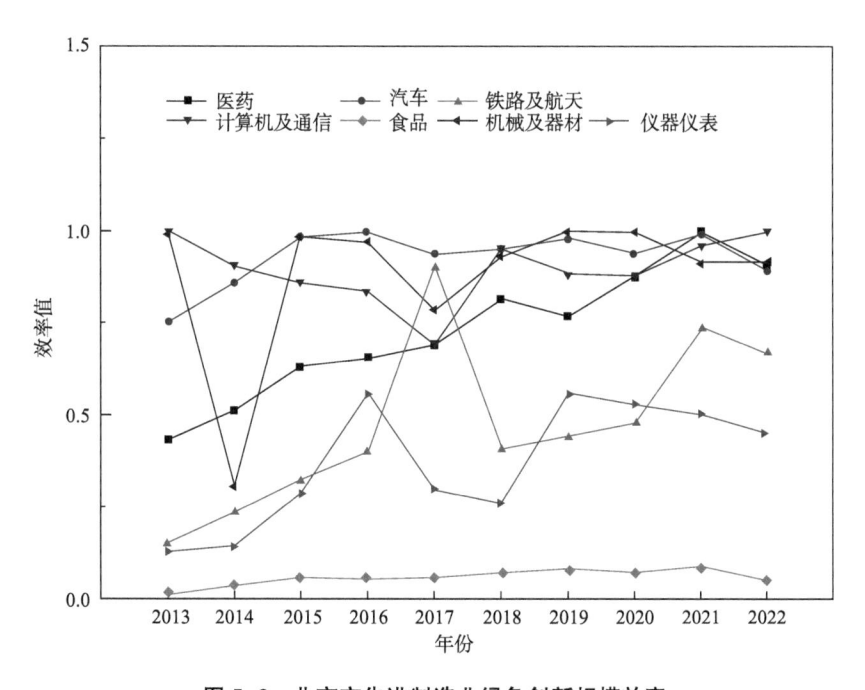

图 5-3　北京市先进制造业绿色创新规模效率

（一）绿色创新综合效率分析

绿色创新综合效率、绿色创新纯技术效率和绿色创新规模效率的关系是：绿色创新综合效率值=绿色创新纯技术效率值×绿色创新规模效率值。

（1）综合效率（TE）体现了先进制造业在创新资源分配等方面的能力，也即一般的所说的创新效率。

（2）纯技术效率（PTE）体现了先进制造业的技术水平和管理水平。

（3）规模效率（SE）体现了先进制造业创新规模的大小。一般来说，规模越大，越能够形成规模效应降低单位生产成本。

下面对综合效率、纯技术效率值、规模效率值分别进行具体分析。

整体来看，在绿色创新效率方面，计算机及通信制造业整体上最高，其次是机械及器材制造业、仪器仪表制造业、汽车制造业、铁路及航天制造业、医药制造业，最低的是食品制造业。由于先进制造业绿色创新综合效率大于1（达到效率前沿面）意味着先进制造业不仅要技术先进还要规模足够。因此，可根据北京市各先进制造业绿色创新综合效率状况，将北京市七个先进制造业分为四个发展梯队：

首先，计算机及通信制造业整体上最高，每年的效率值均大于1，且远高于其他先进制造业，因此，计算机及通信制造业发展程度相对最好，属于北京市先进制造业绿色创新发展的第一梯队。

其次，机械及器材制造业、仪器仪表制造业的综合效率值虽然不是每年均达到有效状态（效率值大于等于1），但二者的综合效率达到有效的次数均大于5次，表明这两个先进制造业发展程度相对较好，属于北京市先进制造业绿色创新发展的第二梯队。

再次，汽车制造业、铁路及航天制造业的综合效率值虽然不是每年均达到有效状态（效率值大于等于1），但二者的综合效率均存在达到有效状态的情况，表明这两个先进制造业发展程度相对较差，属于北京市先进制造业绿色创新发展的第三梯队。

最后，医药制造业、食品制造业每年的综合效率值均大于1（处于无效状态），表明这两个先进制造业发展程度相对最差，属于北京市先进制造业绿色创新发展的第四梯队。

同时，由表5-2和图5-1可知，计算机及通信制造业在2013—2022年的绿色创新综合效率均大于1，而仪器仪表制造业、机械及器材制造业在2013—2022年的绿色创新综合效率部分达到了效率前沿面（效率大于等于1），但计算机及通信制造业效率远超其他六个制造业。此时，若选用模型为不含超效率参数的SBM-DEA模型，则区分度不高并导致计算机及通信制造业、仪器仪表制造业和机械及器材制造业的绿色发展水平处于同一梯队，这证明了本书运用超效率SBM-DEA模型对北京市七个先进制造业进行评测分析是合理的。

具体来看，计算机及通信制造业呈V字形发展，2013—2022年的绿色创新综合效率一直处于效率前沿面，表明计算机及通信制造业发展良好。

机械及器材制造业的绿色创新效率整体较高，在2013—2022年仅2014年的效率发展较差（TE=0.31），其余年份的绿色创新效率均大于1，其中专利数量是影响其绿色创新效率水平的重要因素。梳理各先进制造业历年投入产出数据发现，在各先进制造业投入产出变化趋势接近的情况下，机械及器材制造业在2014年的发明专利申请数量相对于2013年骤减，幅度达26%，从而导致其绿色创新效率发生明显波动。

医药制造业的绿色创新效率整体发展水平较低，在2013—2022年，其绿色创新效率仅在2021年达到有效（TE=1.212），其余年份均小于1。主要原因是医药制造业受新冠疫情催化，在此之前的投入产出比基本稳定。在2021年，医药制造业以增加70%R&D经费内部支出的投入，提升了755%新产品销售收入的产出，不仅使终端药品市场扭转了负增长态势，医药产品出口方面也继续实现了高增速，从而提升了其绿色创新效率。整体来看，2013—2022年，医药制造业绿色创新效率相对于其余先进制造业虽存在较大差距，但由于其整体处于规模报酬递增趋势，发展前景较好。

(二) 绿色创新效率分解及分析

纯技术效率反映了研究对象的技术水平和管理水平。规模效率反映了各研究对象的创新规模大小，一般来说，研究对象创新规模越大，越容易形成规模效应，越有能力进行新技术的开发，以此来推动经济的发展，进而降低单位生产成本，提高生产效率。由表5-2和图5-2可知，在管理和技术水平上，食品制造业整体上最高，其次是计算机及通信制造业、仪器仪表制造业、机械及器材制造业、铁路及航天制造业、汽车制造业，最低的是医药制造业。结合图5-1可知，医药制造业纯技术效率是其绿色创新效率提升的主要约束因素。

如图5-3所示，食品制造业技术水平和管理水平虽然相对最好，但其规模效应发展相对最差，从而制约其绿色创新效率提升。食品制造业的纯技术效率测算值每年都大于1，表明管理和技术是食品企业经营的重要依托，同时也表明其相对于其余六个先进制造业的技术水平和管理水平来说是模范标杆。从规模报酬（RTS）测度结果来看，食品制造业目前正呈规模报酬递增（IRS）趋势，但其规模效率每年都是最差的且均小于0.1，规模效应水平相对落后。结合表5-2绿色创新效率结果不难发现，北京市作为中国的首都和经济中心，由于土地资源制约食品制造业企业扩大生产规模，从而导致其绿色创新投入相对不足、规模效应水平落后，进而致使其绿色创新效率相对最低。

综上，可得出以下结论：

（1）北京市各先进制造业绿色创新程度发展不均衡，各先进制造业提升路径差异化明显。北京市各先进制造业绿色创新效率呈两级分化趋势。其中，计算机及通信制造业的绿色创新效率最好，但其呈规模报酬呈递减趋势；食品制造业的技术与管理水平相对最好，但规模效应水平相对最差。新产品销售收入及发明专利对医药制造业、机械及器材制造业的绿色创新效率影响较大。

（2）规模效应是北京市先进制造业绿色创新效率的主要约束因素，资源配置水平有待优化。在七个制造业中，铁路及航天制造业、食品制造业、机械及器材制造业、仪器仪表制造业、医药制造业、汽车制造业六个先进制造业的绿色创新效率受到规模效应投入不足的约束，计算机及通信制造业受规模报酬递减趋势的约束。整体来看，北京市先进制造业资源配置水平存在不足，不利于其整体的新质生产力发展。

三、北京市绿色创新效率纵向分析

由于超效率 SBM-DEA 模型每一年都有独自的前沿面，从而只能进行静态分析，为了研究先进制造业绿色创新效率的动态演变情况，本书基于超效率 SBM-ML 指数模型对北京市七大先进制造业的全要素生产率（TFP）指数进行测算，TFP 指数（MI）及其分解见表 5-3、表 5-4。其中，全要素生产率变化指数 MI ($t-1$, t) 表示 t 时期的生产率与时期 $t-1$ 的生产率的比值，MI 大于 1 表示生产率提高，MI 小于 1 表示生产率降低；综合效率变化值 EC ($t-1$, t) 表示时期 t 的绿色创新效率与时期 $t-1$ 的绿色创新效率的比值，EC 大于 1 表示绿色创新效率提高，EC 小于 1 表示绿色创新效率降低；技术进步指数值 TC ($t-1$, t) 表示时期 t 的前沿相对时期 $t-1$ 的前沿发生的变化（技术变化或前沿变动），TC 大于 1 表示技术进步（前沿前移），TC 小于 1 表示技术退步（前沿后退）；纯技术效率变化值 PTC ($t-1$, t) 表示时期 t 的纯技术效率与时期 $t-1$ 的纯技术效率的比值，PTC 大于 1 表示纯技术效率提高，PTC 小于 1 表示纯技术效率降低；规模效率变化值 SEC ($t-1$, t) 表示时期 t 的规模效率与时期 $t-1$ 的纯技术效率的比值，SEC 大于 1 表示规模效率提高，SEC 小于 1 表示规模效率降低。

绿色创新效率指数是北京市先进制造业全要素生产率的主要推动因

素。由表 5-3 可知，北京市七个先进制造业在 2013—2022 年的绿色创新"效率前沿面"正处于进步趋势，年均进步幅度为 7.1%，呈现较好的发展前景。在对先进制造业的绿色创新 TFP 进行分解后发现，技术进步指数（TC）在 2016—2021 年连续五年大于 1，说明北京市七大先进制造业的技术进步较为稳固，外生技术进步能力相对较强；2013—2022 年绿色创新效率指数（EC）为 1.069，大于 TC（1.002），表明北京市先进制造业绿色创新效率的追赶效应明显，绿色创新效率指数主要受先进制造业全要素生产率的推动。

此外，在对 EC 分解为规模效率变化值（SEC）和纯技术效率变化值（PEC）后发现，SEC 和 PEC 在 2013—2022 年的几何平均值分别为 1.077 和 0.993，表明北京市先进制造业绿色创新的规模效应水平正在稳步提升，而资源配置管理水平相对来说还存在一定不足。同时，在对绿色创新效率提升的影响作用方面，SEC 的效果要大于 PEC。

表 5-3　2013—2022 年北京市先进制造业绿色创新 TFP 及其分解

年份	MI	EC	PEC	SEC	TC
2013—2014	0.969	1.134	1.075	1.055	0.854
2014—2015	1.037	1.637	1.074	1.525	0.634
2015—2016	1.104	1.114	0.990	1.124	0.992
2016—2017	0.975	0.926	0.944	0.981	1.054
2017—2018	0.916	0.914	0.926	0.987	1.003
2018—2019	1.534	1.334	1.164	1.146	1.150
2019—2020	1.024	0.889	0.891	0.998	1.151
2020—2021	1.774	1.287	1.154	1.115	1.378
2021—2022	0.669	0.681	0.781	0.871	0.982
均值	1.071	1.069	0.993	1.077	1.002

为了研究各先进制造业绿色创新效率的动态演变情况，本书采用超效率 SBM-ML 指数模型对北京市七大先进制造业的全要素生产率进行测算后，对七大制造业的 2013—2022 年的指数值分别求几何平均值。

技术进步约束是北京市计算机及通信制造业全要素生产率提升的主要因素。由表5-4来看，计算机及通信制造业的TFP年均退步1.3%，结合图5-1先进制造业绿色创新效率值来看，计算机及通信制造业的技术进步指数小于1是因为目前该行业的产业结构已经进入高级阶段，创新资源高度集中，技术水平已相当高，难以像其他先进制造业行业那样迅速提升，其更多表现为向外扩散其先进技术，推动其他先进制造业等行业实现技术进步等，从而约束其全要素生产率的提升；同时也表明北京市可以通过减少计算机及通信制造业各投入资源来优化其产业规模，推动北京市先进制造业的协同发展及整体绿色创新效率的提升。

表5-4 2013—2022年北京市各先进制造业绿色创新TFP及其分解

制造业	MI	EC	PEC	SEC	TC
医药	0.972	1.030	0.949	1.086	0.944
汽车	0.983	1.036	1.017	1.019	0.949
铁路及航天	1.142	1.091	0.927	1.177	1.047
计算机及通信	0.987	1.000	1.000	1.000	0.987
食品	1.096	1.122	0.991	1.133	0.977
机械及器材	1.124	1.017	1.025	0.992	1.106
仪器仪表	1.214	1.200	1.045	1.148	1.012
均值	1.071	1.069	0.993	1.077	1.002

第三节　北京市先进制造业绿色创新总结及启示

本章基于超效率SBM-DEA和超效率SBM-ML指数模型，对北京市计算机及通信制造业、铁路及航天制造业、食品制造业、机械及器材制造业、仪器仪表制造业、医药制造业、汽车制造业七大先进制造业绿色创新效率进行了静态和动态两个角度分析，主要研究结论如下：

（1）北京市各先进制造业绿色创新程度发展不均衡，各先进制造业提升路径差异化明显。北京市各先进制造业绿色创新效率呈两级分化趋势，其中，计算机及通信制造业的绿色创新效率最好，但其呈规模报酬递减趋势；食品制造业技术与管理水平相对最好，但规模效应水平相对一般。新产品销售收入及发明专利对医药制造业、机械及器材制造业绿色创新效率影响较大。

（2）规模效应是北京市先进制造业绿色创新效率的主要约束因素，资源配置水平有待优化。在七个制造业中，铁路及航天制造业、食品制造业、机械及器材制造业、仪器仪表制造业、医药制造业、汽车制造业六个先进制造业的绿色创新效率受到规模效应投入水平约束，计算机及通信制造业受规模报酬递减趋势的约束。整体来看，北京市先进制造业资源配置水平存在提升空间，亟须提升整体的新质生产力发展水平。

（3）技术与管理水平是约束北京市先进制造业绿色创新效率指数增长的主要因素，绿色创新效率对其全要素生产率推动效果大于技术进步。北京市先进制造业绿色创新的规模效应水平正在逐年提升，而资源配置管理水平相对来说还有很大提升空间。同时，北京市先进制造业绿色创新的"效率前沿面"近年来正在不断进步，表明其外生技术进步能力相对较强，呈较好的发展趋势，但部分先进制造业因发展水平接近顶峰，较难取得进步，致使绿色创新效率指数对其全要素生产率指数推动作用大于技术进步指数。

第六章　北京市七大先进制造业绿色创新效率影响因素研究

由第五章可知,北京市先进制造业绿色创新效率的技术进步较为稳固且规模效应水平正在逐年提升,呈较好的发展趋势,但其资源配置管理水平处于退步状态,且北京市各先进制造业发展不均衡,计算机及通信制造业发展远领先于其余六个制造业,医药制造业、汽车制造业等制造业需要进行改革来扭转当前发展态势等。为了探究如何提升北京各先进制造业的绿色创新效率,本书选取北京市各先进制造业2013—2022年绿色创新综合效率作为被解释变量,选取影响先进制造业发展的因素作为解释变量来探究北京市先进制造业的提升路径。

第一节　模型介绍和数据说明

由于本书采用DEA分析方法所测得的北京市各行业绿色创新综合效率的数值在0~2的区间内,因变量受限,且为离散数据,所以适合运用Tobit模型回归分析北京市各行业绿色创新综合效率的影响因素。

一、Tobit模型

Tobit模型是一种用于处理有限、截断或被限制变量的统计模型。这种模型的特点在于模型包含两个部分,一是表示约束条件的选择方程模型,二是满足约束条件下的某连续变量方程模型。

Tobit 模型适用于归并数据，比如家庭娱乐消费这类数据的特点是如果 y 大于 0，则我们可以观察到它；但是如果 y 小于等于 0，那么我们只能观察到 0，这种属于左归并。虽然一部分人的消费为 0，但是他们不愿意参与消费的程度是不一样的，普通的模型无法反映这种特征。当然也可能存在 y 大于等于 c，我们只能观测到 c 的右归并情况。最后，还存在着左右双侧归并的情况。

对于截堵数据，当左侧受限点为 0、无右侧受限点时，此模型就是所谓的"规范审查回归模型"，又称为 Tobit 模型。模型设定如下：当潜变量 y^* 小于等于 0 时，被解释变量 y 等于 0；当 y^* 大于 0 时，被解释变量 y 等于 y^* 本身。

Tobit 回归模型的模型设定分为两部分：观测模型和截断模型。

（一）观测模型

观测模型是指将因变量的观测值与自变量联系起来的线性回归模型。假设因变量 y 由以下线性方程决定：

$$y = x\beta + \mu$$

其中，x 是自变量的向量，β 是自变量的系数向量，μ 是误差项。假设误差项服从正态分布，则可以得到以下概率密度函数：

$$f(y \mid x, \beta, \sigma) = \frac{1}{\sigma}\phi\left(\frac{y - x\beta}{\sigma}\right)$$

其中，ϕ 表示标准正态分布的概率密度函数。因此，观测模型可以通过最大似然方法来估计参数。

（二）截断模型

Tobit 回归模型中的截断是指因变量的观测值被限制在某个区间内，比如截断在 0 和正无穷大之间。因此，需要考虑如何将截断数据转化为概率模型。

假设存在一个阈值 y^*，当 $y>y^*$ 时，y 可以被观测到，否则 y 被截断在 y^* 以下。假设误差项 μ 与 y_i 的关系如下：

$$\mu=\begin{cases} v & \text{若 } y>y^* \\ 0 & \text{否} \end{cases}$$

其中，μ_i 是非截断误差项，假设它服从正态分布 $N(0,\sigma^2)$。由此可以得到截断数据的概率密度函数：

$$f(y\mid x,\beta,\sigma,y^*)=\begin{cases} \dfrac{1}{\sigma}\phi\left(\dfrac{y-x\beta}{\sigma}\right) & \text{若 } y>y^* \\ \phi\left(\dfrac{y-x\beta}{\sigma}\right) & \text{若 } y\leq y^* \end{cases}$$

其中，ϕ 表示标准正态分布的累积分布函数。因此，可以通过最大似然方法来估计参数。

本书的 Tobit 模型设定如下：

$$y_i=\begin{cases} \varepsilon+\beta x_i+\mu_i, & \varepsilon+\beta x_i+\mu_i>0 \\ 0, & \varepsilon+\beta x_i+\mu_i\leq 0 \end{cases},\ i=1,2,\cdots,N$$

其中，i 代表样本观测个数，为北京市各行业绿色创新综合效率的样本数量，x_i 为影响北京市各行业绿色创新综合效率的各个因素，y_i 为北京市各行业绿色创新综合效率，β 是 x_i 的待估计参数，μ_i 是随机误差项，服从正态分布 $N(0,\sigma^2)$，ε 是随机干扰项。

二、数据来源和指标选择

本书选取 2013—2022 年北京市各行业绿色创新综合效率 y_i 作为被解释变量，梳理文献中各影响因素与绿色创新的关系，并以此来针对性地选取北京市七大先进制造业的相关影响因素作为解释变量，构建能够体现北京市主要制造业绿色创新的潜在影响因素，例如：

（1）环境规制。环境规制是政府保护环境实现绿色发展的重要手段。[36]

（2）创新经济投入。创新经济投入可以通过研发费用与从事研究与试验活动的企业数之间的比例来衡量，且这个比例可以用来衡量一个经济体或一个行业对创新的投入程度和创新能力的强弱。较高的比例意味着更多的经济资源被用于研发活动，反映了创新经济的活跃程度和创新能力的提升。[37]

（3）地区开放水平。地区开放水平越高，越有利于外部资金及高新技术的引入，促进本地制造业绿色创新效率的提高。

（4）市场结构。新古典主义经济学派认为完全竞争市场可以使资源配置达到最优。市场垄断程度越高，越容易对绿色创新效率的提高产生不利影响。[38]

（5）政府支持。政府能够以强有力的经济或行政手段减少制造企业污染物的排放，并通过制定足够的政策指明未来产业的发展方向，刺激制造企业内部主动进行绿色创新改革。[34]

（6）政府投资转化率：政府对企业的投资转化为新产品的销售收入，以此衡量政府的资金投入是否对企业绿色创新具有促进作用。[40]

（7）外商投资水平。随着一个国家和地区的贸易开放程度提高，区域经济水平更高的地区更加注重绿色创新活动，接触到的绿色创新前沿技术就更多。[41]

（8）能源消耗率。企业的能源消耗与企业进行创新的行为是一致的。

（9）行业开放水平。出口的收入越多，企业越倾向于向海外销售以获取高额利润，从而降低了其进行绿色创新的意愿。

（10）企业亏损率。亏损的企业数量越多，为了规避风险，愿意尝试绿色创新的企业就越少。

（11）企业负债率。绿色信贷能显著提升区域绿色技术创新效率，同时伴随着能源消费结构的低碳化,绿色信贷对绿色技术创新效率的"激励效应"有逐步提升趋势。[42]

(12)资产流动率。流动资产是企业可以自由支配的资金,数量越多,企业进行绿色创新的能力越强。

(13)国企利润率。国企利润率的增加降低了国企的创新意愿,同时也抑制了私企发展的意愿。

(14)绿色投入产出比。绿色创新技术提高可以减少环境污染,提高资源利用率,减少碳排放。同时,绿色技术创新可以提高产品附加值。在绿色材料、绿色包装等方面,企业的绿色技术创新可以制造出更多绿色产品,进而提升企业市场竞争力。[43]

(15)应收账款总计。应收账款表示企业在销售过程中被购买单位所占用的资金。企业应及时收回应收账款以弥补企业在生产经营过程中的各种耗费,保证企业持续经营。

潜在影响因素的计算公式如表6-1所示,相关数据来自北京市统计年鉴。

表6-1 绿色创新的潜在影响因素

影响因素	计算公式
环境规制	地区生产总值/能源消耗度
创新经济投入	企业资金/有研究与试验发展(R&D)活动的企业数
地区开放水平	北京各产业进出口商品总值/地区生产总值的比值
市场结构	规模以上大中型工业企业总产值/规模以上工业企业工业总产值
政府支持	政府资金R&D支出/企业营业收入
政府投资转化率	政府资金R&D支出/新产品销售收入
外商投资水平	分行业外商投资工业总产值/分行业工业总产值
能源消耗率	(现有能源消耗-上一年的基本能源消耗)/上一年的基本能源消耗
行业开放水平	新产品销售收入(出口)/新产品销售收入

续表

影响因素	计算公式
企业亏损率	规上亏损企业个数/规上企业总数
企业负债率	规模以上负债合计/规模以上资产合计
资产流动率	流动资产/资产总计
国企利润率	分行业国有控股企业的利润总额/分行业企业营业成本
绿色投入产出比	规模以上企业资金R&D支出/工业总产值
应收账款总计	分行业规上工业企业应收账款/分行业规上资产总计

第二节 北京市各行业绿色创新综合效率的影响因素

本文运用Stata15软件对影响北京市各行业绿色创新综合效率的因素进行分析。

一、医药制造业

（一）多重共线性检验

为保证模型估计的准确性，本书通过VIF检验对自变量进行多重共线性检验，得到VIF值均小于10，说明自变量之间不存在多重共线性问题，模型构建良好。

（二）模型结果及分析

Tobit回归模型得出的医药制造业绿色创新效率影响因素的结果如表6-2所示。

表 6-2　医药制造业绿色创新综合效率的影响因素

综合效率	系数	标准误	t	$P>\mid t\mid$	[95%置信区间]	
地区开放水平	-83.412	18.002	-4.63	0.004	-127.462	-39.363
行业开放水平	10.390	2.110	4.92	0.003	5.226	15.553
环境规制	0.000	0.000	-4.39	0.885	-0.000	-0.000
外商投资水平	1.493	0.456	3.28	0.017	0.378	2.608
常数项	2.542	0.394	6.45	0.001	1.578	3.586
方差（综合效率的残差）	0.026	0.012			0.009	0.078

结果表明：行业开放水平、外商投资水平对医药制造业绿色创新综合效率在5%的水平下有显著的正向影响，地区开放水平在5%的水平下有显著的负向影响，环境规制对绿色创新综合效率没有显著影响。具体分析如下：

（1）地区开放水平对医药制造业绿色创新效率在5%的水平下有显著负向影响，因为进口的医药产品会冲击国内市场，削弱医药企业开展绿色创新的积极性，不利于医药制造业绿色创新效率的提高。故应适当控制进口医药产品的比例，以激励行业的持续创新。

（2）行业开放水平对医药制造业绿色创新效率在5%的水平下有显著正向影响。行业开放水平的提高有助于加快新产品产业化进程，促进创新产品推广应用，推动医药制造业的绿色创新水平。出口产品激励了医药行业的绿色创新的发展，故医药行业可以适当增加行业开放水平，提高产品的出口比例，以此提高行业的整体绿色创新效率。

（3）外商投资水平对医药制造业的绿色创新效率在5%的水平下有显著正向影响。随着医药制造业贸易开放程度提高，经济水平更高的省市更加注重绿色创新活动，接触到的绿色创新前沿技术就更多，有利于绿色创新水平提高。政府应制定完善的产业政策及引资方向，注重外商直接投资质量，将外商直接投资控制在合理范围内。

二、汽车制造业

(一) 多重共线性检验

为保证模型估计的准确性,本书通过 VIF 检验对自变量进行多重共线性检验,得到 VIF 值均小于 10,说明自变量之间不存在多重共线性问题,模型构建良好。

(二) 模型结果及分析

Tobit 回归模型得出的汽车制造业绿色创新效率影响因素的结果如表 6-3 所示。

表 6-3 汽车制造业绿色创新综合效率的影响因素

综合效率	系数	标准误	t	$P>\|t\|$	[95%置信区间]	
创新经济投入	-0.000 046 1	0.000 016	-2.88	0.102	-0.000 114 9	0.000 022 7
地区开放水平	-1.831 386	1.091 597	-1.68	0.235	-6.528 151	2.865 378
市场结构	14.325 54	2.069 392	6.92	0.020	5.421 668	23.229 41
政府支持	2 418.479	218.640 2	11.06	0.008	1 477.746	3 359.212
政府投资转化率	288.149 2	43.171 77	6.67	0.022	102.396 1	473.902 4
行业开放水平	6.681 131	1.571 649	4.25	0.051	-0.081 129 5	13.443 39
资产流动率	-0.235 273 9	0.072 098 4	-3.26	0.082	-0.545 488	0.074 940 3
国企利润率	0.477 329 6	0.148 382 9	3.22	0.085	-0.161 110 5	1.115 77
常数项	-12.717 89	1.873 045	-6.79	0.021	-20.776 95	-4.658 833
方差(综合效率的残差)	0.003 708 4	0.001 658 5			0.000 541 4	0.025 401 6

结果表明:市场结构、政府支持、政府投资转化率、国企利润率对汽车制造业绿色创新综合效率在 5% 的水平下有显著的正向影响,行业开放水平在 10% 的水平下有显著正向影响,资产流动率在 10% 的水平下有显著负向影响,创新经济投入、地区开放水平对绿色创新综合效率没有显著影

响。具体分析如下：

（1）市场结构对汽车制造业的绿色创新效率在 5%的水平下有显著正向影响，表明大型汽车制造业企业总产值在整个市场中所占的比重较小，其垄断力量较弱，有利于提高汽车制造业的绿色创新效率。该行业应继续保持对绿色创新的积极态度，提高创新效率。

（2）政府支持对汽车制造业绿色创新效率在 5%的水平下有显著正向影响。政府资金 R&D 支出与企业经营业务收入比值越高，汽车制造业绿色创新效率越高，政府通过给予有效的经费支持，要求限制汽车制造业减少污染物排放，并通过制定足够的政策指明未来产业的发展方向，刺激汽车制造企业主动进行绿色创新改革。

（3）政府投资转化率对汽车制造业的绿色创新效率在 5%的水平下有显著正向影响。政府投资转化率的提高对汽车制造业绿色创新效率提高有促进作用。因此，汽车制造业应积极响应简政放权，提高市场化水平，从而提高汽车制造业的绿色创新效率。

（4）行业开放水平对汽车制造业绿色创新效率在 10%的水平下有显著正向影响。目前，汽车制造业已经告别了传统的专注于数量型的快速增长方式，而向高质量增长方式转换。行业开放水平越高，对其绿色创新效率的激励越显著，这就形成了行业开放水平提升和绿色创新效率提高的良性循环。因此，应有针对性地对汽车制造业进行扶持，例如：支持汽车产业"去空芯化"；鼓励企业加大研发投入以提升电池材料性能，实现技术突破；重视资源循环再生，提高利用效率；等等。

（5）资产流动率对汽车制造业绿色创新效率在 10%的水平下有显著负向影响。资产流动率是企业可以自由支配的资金，数量越多，企业进行绿色创新的能力越强。由于绿色创新产品属于非流动资产，所以资产流动率与绿色创新产品效率的关系呈负相关。可以加大固定资产投入，比如购买新能源机械设备等，提高汽车制造业绿色创新效率。

（6）国企利润率对汽车制造业绿色创新效率在 10%的水平下有显著正

向影响。国有控股企业的利润持续增长时，汽车企业可以获得更多利润，可以加大汽车制造业回收再制造力度或减少绿色资源的投入成本，通过促进绿色创新效率提高汽车制造业利润率。

三、计算机及通信制造业

（一）多重共线性检验

为保证模型估计的准确性，本书通过 VIF 检验对自变量进行多重共线性检验，得到 VIF 值均小于 10，说明自变量之间不存在多重共线性问题，模型构建良好。

（二）模型结果及分析

Tobit 回归模型得出的计算机及通信制造业绿色创新效率影响因素的结果如表 6-4 所示。

表 6-4　计算机及通信制造业绿色创新综合效率的影响因素

综合效率	系数	标准误	t	$P>|t|$	[95%置信区间]	
市场结构	2.493 196	1.799 745	1.39	0.215	-1.910 621	6.897 012
能源消耗率	3.602 804	1.193 384	3.02	0.023	0.682 698 6	6.522 91
资产流动率	0.870 814 3	0.220 910 5	3.94	0.008	0.330 265 7	1.411 363
绿色投入产出比	-39.073 59	18.241 27	-2.14	0.076	-83.708 36	5.561 18
常数项	-1.002 386	1.573 82	-0.64	0.548	-4.853 385	2.848 613
方差（综合效率的残差）	0.025 043 3	0.011 199 7			0.008 383 9	0.074 806 1

结果表明：能源消耗率、资产流动率对计算机及通信制造业绿色创新综合效率在 5% 的水平下有显著的正向影响，绿色投入产出比在 10% 的水平下有显著的负向影响，市场结构对绿色创新综合效率没有显著影响。具体分析如下：

（1）能源消耗率在 5% 的水平下显著，且正向影响北京市计算机及通信制造业绿色创新综合效率。目前,我国正处于促进经济社会发展全面绿色转型的关键阶段,同时也处于各地区优化不同行业、不同品种能源资源配置的关键节点,绿色能源的需求能推动能源生产供应端进行绿色低碳转型。能源消耗率的增加,意味着企业投入的能源更多地被用于绿色能源转型,从而提高企业的绿色创新效率。

(2)资产流动率对北京市计算机及通信制造业绿色创新综合效率在5%的水平下有显著的正向影响,流动资产在资产总计的占比越高,意味着企业资产流动性越强,企业的变现能力就越高,越有利于缓解企业融资压力,从而促进企业绿色创新投入,有利于计算机及通信制造业绿色创新效率的提高。

(3)绿色投入产出比在10%的水平下有显著的负向影响,绿色创新效率随着绿色投入产出比的增加而降低,说明北京市计算机及通信制造业绿色技术的研发和应用效果不佳,或者企业在追求绿色生产效率时忽略了研发和应用新技术、新材料,没有改变传统生产方式,导致绿色投入产出比失衡,致使绿色创新效率降低。

四、食品制造业

(一)多重共线性检验

为保证模型估计的准确性,本书通过 VIF 检验对自变量进行多重共线性检验,得到 VIF 值均小于 10,说明自变量之间不存在多重共线性问题,模型构建良好。

(二)模型结果及分析

Tobit 回归模型得出的食品制造业绿色创新效率影响因素的结果如表 6-5 所示。

表 6-5　食品制造业绿色创新综合效率的影响因素

综合效率	系数	标准误	t	P>|t|	[95%置信区间]	
创新经济投入	-0.000 352 5	0.000 057 9	-6.09	0.026	-0.000 601 6	-0.000 103 5
市场结构	2.916 164	0.400 025	7.29	0.018	1.194 995	4.637 333
政府投资转化率	-131.839 9	10.359 94	-12.73	0.006	-176.415 2	-87.264 69
行业开放水平	-4.394 095	0.283 541 7	-15.50	0.004	-5.614 077	-3.174 114
企业亏损率	-0.255 924 5	0.216 626 7	-1.18	0.359	-1.187 994	0.676 145
国企利润率	2.229 024	0.215 215 5	10.36	0.009	1.303 026	3.155 022
企业负债率	-0.400 831 4	0.077 411 1	-5.18	0.035	-0.733 904 4	0.067 758 5
绿色投入产出比	-98.537 9	6.802 218	-14.49	0.005	-127.805 5	-69.270 32
常数项	0.586 270 9	0.271 864 2	2.16	0.164	-0.583 466 2	1.756 008
方差（综合效率的残差）	0.000 565 6	0.000 252 9			0.000 082 6	0.003 874 1

结果表明：市场结构、国企利润率对食品制造业绿色创新综合效率在5%的水平下有显著的正向影响，创新经济投入、政府投资转化率、行业开放水平、企业负债率、绿色投入产出比对食品制造业绿色创新综合效率在5%的水平下有显著的负向影响，企业亏损率对绿色创新综合效率没有显著影响。具体分析如下：

（1）创新经济投入对食品制造业绿色创新效率在5%的水平下有显著负向影响。这是因为食品制造业中更多的经济资源未被用于食品研发制造活动，说明创新经济的活跃程度和创新能力需要提升。

（2）市场结构对食品制造业的绿色创新效率在5%的水平下有显著正向影响。大型食品制造业企业总产值在整个市场中所占的比重越大，说明其垄断力量越强，越容易对绿色创新效率的提高产生有利影响。因此，需要大型食品制造业企业继续充分发挥带头作用，坚持创新理念，提高食品制造业的绿色创新效率。

（3）政府投资转化率对食品制造业的绿色创新效率在5%的水平下有显著负向影响。说明政府对食品行业创新产品投入的研发资金未得到充分利用，政府的研究与试验发展经费对食品制造业的绿色创新效率有积极引导作用。应加大政府研发资金的投入并保证投资得到有效利用，促进食品制造业绿色创新效率的提高。

（4）行业开放水平对北京市食品制造业绿色创新效率在5%的水平下有显著负向影响。食品制造业创新产品出口收入占比越低，对其绿色创新效率的激励越不显著，未形成提高行业开放水平和绿色创新效率的良性循环。因此，政府应制定一些关于新产品出口的政策，以提高创新产品收入占比并限制企业的出口频率。

（5）国企利润率对食品制造业绿色创新效率在5%的水平下有显著正向影响，表明食品制造国企利润率更显著地促进食品制造企业绿色技术创新效率提升。随着绿色观念深入人心，消费升级带动生产向绿色转型，食品制造业绿色创新满足了更高层次的消费需求，同时提升了资源配置效率，进而促进其绿色技术创新效率提升。

（6）企业负债率对食品制造业的绿色创新效率在5%的水平下有显著负向影响。企业负债率的提高会降低食品制造业绿色技术创新效率，减弱绿色技术创新效率的激励效应，因为企业负债限制产业发展。政府可以加大补贴力度或完善融资政策，支持企业发展，鼓励企业绿色转型。

（7）绿色投入产出比对食品制造业绿色创新效率在5%的水平下有显著负向影响。企业投入资金但食品制造业总产值下降，说明企业绿色创新的技术有待提高，政府应该给予人才补贴，吸引更多的人才，促进企业技术的改革创新。

五、铁路及航天制造业

（一）多重共线性检验

为保证模型估计的准确性，本书通过 VIF 检验对自变量进行多重共线性检验，得到 VIF 值均小于 10，说明自变量之间不存在多重共线性问题，模型构建良好。

(二) 模型结果及分析

Tobit 回归模型得出的铁路及航天制造业绿色创新效率影响因素的结果如表 6-6 所示。

表 6-6 铁路及航天制造业绿色创新综合效率的影响因素

综合效率	系数	标准误	t	$P>\|t\|$	[95%置信区间]	
环境规制	2.01e-07	1.98e-07	1.01	0.358	−3.09e-07	7.10e-07
地区开放水平	5.560 436	1.764 98	3.15	0.025	1.023 411	10.097 46
能源消耗率	0.282 331 8	0.033 718 1	8.37	0.000	0.195 656 7	0.369 007
政府投资转化率	−6.525 246	0.411 259 4	−15.87	0.000	−7.582 422	−5.468 07
应收账款总计	−1.045 632	0.369 965 9	−2.83	0.037	−1.996 66	−0.094 604 9
常数项	1.265 796	0.132 423 7	9.56	0.000	0.925 390 2	1.606 202
方差（综合效率的残差）	0.000 515 2	0.000 230 4			0.000 163 2	0.001 626 5

结果表明：地区开放水平和能源消耗率对铁路及航天制造业绿色创新综合效率在 5% 的水平下有显著的正向影响，政府投资转化率与应收账款总计在 5% 的水平下有显著的负向影响，环境规制对绿色创新综合效率没有显著影响。具体分析如下：

(1) 地区开放水平在 5% 的水平下显著，且正向影响北京市铁路及航天制造业绿色创新综合效率。说明政府应该鼓励铁路、船舶、航空航天和其他运输设备制造业的产品进出口，这有利于外部资金及高新技术的引入，促进本地制造业绿色创新效率的提高。

(2) 能源消耗率对北京市铁路及航天制造业绿色创新综合效率在 5% 的水平下有显著的正向影响。说明随着能源的投入，制造业企业有更多的能源进行绿色创新。但过度的能源消耗不是企业绿色创新的本意，提高能源转化率才是企业进一步的发展方向。

(3) 政府投资转化率在 5% 的水平下有显著的负向影响，随着政府投资的增加，新产品销售收入反而下降，说明企业在进行绿色创新时生产的新产品不被社会公众所接受。企业要提高自己的创新水平,不仅局限于绿色生产,更要在此基础上研发出吸引社会公众的绿色产品。

(4) 应收账款总计在5%的水平下有显著的负向影响,当企业应收账款越来越多时,对于铁路及航天制造业企业来说,资金流通成为问题,企业没有多余资金进行绿色创新。此时,企业应促进资金回笼。

六、机械和器材制造业

(一) 多重共线性检验

为保证模型估计的准确性,本书通过 VIF 检验对自变量进行多重共线性检验,得到 VIF 值均小于 10,说明自变量之间不存在多重共线性问题,模型构建良好。

(二) 模型结果及分析

Tobit 回归模型得出的机械及器材制造业绿色创新效率影响因素的结果如表 6-7 所示。

表 6-7 机械和器材制造业绿色创新综合效率的影响因素

综合效率	系数	标准误	t	$P>\lvert t\rvert$	[95%置信区间]	
环境规制	7.64e-07	5.49e-08	13.90	0.005	5.27e-07	1.00e-06
市场结构	3.079 794	0.190 144 7	16.20	0.004	2.261 668	3.897 921
政府投资转化率	−106.899 1	9.170 75	−11.66	0.007	−146.357 7	−67.440 59
行业开放水平	−49.179 19	0.927 879 4	−53.00	0.000	−53.171 53	−45.186 85
企业亏损率	−5.698 864	0.238 274	−23.92	0.002	−6.724 074	−4.673 654
国企利润率	−2.501 906	0.126 869 6	−19.72	0.003	−3.047 782	−1.956 03
绿色投入产出比	−26.758 72	1.811 693	−14.77	0.005	−34.553 8	−18.963 63
应收账款总计	3.571 547	0.137 445 4	25.99	0.001	2.980 167	4.162 927
常数项	0.199 390 9	0.132 32	1.51	0.271	−0.369 936 2	0.768 718 1
方差(综合效率的残差)	0.000 210 7	0.000 094 2			0.000 030 8	0.001 443

结果表明：环境规制、市场结构、应收账款总计对机械及器材制造业绿色创新综合效率在5%的水平下有显著的正向影响，政府投资转化率、行业开放水平、企业亏损率、国企利润率、绿色投入产出比在5%的水平下有显著的负向影响。具体分析如下：

（1）环境规制在5%的水平下显著，且正向影响北京市机械及器材制造业绿色创新综合效率。说明环境规制作为政府保护环境、实现绿色发展的重要手段，严格的环境规制政策会促使制造业进行绿色创新活动。此外，提供灵活的财政补贴能够激发企业开展绿色创新的积极性，进而推动企业的绿色创新活动，从而加快制造业绿色低碳转型的进程。

（2）市场结构对北京市机械及器材制造业绿色创新综合效率在5%的水平下有显著的正向影响，说明市场对制造业企业进行绿色创新具有促进作用，随着大中型企业数量的增加，企业之间竞争愈演愈烈，促使企业自发地进行绿色创新。

（3）应收账款总计对北京市机械及器材制造业绿色创新综合效率在5%的水平下有显著的正向影响，在电气机械与器材制造方面进行绿色创新需要大量的资金，企业是否具备这个能力与资质是主要问题。当应收账款总计增加时，企业有更多的资金支持，更能促进企业进行绿色创新。

（4）政府投资转化率在5%的水平下有显著的负向影响，随着政府投资的增加，新产品销售收入反而下降，说明企业在进行绿色创新时产生的新产品不被社会公众所接受。企业要提高自己的创新水平，不仅局限于绿色创新，更要在此基础上研发出吸引社会公众的绿色产品。

（5）行业开放水平在5%的水平下有显著的负向影响，出口的新产品销售收入比在国内获得的收入增长更快时，企业更倾向于将产品出口海外销售，不愿意投入很多时间和金钱去进行产品的绿色创新。因此，政府应制定一些关于新产品出口的政策，以限制企业的出口频率。

（6）企业亏损率在5%的水平下有显著的负向影响，企业在亏损的情况下，自身经营状况的改善是首要的，因此企业不愿意再投入成本进行绿色创新。在这种情况下，政府应给予企业一定的补贴，让企业利用产出的新产品扭转亏损。

（7）国企利润率在5%的水平下有显著的负向影响，国有控股企业的利润持续增长时，企业已经具有高额利润，即不再考虑进行绿色创新来提高自身的利润，政府可以考虑鼓励利润率低的国有企业进行绿色创新。

（8）绿色投入产出比在5%的水平下有显著的负向影响，企业投入资金但工业总产值下降，说明企业绿色创新的技术有待提高，政府应该给予人才补贴，吸引更多的人才促进企业技术的改革创新。

七、仪器仪表制造业

（一）多重共线性检验

为保证模型估计的准确性，本书通过 VIF 检验对自变量进行多重共线性检验，得到 VIF 值均小于 10，说明自变量之间不存在多重共线性问题，模型构建良好。

（二）模型结果及分析

Tobit 回归模型得出的仪器仪表制造业绿色创新效率影响因素的结果如表 6-8 所示。

表 6-8　仪器仪表制造业绿色创新综合效率的影响因素

综合效率	系数	标准误	t	$P>\|t\|$	[95%置信区间]	
环境规制	3.23e-06	4.82e-07	6.70	0.001	1.99e-06	4.47e-06
地区开放水平	6.978 502	1.038 792	6.72	0.001	4.308 203	9.648 8
企业负债率	0.132 172 3	0.084 958 7	1.56	0.180	-0.086 221	0.350 565 5
绿色投入产出比	-48.761 09	14.252 34	-3.42	0.019	-85.397 89	-12.124 29
应收账款总计	1.196 806	0.447 693 2	2.67	0.044	0.045 973 7	2.347 638
常数项	0.221 722 9	0.461 850 1	0.48	0.651	-0.965 500 6	1.408 946
方差（综合效率的残差）	0.014 580 5	0.006 520 6			0.004 618 6	0.046 029 6

结果表明：环境规制、应收账款总计、地区开放水平对仪器仪表制造业绿色创新综合效率在5%的水平下有显著的正向影响，绿色投入产出比在5%的水平下有显著的负向影响，企业负债率对绿色创新综合效率没有显著影响。具体分析如下：

（1）环境规制在5%的水平下显著，且正向影响北京市仪器仪表制造业绿色创新综合效率。说明环境规制是政府保护环境、实现绿色发展的重要手段，政府应发布相关政策，促进环境规制的实施。

（2）应收账款总计对北京市仪器仪表制造业绿色创新综合效率在5%的水平下有显著的正向影响，在仪器仪表制造方面进行绿色创新需要大量的资金，企业是否具备这个能力与资质是主要问题。当应收账款总计增加时，说明企业有资金支持，更能促进企业进行绿色创新。

（3）地区开放水平对北京市仪器仪表制造业绿色创新综合效率在5%的水平下有显著的正向影响，说明政府应该鼓励仪器仪表制造业的产品进出口，这有利于外部资金及高新技术的引入，促进本地制造业绿色创新效率的提高。

（4）绿色投入产出比在10%的水平下有显著的负向影响，企业投入资金但工业总产值下降，说明企业绿色创新的技术有待提高。因此，政府应该给予人才补贴，吸引更多的人才，促进企业技术的改革创新。

第三节　典型先进制造业的绿色创新政策

在识别各行业特色的绿色创新政策时，本书主要以医药、汽车、电子信息等先进制造业为例，分析各行业绿色创新的国家层面、北京市层面的典型政策。

一、医药制造业

医药制造业（Pharmaceutical Manufacturing Industry）是指原料经物理

变化或化学变化后成为新的医药类产品的过程，包含通常所说的中西药制造、兽用药品以及医药原药及卫生材料[37]。

改革开放以来，中国医药产业无疑获得了前所未有的发展。经济社会快速发展对自然环境形成了巨大的压力，环境保护已经成为民生之重。医药行业提供了药品和器械等治病救人的物质基础，为人民健康提供了保障。但是，医药（尤其是制药行业）品种多、更新快，原辅材料用量大，"三废"排放量大、成分复杂，容易造成污染。医药行业的绿色化不仅具有重要的经济效益，更有深远的社会和环境效益。医药行业在生产过程中实现"绿色化"，同样也是保护人民健康的重要举措。所以，医药企业要在节能减排、"三废"治理上下功夫，从实现清洁生产向绿色发展转变，推动行业可持续发展。绿色是医药产业高质量发展的底色，推动绿色发展是提升我国医药产业竞争力的必然途径。在此方面，国家实施了一系列的重要政策，例如：

（1）2016年3月4日，国务院办公厅印发《关于促进医药产业健康发展的指导意见》，提出坚持产业集聚、绿色发展，推行企业循环式生产、产业循环式组合、园区循环式改造，促进医药产业绿色改造升级和绿色安全发展。到2020年，产业绿色发展、安全高效，质量管理水平明显提升。

（2）2019年12月20日，工业和信息化部、生态环境部、国家卫生健康委员会、国家药品监督管理局等四部门联合发布《推动原料药产业绿色发展的指导意见》，提出到2025年，突破20项以上绿色关键共性技术，基本实现行业绿色生产技术替代，建立原料药绿色工厂、绿色园区、绿色管理标准评价体系，主要污染物排放强度逐步下降。

（3）2020年3月3日，中共中央办公厅、国务院办公厅印发了《关于构建现代环境治理体系的指导意见》，提出牢固树立绿色发展理念，完善体制机制，强化源头治理，形成工作合力，为推动生态环境根本好转、建设生态文明和美丽中国提供有力制度保障。

（4）2020年9月11日，工业和信息化部公示《第五批绿色制造名单》。公示的绿色工厂名单中制药企业达 51 个，绿色供应链管理企业有 2 个。

（5）2020 年 12 月 31 日，国家发展改革委、生态环境部和工业和信息化部三部委联合下发《关于印发化学原料药等 6 项行业清洁生产评价指标体系的通知》，进一步强化清洁生产审核在化学原料药等重点行业节能减排和产业升级改造中的支撑作用，促进形成绿色发展方式，推动经济高质量发展。

2021 年，《"十四五"医药工业发展规划》指出医药制造业创新驱动转型成效显现："十三五"期间，大量传统制药企业加快创新转型，创新创业型企业明显增多，进入临床阶段的新药数量和研发投入大幅增长；"十四五"期间有一大批医药创新成果完成临床研究和申报上市，医药工业也持续加大创新投入、加快创新驱动转型。

为更好地分析医药制造业创新尤其是绿色创新的驱动政策，本书从国家层面、北京市层面、北京市各区层面的政策分别进行了梳理。

（一）国家层面

为综合分析有关医药制造业绿色创新的宏观政策，本书重点查阅了国务院办公厅、国家中医药管理局工业、信息化部、国家药监局、国家卫健委、国家医保局、财政部、商务部等有关部门在医药制造业绿色创新方面的政策。其中，有关医药制造业人才培养、补贴、投资、税收以及支持引导方面的政策居多。

1. 人才政策

为了培养医药行业的创新型人才，加强医药人才队伍建设，国家出台了一系列政策，其中《"十四五"中医药人才发展规划》提出要侧重于建立健全人才引进培养使用机制，推动更多中医药多学科交叉创新人才从国家科技创新主战场上涌现出来，培育形成一批中医药领军人才和创新团队；《"十四五"医药工业发展规划》提出要重点培养行业紧缺专业人才和跨专业复合型人才,培养一批医药领域"大国工匠",加大优秀人才引进和服务保障力度,鼓励地方和企业加强海外高层次人才引进;《"十四五"医疗装备产业发展规划》提出加快"医+X"复合型高层次医学人才、技能人才的培养,支持高校、科研院所和龙头企业加大国际化人才培养和交流,实行股权、期权等多元化措施;等等。

国家主要通过深入实施人才优先发展战略、健全人才引进培养使用机制以及鼓励理工科与医科等高校、医疗机构等,开展中医药特色人才培养工程,加强医药人才队伍的培育与建设,集中体现在健全医药人才的引进机制、培养多学科交叉高层次复合型医学人才(尤其是领军人才)来加强先进医药制造业人才队伍的建设、提高药品流通从业人员整体素质等。

2. 发展补贴

为了促进医药制造业的发展,激励医药产品的创新增值,国务院办公厅出台《关于促进医药产业健康发展的指导意见》,创新财政资金支持方式,利用奖励引导、资本金注入、应用示范补助等手段,支持应用示范和公共服务平台建设等具有较强公共服务性质的项目;《中医药振兴发展重大工程实施方案》完善投入保障机制,鼓励引导社会资本参与中医药振兴发展,各级政府在卫生健康投入中统筹安排中医药事业发展经费并加大支持力度;等等。

关于医药制造业发展补贴政策,主要考虑在遵循各种合理规定的前提下,实施较低的暂定税率,健全各环节的激励机制,并给予创新业务财政支持,用"奖励引导、资本金注入、应用示范补助"等方式来支持应用示范和公共服务平台建设。

3. 投资政策

为了鼓励社会资本发展专业化的医药创业投资基金和股权投资基金,国家出台了一系列政策,其中《"十四五"医药工业发展规划》提出,要引导早期投资支持医药产业科技创新,拓宽医药企业融资渠道,探索医疗器械生产企业与金融租赁公司、融资租赁公司合作,促进医药制造业的创新发展；《关于促进医药产业健康发展的指导意见》提出扶持具有创新发展能力的骨干企业和产业联盟，探索医疗器械生产企业与金融租赁公司、融资租赁公司合作；等等。

国家主要通过引导产业投资和风险投资基金、拓宽医药企业融资渠道以及统筹医疗器械生产企业与金融租赁公司合作等措施，来为医药制造业企业的创新发展提供融资支持，主要集中体现在引导、优化医药制造业供应链的金融服务，支持医药产业创新产品研发等方面。

4. 税收优惠

为了鼓励医药制造业的绿色创新发展、促进医药制造企业的创新研发，国家出台了一系列税收优惠政策，其中《关于进一步完善研发费用税前加计扣除政策的公告》提出，制造业企业开展研发活动中实际发生的研发费用，未形成无形资产计入当期损益的，在按规定据实扣除的基础上，再按照实际发生额的100%在税前加计扣除；形成无形资产的按照无形资产成本的200%在税前摊销。《关于改革完善仿制药供应保障及使用政策的意见》落实现行税收优惠政策，仿制药企业为开发新技术、新产品、新工艺产生的研发费用，符合条件的按照有关规定在企业所得税税前加计扣除。《关于明确先进制造业增值税期末留抵退税政策的公告》提出制造业留抵退税范围扩大至医药制造等5个新行业。

国家主要通过延长并落实制造业的税收优惠政策、价格政策等措施，来合理地扩大医药制造业行业的留抵退税范围，并在企业所得税税前加计前扣除医药制造业仿制药的研发费用；对已经形成无形资产的企业，按照无形资产成本的200%在税前摊销等形式，来帮助医药制造业企业解决税额无法抵扣、占用资金的问题。

5. 支持引导政策

为了完善医药产品冷链物流设施网络，规范生产许可、药品注册行为，加快推进药品信息化追溯体系建设等，国家出台了一系列监督管理政策，其中：《中医药振兴发展重大工程实施方案》进一步完善中药新药审评体系，完成中成药生产质量管理规范；《"十四五"中医药发展规划》推动中医药和西医药相互补充、协调发展，推进中医药现代化、产业化，并与相关业态持续融合发展；《"十四五"医疗装备产业发展规划》提升医疗装备产业基础高级化、产业链现代化水平，主流医疗装备基本实现有效供给；《关于"十四五"时期促进药品流通行业高质量发展的指导意见》构建技术领先、便捷高效、安全有序的现代智慧药品供应链服务体系，稳步发展数字化药品流通，完善城乡药品流通功能；《关于进一步改革完善药品生产流通使用政策的若干意见》提高药品质量疗效、促进医药产业结构调整、整顿药品流通秩序、推进药品流通体制改革、规范医疗和用药行为、改革调整利益驱动机制；《中华人民共和国国民经济和社会发展第十三个五年规划纲要》提出鼓励研究和创制新药，将已上市创新药和通过一致性评价的药品优先列入医保目录；等等。

为推动中医药和西医药协调发展、构建安全有序的现代智慧药品供应链服务体系，国家主要通过鼓励建设药品网络销售管理、监督检查等让网络售药有法可依、有章可循；鼓励生产中成药等推进中医药现代化、协助中医药与相关业态持续融合发展；鼓励研究和创制新药，并引导改革体制机制，药品流通体制改革等形式来打造一批中医药高质量发展高地；引导完善医药产品冷链物流设施网络、加快推进药品信息化追溯体系建设；引导药械供应保障体系进一步健全，并通过规范生产许可、药品注册行为、落实企业主体责任、加强疫苗管理等措施来保障公共健康维护公共卫生安全等。

(二) 北京市层面

为了能更加深入地了解北京市医药制造业在全国的地位以及重点发展方向，本书通过查阅北京市人民政府办公厅、北京市发展和改革委员会、北京市经济和信息化局、北京市科学技术委员会、中关村科技园区管理委员会、北京市财政局、北京市发展和改革委员会、北京市药品监督管理局等部门发布的资料，对有关北京市医药制造业的创新政策有关人才培养、补贴、投资、税收、支持引导等方面的政策进行了梳理研究。

1. 人才政策

北京市为培育专业技术和绿色低碳的跨领域复合型人才，推动医药制造业的发展，加强医药人才队伍建设，出台了一系列政策，其中：《关于北京市2022年国民经济和社会发展计划执行情况与2023年国民经济和社会发展计划的报告》提出，要加大关键领域人才引进培育力度，试点建设国家（中关村）火炬科创学院、发起设立火炬科创基金，引进各类急需紧缺人才4 000余人；《北京市"十四五"时期制造业绿色低碳发展行动方案》促进校企合作、产教融合，推动科研院所、高校、企业加强产学研用合作对接，培育专业技术+绿色低碳的跨领域复合型人才；《标杆孵化器培育行动方案（2022—2025年)》将一流孵化人才纳入朱雀计划、高聚工程、海聚工程等市区人才支持体系，积极给予政策支持和服务保障；等等。

北京市主要通过大力建设国际研究型医院、创新药研发中试生产基地等来为医药制造业人才提供保障性的住房等配套保障政策支持；大力开展校企合作和产教融合，推行企业新型学徒制培训并实施高级研修项目来提升从业人员的整体素质；并设立火炬科创基金等来加大对医药制造业人才的引进力度，以及孵化优秀人才队伍等形式来强化市区人才的支持体系。

2. 发展补贴

为促进北京市医药制造业的发展，提高医药企业的产业能力，北京市出台了一系列的补贴奖励政策，其中：《2023年北京市高精尖产业发展资金实施指南（第一批)》重点支持医药产业化，提高产业创新能力，对2022年以来的创新药品、民生保障药品、创新医疗器械、国际注册、委托生产、引进品种提供不同程度的奖励；《2022年北京市高精尖产业发展资金实施指南》对创新医疗器械特别/优先审查程序或在本市获批注册的人工智能/应急审批医疗器械，且给予奖励；《金融支持北京市制造业转型升级的指导意见》鼓励保险公司建立完善支持本地制造业发展的保费补贴；等等。

北京市主要通过对医药创新品种首试产奖励、创新药品、创新医疗器械等提供不同程度的奖励；对"专精特新"中小企业中的制造业企业开展数字化赋能行动等来支持其数字化转型升级。此外，北京市还对先进制造业企业融资租赁进行补贴，重点体现在支持先进医药制造业企业在租赁研发医药等环节中需要的关键设备。

3. 投资政策

北京市政府为推动医药制造与健康服务有机融合，充分发挥首都中医药资源优势，促进中医药同旅游、康养、教育、餐饮等产业融合发展，出台了一系列的投资补助政策，其中：《关于北京市推动先进制造业和现代服务业深度融合发展的实施意见》鼓励两业融合示范园区围绕重点产业建设专业化"一站式"产业服务平台，支持园区自建、引进或与园区内企业共建产业协同创新平台、共享实验室、中试生产线等产业服务设施，在定制厂房建设或租赁、仪器设备购置等方面探索给予固定资产投资补助；《标杆孵化器培育行动方案（2022—2025 年）》鼓励银行等联合开发硬科技创业贷，给予硬科技创业企业更长期限的贷款支持；《关于推动"五子"联动对部分领域设备购置与更新改造贷款贴息的实施方案（试行）》指出各银行应按照市场化法制化原则合理确定利率水平，鼓励贷款利率达到各银行同期同类型贷款最优惠水平；《北京市"十四五"时期制造业绿色低碳发展行动方案》鼓励符合条件的企业发行绿色债券，支持符合条件的绿色企业上市融资和再融资；等等。

为推动医药制造与健康服务有机融合、扩大"硬科技"创业的投融资供给等，北京市发挥北京市科技创新基金和各区政府引导基金作用，通过银行等金融机构为医药制造业企业设立早期硬科技投资基金，鼓励信托等长期资本进入创投市场以扩大资本供给，从而支持医药制造业硬科技企业的稳定发展。此外，北京市还通过引导金融机构为本市制造业绿色低碳的发展，提供专业化绿色金融产品和服务等形式来支持医药制造业的绿色企业上市融资和再融资。

4. 税收优惠

为进一步推动北京市医药制造业的发展，北京市出台了一系列的税收优惠政策，其中：《关于继续加大中小微企业帮扶力度加快困难企业恢复发展的若干措施》提出要加大制造业、科学研究和技术服务业、软件和信息技术服务业以及交通运输、仓储和邮政业等行业增值税期末留抵退税政策力度；《标杆孵化器培育行动方案（2022—2025年)》积极促进符合条件的标杆孵化器享受税收减免政策，鼓励其为在孵企业申报科技型中小企业评价入库和国家高新技术企业认定；等等。

为贯彻国家关于进一步加大增值税期末留抵退税政策实施力度的要求，北京市通过推出基础研究税收试点、科技成果"先使用后付费"、市区两级综合运用资金补贴等措施，加大制造业等行业增值税期末留抵退税政策力度、促进符合条件的标杆孵化器享受税收减免政策。此外，北京市还通过将先进制造业"按月全额退还增值税增量留抵税额政策"的范围扩大到小微企业来帮助更多医药企业得以更好地发展。

5. 支持引导政策

为促进北京市医药产业转型升级，支持企业建立高水平研发中心，利用外经贸发展专项资金，鼓励北京市医药企业引进关键技术和重点产品，北京市出台了一系列的支持引导政策，其中：《关于北京市2022年国民经济和社会发展计划执行情况与2023年国民经济和社会发展计划的报告》提出要做强医药健康产业，加快布局新型抗体、细胞和基因治疗等前沿领域，实现亦昭生物医药中试研发生产基地等项目竣工投产；《关于北京市推动先进制造业和现代服务业深度融合发展的实施意见》支持互联网医疗和医工交叉创新融合发展，推动医药制造与健康服务有机融合；《北京市生物医药研发用物品进口试点方案》要求开展生物医药领域研发用物品进口试点工作，进一步激发北京市生物医药产业创新活力；《改革完善仿制药供应保障及使用政策的实施意见》为促进北京市医药产业转型升级，支持企业建立高水平研发中心，利用外经贸发展专项资金，鼓励北京市医药企业引进关键技术和重点产品；《北京市中药产业智能绿色发展示范工程实施方案》加快中药企业转型升级，实现产业集约高效和绿色发展，推进数字技术在中药领域的广泛应用，带动中药研发生产与信息化、智能制造技术融合；等等。

为持续提升高端制造业发展能级、推进中医药行业管理能力现代化，北京市主要通过支持互联网医疗和交叉创新融合发展；支持建立北京市生物医药企业，提升研发能力；引导生物医药试研发生产基地等项目竣工投产，加快细胞和基因治疗等前沿领域的发展；支持北京市知名中医药企业通过融合发展来激发中医药产业发展活力等来促进北京市医药产业转型升级、推进数字技术在中药领域的广泛应用等。

（三）相关发展及绿色创新政策总结

在人才政策方面，国家深入实施人才优先发展战略，健全人才引进培养使用机制以及鼓励理工科与医科等高校、医疗机构等开展中医药特色人才培养工程，来加强医药人才队伍的培育与建设。北京市大力建设国际研究型医院、创新药研发中试生产基地等来为医药制造业人才提供保障性的住房等配套保障政策支持，大力开展校企合作和产教融合，强化市区人才的支持体系。北京市各区探索"校企对接"的产业实用型人才培养模式，依托中关村生命科学园及大健康产业联盟等机构，加强对生物医药产业基地人才的引进和创新型人才培养。

在补贴政策方面，国家用奖励引导、资本金注入、应用示范补助等方式来支持应用示范和公共服务平台建设。北京市对2022年以来的医药创新品种首试产、创新药品、创新医疗器械等提供不同程度的奖励，开展数字化赋能行动等来支持其数字化转型升级，对先进制造业企业融资租赁进行补贴。北京市各区支持第三方专业机构搭建平台，促进本区医药健康企业与本区开展医产协同合作的医疗机构开展临床前研究、临床验证等课题合作，发挥生物样本库、影像资料库等医疗资源来为本区医药健康类企业提供科研服务等，并为其提供不同程度的资金补贴。

在投资政策方面，国家为引导和优化医药制造业供应链的金融服务，支持医药产业创新产品研发。北京市推动医药制造与健康服务有机融合、扩大"硬科技"创业的投融资供给，并引导金融机构为北京市制造业绿色低碳的发展，提供专业化绿色金融产品和服务等形式来支持医药制造业的绿色企业上市融资和再融资。北京市各区通过加强产业资本引导、强化金融投资支撑、充分利用北京的政府投资基金等措施，来加大对各区医药健康类企业的支持力度。

在税收政策方面，国家扩大医药制造业行业的留抵退税范围，并在企业所得税税前加计前，扣除医药制造业仿制药的研发费用。北京市为贯彻国家关于进一步加大增值税期末留抵退税政策实施力度等要求，在医药制造业税收政策方面通过推出基础研究税收试点、科技成果"先使用后付费"、市区两级综合运用资金补贴等措施。北京市各区通过加强产业资本引导、强化金融投资支撑、充分利用北京的政府投资基金等措施，来加大对各区医药健康类企业的支持力度。

在支持引导政策方面，国家采取一系列措施推动中医药和西医药协调发展、构建安全有序的现代智慧药品供应链服务体系。如推动建设药品网络销售体系，推进中医药现代化，协助中医药与相关业态持续融合发展，研究和创制新药等措施。北京市持续提升高端制造业发展能级、推进中医药行业管理能力现代化。北京市各区致力于优化产业生态和要素资源集聚，引导打造中医药产业并积极开展中医药事业和产业的转型升级，推动中西医结合产业与养生养老等产业的融合发展。

二、汽车制造业

汽车产业是国民经济的重要支柱产业，产业链长、关联度高、带动性强，发挥着工业经济稳增长的"压舱石"作用，不仅促进了科技的发展和创新，推动了汽车技术的不断进步，增加了国家的出口额和贸易收入，而且提高了人民生活品质和工作效率，带动了相关产业的发展。但汽车制造业产生的废气和废水等大量排放物会对环境造成负面影响，加剧空气和水资源的污染。随着环境污染问题的日益凸显，政府和社会对汽车制造业提出了更加严格的环保要求。所以，汽车制造业要通过绿色创新发展，降低废物排放、减少能源消耗、降低对环境的负面影响；同时促进技术进步和产品升级，提高产品质量、降低生产成本、提升企业竞争力，以适应社会对环保、可持续发展和高品质产品的需求，为企业长期发展和未来打下良好的基础。在此方面，国家实施了一系列的重要政策，例如：

(1) 2014年7月14日，国务院办公厅印发《关于加快新能源汽车推广应用的指导意见》，提出以纯电驱动为新能源汽车发展的主要战略取向，重点发展纯电动汽车、插电式（含增程式）混合动力汽车和燃料电池汽车，以市场主导和政府扶持相结合，建立长期稳定的新能源汽车发展政策体系，创造良好发展环境，加快培育市场，促进新能源汽车产业健康快速发展。

(2) 2020年9月16日，财政部、工业和信息化部、科技部、国家发展改革委、能源局五部门联合发布《关于开展燃料电池汽车示范应用》，对燃料电池汽车的购置补贴政策，调整为燃料电池汽车示范应用支持政策，对符合条件的城市群开展燃料电池汽车关键核心技术产业化攻关和示范应用给予奖励，形成布局合理、各有侧重、协同推进的燃料电池汽车发展新模式。

(3) 2021年3月30日，工业和信息化部、交通运输部、国家发展改革委等八部门联合发布《关于组织开展公共领域车辆全面电动化先行区试点工作的通知》，在完善公共领域车辆全面电动化支撑体系，促进新能源汽车推广、基础设施建设、新技术新模式应用、政策标准法规完善等方面积极创新、先行先试，探索形成一批可复制可推广的经验和模式，为新能源汽车全面市场化拓展和绿色低碳交通运输体系建设发挥示范带动作用。

2021年《中华人民共和国国民经济和社会发展第十四个五年规划和2035年远景目标纲要》再次强调了绿色发展的重要性，强调汽车产业在这五年的时间里，最重要的转变是坚定不移地走绿色发展之路："十三五"期间明确了汽车行业绿色制造和清洁生产的重点方向，倡导推广新能源汽车和智能驾驶技术，推动汽车产业结构升级。提出加强对车辆废弃物品回收利用和环境保护的监管，推动汽车产业实现循环经济发展。"十四五"规划强调汽车制造业要推动绿色技术创新，促进产业绿色升级，推动清洁生产和绿色制造，提高资源利用效率，减少环境污染。加强对汽车废弃物处理和资源回收的监管，实施循环经济政策，推动汽车产业向可持续发展方向转型。

为了更好地分析汽车制造业绿色创新政策，本书从国家层面、北京市层面、北京市各区层面的政策分别进行了梳理。

（一）国家层面

为了更为综合地分析有关汽车制造业绿色创新的宏观政策，本书重点查阅了国务院办公厅、工业和信息化部、交通运输部、财政部、科技部、发展改革委、国家能源局、自然资源部等有关部门在汽车制造业绿色创新方面的政策。其中，有关汽车制造业人才培养、补贴、投资、税收、支持引导方面的政策居多。

1. 人才政策

为进一步发展汽车制造业，为汽车行业的发展培养人才，国家出台了一系列政策，希望通过技能大赛的方式选拔出更多的人才，其中：《制造业技能根基工程实施方案》提出，要大力开展制造业品牌职业技能竞赛，以全国技能大赛为引领，以行业职业技能竞赛为重点，聚焦人工智能、工业机器人、机械制造、新能源汽车等重点领域职业工种，打造一批制造业职业技能竞赛品牌；《国务院办公厅关于印发新能源汽车产业发展规划

（2021—2035年）的通知》加快建立适应新能源汽车与相关产业融合发展需要的人才培养机制，编制行业紧缺人才目录，加大国际化人才引进和培养力度；等等。

国家层面的汽车制造业人才政策主要集中在大力开展制造业品牌职业技能竞赛，打造制造业职业技能竞赛品牌方面，并以竞赛来引领人才在学习中获得理论和实践的有效结合、培养复合型高层次汽车制造业人才、提高汽车制造业人才的从业人员整体素质等来加强先进制造业人才队伍建设。

2. 发展补贴

为了推动汽车制造业发展新质生产力，国家出台了一系列补贴政策，采取推广新能源汽车、新型燃料电池汽车，以旧换新补贴回收等方式，其中：《汽车产业调整和振兴规划》指出调整老旧汽车报废更新财政补贴政策，加大补贴支持力度，提高补贴标准，加快淘汰老旧汽车；《关于组织开展公共领域车辆全面电动化先行区试点工作的通知》鼓励试点城市加大财政支持力度，因地制宜研究出台运营补贴、低/零碳排放区等支持政策，探索建立适应新技术新模式发展的政策体系；《国务院办公厅关于加快新能源汽车推广应用的指导意见》对消费者购买符合要求新能源汽车给予补贴；《关于开展燃料电池汽车示范应用的通知》对符合条件的城市群开展燃料电池汽车关键核心技术产业化攻关和示范应用给予奖励；等等。

国家层面的汽车制造业发展补贴政策主要集中在完善新能源汽车推广补贴方面，例如对消费者购买符合要求的纯电动汽车等给予补贴、加大对老旧汽车报废更新的财政补贴支持力度、对符合条件的城市群开展燃料电池汽车关键核心技术产业化攻关和示范应用给予奖励等；同时，结合国家特色和基本情况因地制宜研究出台运营补贴。

3. 投资政策

为了推动公共领域新能源汽车的发展，国家出台了一系列投资政策，鼓励其进行融资投资创新，按揭购买新能源汽车，其中：《国务院办公厅关于加快电动汽车充电基础设施建设的指导意见》在新能源汽车产业发展初期通过中央基建投资资金给予适度支持，积极推动设立融资担保基金，拓宽充电基础设施投资运营企业与设备厂商的融资渠道，鼓励利用社会资本设立充电基础设施发展专项基金，发行充电基础设施企业债券；《国务院办公厅关于加快新能源汽车推广应用的指导意见》在公共服务领域探索新能源汽车融资租赁运营模式，在个人使用领域探索分时租赁、车辆共享、整车租赁以及按揭购买新能源汽车等模式；等等。

汽车制造业投资政策集中体现在鼓励投融资创新以及加大对充电设施的建设力度等，如在公共服务领域和在个人使用领域中积极探索新能源汽车融资租赁的运营模式。

4. 税收优惠

为了加强消费者对新能源汽车的认可，国家出台了一系列税收优惠政策，采取给予新能源汽车税收优惠、减排汽车减少车辆购置税等方式，其中：《关于加快新能源汽车推广应用的指导意见》指出给予新能源汽车税收优惠，对纯电动汽车、插电式（含增程式）混合动力汽车和燃料电池汽车免征车辆购置税，完善节约能源和新能源汽车车船税优惠政策；《汽车产业调整和振兴规划》注重财税政策激励与消费环境改善相结合，通过税收等经济手段引导增加小排量汽车消费；等等。

为支持新能源汽车产业发展、扩大内需，国家主要通过结合财税政策激励与消费环境改善、延续新能源汽车免征车辆购置税、启动对"专精特新"中小企业的奖补政策、继续实施新能源汽车推广应用补贴和税收优惠等措施来落实好汽车制造业行业的消费税政策，扩大国内汽车市场需求。

5. 技术政策

为了在基本原则中指出应加强技术改造，提高研发水平，依托国家科技计划加强对新型充电设施及装备技术、前瞻性技术的研发，国家出台了一系列技术支持政策，其中：《关于加快新能源汽车推广应用的指导意见》指出对关键技术的检测认证方法、充电设施消防安全规范以及充电网络监控和运营安全等方面给予科技支撑;《智能汽车基础地图标准体系建设指南(2023版)》从国家层面建立统一、完整、规范的智能汽车基础地图标准体系,更好推动智能汽车基础地图技术创新发展和产业转型升级;《关于组织开展公共领域车辆全面电动化先行区试点工作的通知》加快新型充换电技术应用,加快"光储充放"一体化试点应用。完善储放绿色电力交易机制,促进智能网联、车网融合等新技术应用;《汽车产业调整和振兴规划》要求加强技术改造,提高研发水平,加快产品升级换代和结构调整,着力培育自主品牌,积极发展节能环保的新能源汽车;等等。

为准确把握发展智能汽车产业和维护国家安全的关系,国家主要通过建立国家范围内统一的智能汽车基础地图标准体系、依托国家前瞻性技术的研发以及加快新型充换电技术应用等措施,对关键技术和运营安全等方面提供规范指导与基础支撑,加快新能源汽车与交通等领域融合发展,更好推动智能汽车的创新发展和产业转型升级等。

(二)北京市层面

为了能更加深入地了解北京市汽车制造业在全国的地位以及重点发展方向,本书通过查阅北京市人民政府、北京市发展和改革委员会、北京市城市管理委员会、北京经济技术开发区管理委员会、北京市商务局等部门资料,对有关北京市汽车制造业的创新政策有关人才培养、补贴、投资、税收、支持引导等方面的政策进行了梳理研究。

1. 人才政策

为了创新人才引进机制,实施分层分类、精准有效的人才吸引政策,北京市出台了一系列人才培养政策,其中:《北京市"十四五"时期优化营商环境规划》指出,在严格落实国家户籍制度改革要求基础上,适度扩大人才和积分落户规模,提高急需紧缺专业应届毕业生落户占比;《北京市关于支持新型储能产业发展的若干政策措施》加强新型储能产业领军人才引进,加快培养储能产业高技能人才;鼓励产业集聚区对新型储能领域重点企业引入人才;《关于进一步推动首都高质量发展取得新突破的行动方案（2023—2025年)》统筹发挥首都教育、科技、人才优势,突破一批关键核心技术"卡脖子"难题,集聚一批具有全球影响力的高水平国际化人才;等等。

北京市主要通过适度扩大人才和积分落户规模、提高急需紧缺专业应届毕业生的落户比例、放宽外籍人才年龄、学历和工作经历限制,延长在华工作签证有效期等措施来加强对汽车制造业人才队伍建设、强化市区汽车制造业人才的人才支撑体系。

2. 发展补贴

为了鼓励消费者购买新能源汽车,北京市出台了一系列补贴政策,包括新能源购置时的资金补贴以及充电设施完善的资金补贴,其中:《北京市关于鼓励汽车更新换代消费的方案》指出,购买新能源汽车时,每辆车给予8 000元至10 000元资金补助,鼓励淘汰本市乘用车置换新能源小客车;《关于支持二手车扩大流通和经销发展的通知》对北京市二手车扩大流通和经销发展业务给予支持,超过30辆后,每增加一辆给予800元运费补贴,最高支持额度不超过200万元;《"十四五"时期北京市新能源汽车充换电设施发展规划》以提升效率和服务水平为重点完善补助考核体系完善充电设施建设运营补助政策;等等。

北京市主要通过坚持平缓补贴退坡力度、坚持"鼓励先进、淘汰落后"等政策来完善充电设施建设运营补助政策,并为淘汰本市乘用车置换新能源小客车、转出本市企业经营的二手车辆等提供不同层次的补助。

3. 投资政策

为了鼓励电子信息企业投资汽车电子领域或与汽车电子企业合作,现有汽车电子企业通过各种形式与具有一定技术水平和持续开发能力的科研院所、跨国公司合作,北京市出台了一系列投资支持政策,其中:《2024年北京市高精尖产业发展资金实施指南》强化产业投资支撑作用,对推动产业高端化智能化绿色化发展、促进经济平稳运行和投资增长等方面有重要支撑的企业或项目给予支持；《关于进一步推动首都高质量发展取得新突破的行动方案（2023—2025年）》扩大新能源汽车使用，构建高质量充电基础设施体系，重点覆盖居住区、办公区，促进充电基础设施投资多元化；《关于组织实施北京市汽车电子专项的通知》鼓励电子信息企业投资汽车电子领域或与汽车电子企业合作，鼓励与具有一定技术水平和持续开发能力的科研院所、跨国公司合作；等等。

北京市主要通过专项鼓励电子信息企业投资汽车电子领域，或统筹协调汽车电子企业与电子信息企业、科研院所、跨国公司等进行紧密合作。

4. 税收优惠

为了鼓励消费者购买新能源汽车，北京市出台了一系列税收优惠政策，促进汽车消费，其中：《关于新能源汽车免征车辆购置税有关政策的公告》指出对购置的新能源汽车免征车辆购置税，免征车辆购置税的新能源汽车是指纯电动汽车、插电式混合动力（含增程式）汽车、燃料电池汽车；《北京市积极推动设备更新和消费品以旧换新行动方案》提出要完善和落实税收金融政策，适当降低汽车贷款首付比例，合理确定贷款期限、信贷额度，发展汽车消费等零售类贷款资产支持证券；等等。

北京市主要通过对购置的纯电动汽车、插电式混合动力（含增程式）汽车、燃料电池汽车免征车辆购置税的措施来促进汽车消费、支持新能源汽车制造业产业发展。

5. 技术政策

为了加强关键技术研发和示范应用，充分发挥企业的创新主体作用，北京市出台了一系列技术支持政策，突破先进传感器、车规级芯片、自动驾驶车控和车载操作系统、汽车开发工具等领域关键技术，其中：《"十四五"时期北京市新能源汽车充换电设施发展规划》指出要积极推动快速充换电、大功率充电、高能量密度电池、智能有序充电、车网协同（V2G）、无线充电、源网荷储一体化、光储充换一体站、视频充电一体桩、电池梯次利用、配电系统安全监测预警、信息共享与统一结算系统等关键技术研发、推动关键技术示范应用；《北京市智能网联汽车政策先行区总体实施方案》要求营造"政策友好型"智能网联汽车产业发展营商环境，推动新技术、新产品示范应用，促进产业发展；《"十四五"时期北京市新能源汽车充换电设施发展规划》要求加强关键技术研发和示范应用。充分发挥企业创新主体作用；等等。

为突破自动驾驶车控和车载操作系统等领域的关键技术、打造智能网联汽车制造和服务全链条体系，北京市提出积极培育发展车联网、智能交通、共享汽车等智慧出行服务，推动高能量密度电池、车网协同（V2G）、视频充电一体桩等关键技术研发，引领新技术、新产品示范应用，从而为北京市汽车制造业企业提供技术上的协助。

（三）相关发展及绿色创新政策总结

在人才政策方面，国家以竞赛来培养复合型高层次汽车制造业人才，通过提高汽车制造业人才的从业人员整体素质等来加强先进制造业人才队伍建设。北京市通过适度扩大人才和积分落户规模、提高急需紧缺专业应届毕业生的落户占比，重点打造各区制造业的发展特色、致力于成为全球影响力的示范标杆，并以此来吸引汽车制造业人才和新型人才培养，强化市区汽车制造业人才的人才支撑体系。

在补贴政策方面，国家聚焦完善新能源汽车推广补贴政策，结合国家特色和基本情况因地制宜研究出台运营补贴。北京市通过坚持平缓补贴退坡力度、坚持"鼓励先进、淘汰落后"等政策来完善充电设施建设运营补助政策。

在投资政策方面，国家积极鼓励投融资创新，如在公共服务领域和个人使用领域中积极探索新能源汽车融资租赁的运营模式。北京市通过专项鼓励电子信息企业投资汽车电子领域，或统筹协调汽车电子企业与电子信息企业、科研院所、跨国公司等进行紧密合作。

在税收政策方面，国家通过结合财税政策激励与消费环境改善、延续新能源汽车免征车辆购置税和税收优惠等措施来落实汽车制造业行业的消费税政策。北京市对购置的新能源汽车免征车辆购置税,以支持新能源汽车制造业产业发展。

在技术政策方面,从国家层面建立统一的智能汽车基础地图标准体系、依托国家前瞻性技术的研发,以及加快新型充换电技术应用等措施,来推动智能汽车的创新发展和产业转型升级等。北京市通过积极培育发展车联网、智能交通、共享汽车等智慧出行服务等方式来为北京市汽车制造业企业提供技术上的协助。北京市各区围绕国家、北京市动力电池工程中心建设的基本要求,并结合各区创新资源优势等来重点攻克动力电池技术难关,给予汽车制造业技术上的支持。

三、计算机、通信和其他电子设备制造业

计算机、通信和其他电子设备制造业属于电子信息产业,电子信息产业是国民经济的战略性、基础性、先导性产业,是加快工业转型升级及国民经济和社会信息化建设的技术支撑与物质基础,是保障国防建设和国家信息安全的重要基石,发挥着经济增长"倍增器"、发展方式"转换器"、产业升级"助推器"的重大作用[38]。

计算机、通信和其他电子设备制造业具有集聚创新资源与要素的特征,是当前全球创新最活跃、带动性最强、渗透性最广的领域,已经成为当今世界经济社会发展的重要驱动力。与此同时,信息产业各行业边界逐渐模糊,价值链重点环节发生转移,组装制造环节附加值日趋减少,国际领先企业纷纷立足内容及服务环节加快产业链整合,以争夺产业链主导权。此外,制造业、软件业、运营业与内容服务业加速融合,新技术、新产品、新模式不断涌现,给传统产业体系带来猛烈冲击,使我国面临着新一轮技术及市场垄断的严峻挑战。可见,强化自主创新,加快突破核心技术环节,构建现代信息技术体系,加快工业转型升级,是提升我国计算

机、通信和其他电子设备制造业产业核心竞争力的必然途径。在此方面，国家实施了一系列重要政策，例如：

（1）2011年1月28日，国务院办公厅印发《进一步鼓励软件产业和集成电路产业发展的若干政策》，提出与国际先进水平相比，我国软件产业和集成电路产业还存在发展基础较为薄弱、企业科技创新和自我发展能力不强、应用开发水平亟待提高、产业链有待完善等问题，要加快提高产业发展质量和水平，培育一批有实力和影响力的行业领先企业。

（2）2020年8月4日，国务院办公厅印发《新时期促进集成电路产业和软件产业高质量发展的若干政策》，提出要进一步创新体制机制，鼓励集成电路产业和软件产业发展，大力培育集成电路领域和软件领域企业；并加强集成电路和软件专业建设，加快推进集成电路一级学科设置，支持产教融合发展及国际合作。

（3）2023年9月5日，工业和信息化部与财政部联合印发《电子信息制造业2023—2024年稳增长行动方案》，提出要推动集成电路、新型显示、通信设备、智能硬件、锂离子电池等重点领域重大项目开工建设，并加大投资改造力度，推动产业高端化绿色化智能化发展。

2021年《中华人民共和国国民经济和社会发展第十四个五年规划和2035年远景目标纲要》，强调要深化新一代信息技术与制造业融合发展的决策部署。"十三五"期间，我国聚焦动力电池、增材制造、信息光电子、集成电路等重点建设领域，初步形成了国家制造业创新中心为核心的制造业创新网络。"十四五"期间，计算机、通信和其他电子设备制造业产业集群建设不断推进，形成上下游贯通发展、协同互促的良好局面。

为了更好地分析计算机、通信和其他电子设备制造业绿色创新政策，本书对国家层面、北京市层面、北京市各区层面的政策分类进行梳理。

（一）国家层面

为了更为综合地分析有关计算机、通信和其他电子设备制造业绿色创新的宏观政策，本书重点查阅了国务院办公厅、国家金融监督管理总局等有关部门在计算机、通信和其他电子设备制造业绿色创新方面的政策。其中，有关计算机、通信和其他电子设备制造业人才培养、补贴、投资、税收、支持引导方面的政策居多。

1. 人才政策

为了培养计算机、通信和其他电子设备制造业的创新型人才，实现环境、经济和社会的可持续发展，在国家层面出台了一系列人才政策，例如：《质量强国建纲要》重点提出要完善质量专业技术技能人才职业培训制度和职称制度，着力培养质量专业技能型人才、科研人才、经营管理人才；《新时期促进集成电路产业和软件产业高质量发展若干政策》提出要努力培养复合型、实用型的高水平人才；《计量发展规划（2021—2035年)》提出要加强相应的投资、科技和人才保障支持政策支撑；《关于印发新时期促进集成电路产业和软件产业高质量发展若干政策的通知》提出要充分利用大数据等新一代信息技术，加强技能人才工作信息化建设、健全高技能人才库等来加大紧缺高技能人才的培养力度；等等，

国家在实施制造业技能根基工程等的同时，加强了计算机、通信和其他电子设备制造业技能人才工作的信息化建设和人才引进力度，建立健全高技能人才库。此外，计算机、通信和其他电子设备制造业通过制定相应人才保障政策，有利于加强质量相关的学科建设，促进相关机构着力培养质量专业技能型人才、科研人才以提高计算机、通信和其他电子设备制造业人才的整体综合素质。

2. 发展补贴

为了给计算机、通信和其他电子设备制造业的发展提供稳定保障，实现环境、经济和社会的可持续发展，国家出台了一系列发展补贴政策，例如：《新时期促进集成电路产业和软件产业高质量发展若干政策》提出要聚焦高端芯片、集成电路装备和工艺技术、集成电路设计工具、应用软件等的关键核心技术研发来提升产业创新能力和发展质量；《关于以新业

态新模式引领新型消费加快发展的意见》强调大力推动智能化技术集成创新应用并强化各级财政通过现有资金渠道、促进相关综合服务和配套基础设施建设；《"十四五"国家应急体系规划》提出要引领国家安全应急技术装备研发和安全应急服务等发展，并鼓励特色明显、创新能力强的中小微企业利用现有资金渠道加速发展。

综上，为进一步优化集成电路产业和软件产业发展环境，国家在计算机、通信和其他电子设备制造业发展补贴政策方面，通过深入实施推动智能化技术集成创新应用、壮大应急信息化建设与投入补贴等政策来优化产业结构，具体方式包括：强化计算机、通信和其他电子设备制造业的财政支持，发挥减税降费政策效应，进一步优化社会资源，鼓励创新能力强的中小微企业利用现有资金渠道加速发展，等等。

3. 投资政策

为了推动计算机、通信和其他电子设备制造业的发展，国家出台了一系列投资相关政策，例如：《质量强国建设纲要》强调要加快大数据、网络、人工智能等新技术的深度应用，促进现代服务业与先进制造业、现代农业融合发展；《扩大内需战略规划纲要（2022—2035 年)》提出要全面提升信息技术产业核心竞争力，推动人工智能、先进计算等技术创新及推动先进制造业集群发展，培育世界级先进制造业集群；《国务院办公厅关于深化电子电器行业管理制度改革的意见》提出要促进产业转型升级和技术创新、培育壮大经济发展新动能、促进电子电器行业高质量发展；《"十四五"数字经济发展规划》强调要瞄准传感器、网络通信、关键软件等战略性前瞻性领域，建设数据中心集群，结合应用、产业等发展需求优化数据中心建设布局；《关于以新业态新模式引领新型消费加快发展的意见》强调要加快研发可穿戴设备、超高清及高新视频终端、智能教学助手、医疗电子、医疗机器人等智能化产品，增强新型消费技术支撑；等等。

综上，为深化电子电器行业管理制度改革与转型升级、破除行业高质量发展的机制障碍等。国家层面的计算机、通信和其他电子设备制造业投资政策主要侧重鼓励和支持集成电路企业、软件企业加强资源整合和重组并购，加快计算机、通信和其他电子设备制造业研发移动智能终端等智能化产品，并加大研发推广的投资力度来鼓励智慧物流技术与模式创新，促进创新成果转化和高端智慧仓储设施的建设等。

4. 税收优惠

为了鼓励计算机、通信和其他电子设备制造业的绿色创新发展，促进计算机、通信和其他电子设备制造业企业的创新研发，国家出台了一系列税收优惠政策，例如：《关于印发新时期促进集成电路产业和软件产业高质量发展若干政策的通知》提出要国家鼓励集成电路设计、装备、测试企业和软件企业，自获利年度起，第一年至第二年免征企业所得税等；《关于新时代推动中部地区高质量发展的意见》强调要加大推动大数据、物联网等新一代信息技术在制造业领域的应用创新及拓展第五代移动通信应用的税收金融支持力度；《关于进一步推动金融服务制造业高质量发展的通知》提出要围绕高新技术企业、"专精特新"中小企业、科技型中小企业等市场主体，增加信用贷、首贷投放力度；等等。

综上，为推动中部地区高质量发展、进一步优化集成电路产业和软件产业发展环境等。国家在计算机、通信和其他电子设备制造业税收优惠政策方面主要通过优化重点领域金融服务、加大财税金融支持力度等措施来给予计算机、通信和其他电子设备制造业税收支持，主要体现在：免征集成电路设计、装备、软件等在盈利起两年内的企业所得税，在第三年至第五年按照25%的法定税率减半征收企业所得税；增加"专精特新"中小企业、科技型中小企业等市场主体的信用贷、首贷投放力度；等等。

(二) 北京市层面

为了能更加深入地了解北京市计算机、通信和其他电子设备制造业在全国的地位以及重点发展方向，本书通过查阅北京市人民政府、北京市发展和改革委员会、北京经济技术开发区管理委员会、北京市经济和信息化局等部门资料对有关北京市计算机、通信和其他电子设备制造业的创新政策有关人才培养、补贴、投资、税收、支持引导等方面的政策进行了梳理研究。

1. 人才政策

为了培养计算机、通信和其他电子设备制造业的创新型人才，实现环境、经济和社会的可持续发展，在北京市层面出台了一系列人才政策，例如：《北京市数字经济全产业链开放发展行动方案》提出要全面聚焦主导产业发展，构建阶梯式、多维度的人才引进、培育、服务、激励政策体系，着重吸引一批国际化的招商和运营服务人才；《北京市"十四五"时期国际科技创新中心建设规划》强调要牢固确立人才引领发展的战略地位，构建从战略科学家、顶尖人才、专业人才、青年科技人才的多层次创新人才梯队；《关于推动北京市技术经理人队伍建设工作方案》强调要找准政策接口，制定对围绕人工智能、医药健康、新一代信息技术等高精尖产业领域等技术经理人的支持政策，建立一支技术经理人队伍；等等。

综上，北京市计算机、通信和其他电子设备制造业人才政策，主要集中在构建多层次计算机、通信和其他电子设备制造业的创新人才梯队等方面，来加大国际化电子信息人才引进力度。此外，北京市还大力鼓励电子信息技术经理人围绕人工智能、医药健康高精尖产业领域，与新型研发机构等单位合作，补足转化短板，培养复合型的经济管理人才，并以此来强化市区计算机、通信和其他电子设备制造业人才的人才支撑体系，等等。

2. 发展补贴

为了给予计算机、通信和其他电子设备制造业的发展提供稳定保障，实现环境、经济和社会的可持续发展，北京市层面出台了一系列发展补贴政策，例如：《北京市数字经济全产业链开放发展行动方案》提出要鼓励保险公司为首版次软件的首用提供配套保险服务，研究制定首版次软件保险费用补贴政策；《北京市"十四五"时期国际科技创新中心建设规划》提出要聚焦智能机器人、无人机和智能装备等，加大产业前沿及底层正向研发技术支持力度，打造具有全球影响力的智能制造产业创新策源地；《先进制造业企业融资租赁补贴》强调要重点支持先进制造业企业租赁研发、建设、生产环节中需要的关键设备和产线，并明确将资金用于在京项目的研发、建设、生产等；《北京市关于促进高精尖产业投资推进制造业高端智能绿色发展的若干措施》强调要做大新一代信息技术和医药健康两个国际引领支柱产业，做强集成电路、智能网联汽车绿色能源与节能环保等"北京智造"特色优势产业；等等。

综上，为做强集成电路、量子信息等领域未来前沿产业，北京市在计算机、通信和其他电子设备制造业发展补贴政策方面，通过探索工业软件应用奖励措施、鼓励保险公司为首版次软件制定保险费用补贴政策，对计算机、通信和其他电子设备制造业的企业给予资金补贴、保费补贴、贷款贴息、达标奖励。此外，北京市还通过对先进制造业企业租赁研发、生产等环节中需要的关键设备和产线，给予重点的财政支持，等等。

3. 投资政策

北京市出台了一系列计算机、通信和其他电子设备制造业相关投资政策，例如：《北京市支持卫星网络产业发展的若干措施》提出要加强政策支持，创新投融机制，发挥央企和头部企业的引领示范作用，优化产业空间布局，促进产业集聚发展；《北京经济技术开发区关于加快四大主导产业发展的实施意见》强调要大力实施产业链集群化发展战略，精准聚焦5G等主导产业新支柱，着重引进一批具有引领性和带动性的重大科技成果产业化项目；《北京市"十四五"时期国际科技创新中心建设规划》提出要加强人工智能前沿基础理论和关键共性技术攻关、搭建我国首个超大规模新一代人工智能模型，形成"北京智造"品牌；等等。

综上，为建设国家和北京国家人工智能创新应用先导区等，北京市在计算机、通信和其他电子设备制造业投资政策方面，通过抢抓卫星网络及相关产业发展的战略机遇、发挥央企和龙头企业的引领示范作用，培育引进一批行业龙头企业以及创新型企业。主要体现在着重引进重大科技成果产业化项目，同时协调并鼓励市区内的计算机、通信和其他电子设备制造业企业在集成电路EDA工具及IP等领域加强技术合作、扩大生产，并逐渐形成"北京智造"品牌，等等。

4. 税收优惠

为了鼓励计算机、通信和其他电子设备制造业的绿色创新发展，促进计算机、通信和其他电子设备制造业企业的创新研发，北京市出台了一系列税收优惠政策，例如：《北京市数字经济全产业链开放发展行动方案》强调要积极打通各类企业与金融机构的信息沟通渠道，不断创新贷款贴息等融资支持政策，加快形成科技创新与金融紧密融合的发展格局；《关于北京市推动先进制造业和现代服务业深度融合发展的实施意见》强调要落实金融服务科技创新、专精特新中小企业健康发展若干措施，加强专项信贷支持，拓展直接融资渠道并给予贷款贴息支持；《关于2023年北京市集成电路和软件企业享受所得税优惠政策有关事项的通知》强调要鼓励的集成电路设计、装备、材料、封装、测试企业和软件企业，自获利年度起，第一年至第二年免征企业所得税；等等。

综上，为加快完善政策性投资基金的管理和运营机制等，北京市在计算机、通信和其他电子设备制造业税收政策方面，通过落实金融服务科技创新、加强金融支持、着力支持各类投资机构依托国家级、市级基金设立科技成果转化投资基金等措施，不断对符合条件的两业融合项目给予创新贷款贴息、保费补贴等支持，并积极打通各类企业与金融机构的信息沟通渠道，等等。

（三）相关发展及绿色创新政策总结

在人才政策方面，国家鼓励运用大数据等智能数字信息技术完善海外科学家在中国的保障体系等，制定相应人才保障政策来加强质量相关的学科建设，着力培养质量专业技能型人才、科研人才等以提高计算机、通信和其他电子设备制造业人才的整体综合素质。北京市构建多层次计算机、通信和其他电子设备制造业的创新人才梯队等来加大国际化电子信息人才引进力度，培养复合型的经济管理人才。北京市各区全面深化人才发展体质机制改革并结合各区发展特色打造一支计算机、通信和其他电子设备制造业国际一流的人才队伍，促进第三代半导体等前沿技术发展，来广泛吸引海内外各类计算机、通信和其他电子设备制造业高精尖人才。

在补贴政策方面，国家深入实施推动智能化技术集成创新应用、加强应急信息化建设、增加投入补贴等政策，优化产业结构。北京市通过探索工业软件应用奖励措施、鼓励保险公司为首版次软件研究制定保险费用补贴等政策来对计算机、通信和其他电子设备制造业的企业给予资金补贴，还对先进制造业企业租赁研发、生产等环节中需要的关键设备和产线给予重点的财政支持。北京市各区通过建立智能装备制造产业集群等措施，为本区企业积极争取国家、北京市的政策资金补贴，并根据综合贡献等标准，通过贴息、奖励等多种方式对企业数字经济的发展给予财税金融支持等。

在投资政策方面，国家通过鼓励和支持集成电路企业、软件企业加强资源整合和重组并购等方式，深化电子电器行业管理制度改革与转型升级、破除行业高质量发展的机制障碍。北京市为计算机、通信和其他电子设备制造业着重引进重大科技成果产业化项目，协调并鼓励市区内的计算机、通信和其他电子设备制造业企业在集成电路 EDA 工具及 IP 等领域通过技术合作等方式来开展合作研发、扩大生产，并逐渐形成"北京智造"品牌。北京市各区通过在人工智能等方面开展战略合作来推动优势产业及科技金融、创业孵化等科技领域，适当加大尖端芯片等底层关键技术的投资，来壮大集成电路研发设计产业，鼓励先进制造业和现代服务业双向深度融合等。

在税收政策方面，国家主要通过优化重点领域金融服务、加大财税金融支持力度等措施来给予计算机、通信和其他电子设备制造业税收支持。北京市通过落实金融服务科技创新、加强金融支持、着力支持各类投资机构依托国家级、市级基金设立科技成果转化投资基金等措施，对符合条件的两业融合项目给予创新贷款贴息支持、保费补贴等，加快完善政策性投资基金的管理和运营机制。北京市各区通过为从事第三代半导体等领域的企业争取相关税收政策等来给予计算机、通信和其他电子设备制造业提供支持等措施，着力打造集成电路产业集群，等等。

第四节　七大先进制造业绿色发展的管理启示与建议

一、医药制造业

本章第二节分析表明：行业开放水平、外商投资水平对医药制造业绿色创新综合效率在5%的水平下有显著的正向影响，地区开放水平在5%的水平下有显著的负向影响，环境规制对绿色创新综合效率没有显著影响。结合第三节北京市医药制造业的目前政策，提出以下建议：

（1）地区开放水平对医药制造业绿色创新效率在5%的水平下有显著负向影响。因为进口的医药产品会冲击国内市场，削弱医药企业绿色创新积极性，不利于医药制造业绿色创新效率的提高。通过与《河南省人民政府关于印发河南省2023年国民经济和社会发展计划的通知》比较，北京市可以实施生物经济重点工程，发挥生物医药新材料产业引导基金作用，加强重点企业引育，推进生物高技术产业基地建设，争创国家级生物经济先导区。除了增加地区生产总值外，需加大力提高进出口产品总值，可以参考广东省《2023年广东金融支持经济高质量发展行动方案》，为外贸企业提供更加便利的融资、结售汇、保险服务，用好政策性开发性金融工具引导撬动社会投资，加大对住房改善、新能源汽车、养老服务等消费的金融支持力度；加大对民营、中小微企业进出口信贷投放，降低企业融资成本，进一步发挥民营企业稳定北京外贸基本盘的重要作用。

（2）行业开放水平对医药制造业绿色创新效率在5%的水平下有显著正向影响。行业开放水平的提高有助于加快新产品产业化进程，促进创新产品的推广应用，推动医药制造业以更高水平进入国际市场，提高医药创新产品的进出口比重，推动对外开放水平健康提高。北京市应加快落实《北京市生物医药研发用物品进口试点方案》的各项细则，开展生物医药领域研发用物品进口试点工作，建立北京市生物医药企业，进一步激发北京市生物医药产业创新活力，促进北京市生物医药领域研发能力持续提升。同时，应对2022年以来的创新药品、民生保障药品、创新医疗器械、国际注册、委托生产、引进品种提供不同程度的奖励。

（3）外商投资水平对医药制造业的绿色创新效率在5%的水平下有显著正向影响。随着医药制造业贸易开放程度提高，经济水平更高的省区市更加注重绿色创新活动，接触到的绿色创新前沿技术就更多，有利于绿色创新水平提高。政府应制定完善的产业政策及引资方向，注重外商直接投资质量，将外商直接投资控制在合理范围内。国务院在2023年8月13日发布的《关于进一步优化外商投资环境 加大吸引外商投资力度的意见》重点指出，关于生物医药要鼓励外资境外已上市产品在中国的临床和申报，加速全新创新产品全球上市与中国上市"零时差"的实现。通过对全球有影响力的生物医药集群内龙头企业近年来的专利及创新成果进行分析发现，生物医药主要聚焦在组合物、化合物、抑制剂等方面，其中小分子化合物在新药研发专利申请中占大多数，细胞治疗、基因疗法、蛋白降解疗法等前沿的治疗方法热度持续。由此可见，政府应重视医药行业技术的重要性，并且鼓励企业不断创新以吸引外资，并制定更加完善的政策制度以提高外商投资质量。

二、汽车制造业

本章第二节分析表明：市场结构、政府支持、政府投资转化率、国企利润率对汽车制造业绿色创新综合效率在5%的水平下有显著的正向影响，行业开放水平在10%的水平下有显著正向影响，资产流动率在10%的水平下有显著负向影响，创新经济投入、地区开放水平对绿色创新综合效率没有显著影响。结合第三节北京市医药制造业的目前政策，提出以下建议：

（1）市场结构对汽车制造业的绿色创新效率呈现正向影响，表明大中型汽车制造业企业总产值在整个市场中所占的比重较大，垄断力量较强，有利于汽车制造业绿色创新效率提高。该行业应继续保持对绿色创新的积极态度，提高创新效率。2023年8月25日，工业和信息化部等七部门印发的《汽车行业稳增长工作方案（2023—2024年）》明确指出，要加大汽车行业政策支持以促进汽车企业的发展。因此，一方面需要鼓励小型汽车企业关注热点、发展新能源汽车以及促进消费，增加收入，跻身大中型汽车制造业行列；另一方面综合运用信贷、债券、保险等各类金融工具提高大中型汽车制造企业的生产力，促进大中型汽车企业的发展。

（2）政府支持对汽车制造业绿色创新效率影响显著。这表明政府资金R&D支出与企业营业收入比值越高，汽车制造业绿色创新效率越高，政府通过给予有效的经费支持，要求限制汽车制造业减少污染物排放，并通过制定足够的政策指明未来产业的发展方向，刺激汽车制造企业主动进行绿色创新改革。2023年8月25日，工业和信息化部等七部门印发的《汽车行业稳增长工作方案（2023—2024年）》指出，要构建央地协同监测预警机制，针对重点地区、主要企业、关键领域加强苗头性、倾向性问题预警研判。因此，一方面，应针对汽车制造业的发展应定期召开问题分析会、针对行业发展热点关键点开展专题调研，及时充分地掌握汽车行业发展情况和汽车企业痛点难点堵点，帮助企业纾困解难，以使汽车企业增加收入；另一方面在企业收入有提升空间的基础上，政府应重点有针对性地加大研究与实验发展经费的投入。

（3）政府投资转化率对汽车制造业的绿色创新效率呈现明显的正相关关系。这表明汽车企业注重产品创新而增加的收入可以促使政府增加产品研究与实验的投入，政府投资转化率的提高可以促使汽车制造业绿色创新效率的提升。2023年8月25日，工业和信息化部等七部门印发的《汽车行业稳增长工作方案（2023—2024年）》指出，要发挥汽车产业链供应链畅通协调平台作用，引导上下游企业加强供需对接和深度合作，形成战略联盟、签订长单、技术合作等长效机制稳定供给。因此，一方面应促进大企业与中小企业的合作，推动形成大中小企业协同创新合力，以大力促进产品创新与供应，同时建立健全汽车产业链供应链安全监测评估公共服务平台，及时识别供应风险，确保产品供应稳定，为增加新产品收入奠定坚实基础；另一方面，在企业坚强创新力度的基础上，政府应重点有针对性地加大研究与实验发展经费的投入，以实现政府投资转化率的提升。

（4）行业开放水平对汽车制造业绿色创新效率影响显著。这表明汽车制造业告别了数量型快速增长，向高质量增长方式转换，行业开放水平提高，对其绿色创新效率的激励越显著，形成提高行业开放水平和绿色创新效率的良性循环。2023年8月25日，工业和信息化部等七部门印发的《汽车行业稳增长工作方案（2023—2024年）》指出提升汽车产品供给质量水平，推动汽车出口提质增效。因此，一方面，应鼓励企业加大创新力度，引导企业加快5G信息通信、车路协同、智能座舱、自动驾驶等新技术的创新应用，开发更多适合消费者的服务功能，持续提升驾乘体验，催生更多购买需求，以增加新产品的销售收入；另一方面，应促进企业之间的信息共享，缩小信息差，实现资源共建共享，同时积极研究海外相关政策与法规，促使企业生产出符合出口标准的产品，在新产品销售收入增加的基础上增大新产品出口力度。

（5）国企利润率对汽车制造业绿色创新效率影响显著。国有控股企业的利润持续增长时，汽车企业可以获得更多利润，可以加大汽车制造业回收再制造力度或绿色资源的使用减少投入成本，通过促进绿色创新效率，从而提高汽车制造业利润率。同时，财税政策可以通过税收优惠和研发补贴等手段，在鼓励企业增加研发投入的同时帮助企业降低成本。2022年6

月国务院发布的《国务院关于 2021 年中央决算的报告》指出，应启动"专精特新"中小企业奖补政策，支持 1 300 多家"小巨人"企业发展，统筹资金、税收等优惠政策，支持产业链补链强链，促进短板产业加快国产替代和技术迭代。2023 年 8 月 25 日工业和信息化部等七部门印发的《汽车行业稳增长工作方案（2023—2024 年)》也指出，应落实新能源汽车车辆购置税优惠政策，稳定行业预期。因此，在鼓励企业创新的同时应综合运用信贷、债券、保险等各类金融工具降低企业研发成本，给予企业足够的利润空间，有助于激发企业绿色创新研发活力。

三、计算机、通信和其他电子设备制造业

本章第二节分析表明：能源消耗率、资产流动率对计算机及通信制造业绿色创新综合效率在 5% 的水平下有显著的正向影响，绿色投入产出比在 10% 的水平下有显著的负向影响，市场结构对绿色创新综合效率没有显著影响。结合第三节北京市医药制造业的目前政策，提出以下建议：

（1）能源消耗率对计算机及通信制造业绿色创新效率在 5% 的水平下有显著正向影响，说明计算机及通信制造业需要更多的能源进行绿色创新，即该行业要不断增加当年能源消耗量，来更多的提升相邻两年的能源差额与上一年的基本能源消耗的比值。但是，面临严峻的气候环境，依据 2023 年 9 月 5 日工业和信息化部以及财政部印发的《电子信息制造业 2023—2024 年稳增长行动方案的通知》，北京市计算机及通信制造业应鼓励建设电子信息制造业绿色工厂，按照《电子信息制造业绿色工厂评价导则》开展绿色工厂评价，推进产业资源利用循环化，大力开发推广具备能源高效利用、污染减量化、废弃物资源化利用和无害化处理等功能的工艺技术和设备。面向碳达峰碳中和，推动光伏产业智能转型升级，支持智能光伏关键技术突破、产品创新应用、公共服务平台建设，推动 LED 产业升级发展，促进健康照明产品等扩大应用。

（2）资产流动率对计算机及通信制造业绿色创新效率在5%的水平下有显著正向影响，说明北京市计算机及通信制造业的资产流动性较高，可能存在较好的资金运作和资产管理能力，而较高的资产流动性可以为企业提供更多的灵活性和机会，有利于企业开展绿色创新活动和技术升级。因此，计算机及通信制造业企业应该确保拥有足够的流动资产。2023年9月5日工业和信息化部以及财政部印发的《电子信息制造业2023—2024年稳增长行动方案的通知》明确要求加大投资改造力度，推动高端化绿色化智能化发展；同时要求稳住外贸基本盘，提升计算机及通信制造业行业的开放合作水平。因此北京市应加快产业转型升级向高质量发展迈进，鼓励企业开展逆周期投资，增强产业竞争力；坚持扩大开放、合作共赢，持续优化外资营商环境，鼓励外资企业在我国扩大电子信息领域投资。

（3）绿色投入产出比对计算机及通信制造业绿色创新效率在10%的水平下有显著负向影响，说明北京市计算机及通信制造业绿色技术的研发和应用效果不佳，或者企业在绿色生产方面的投入与产出不成比例，导致绿色投入产出比失衡。为了解决这个问题，依据2023年9月5日工业和信息化部以及财政部印发的《电子信息制造业2023—2024年稳增长行动方案的通知》，北京市计算机及通信制造业需要采取一系列措施。首先，计算机及通信制造业企业需要加强绿色技术的研发和应用，提高绿色创新能力和技术水平，加快信息技术领域关键核心技术创新和迭代应用，推动能源电子产业创新发展，实施《关于推动能源电子产业发展的指导意见》，加快太阳能光伏、新型储能产品、重点终端应用、关键信息技术融合创新发展；其次，计算机及通信制造业企业需要优化绿色生产流程和管理体系，提高绿色生产效率和资源利用效率，发挥"链主"企业作用，优化产业链资源配置，培育一批有国际竞争力的先进制造业集群。政府应鼓励产业优化重组，合理开展企业并购重组、海外并购等，推动市场有序竞争。支持优势电子整机制造地区建立重点电子整机及上游供应链企业名单，做好服务保障工作；落实《关于促进制造业有序转移的指导意见》和《制造业转移发展指导目录（2022年本）》，通过举办1+N产业转移对接活动，鼓励计算机及通信制造业企业优先向中西部地区梯次转移；加大对绿色创新的政策支持力度，积极发掘优惠政策，落实《新时期促进集成电路产业和软件产业高质量发展的若干政策》及各项细则，落实集成电路企业增值税加计抵减政策，协调解决计算机及通信制造业企业在享受优惠政策中的问题；着力提升芯片供给能力，积极协调芯片企业与应用企业的对接交流；面向数字经济等发展需求，优化集成电路、新型显示等产业布局并提升高端供给水平，增强材料、设备及零配件等配套能力；落实高新技术企业税收优惠、研发费用加计扣除、股权奖励递延纳税等政策，减轻企业负担，激励企业加大研发投入；用好首台（套）、首批次政策，推动电子装备、电子材料示范应用；引导社会资本加大对计算机、通信和其他电子设备制造业投入，支持符合条件的企业用好在境内外上市融资、发行各类债券等融资工具；推动各地高质量建设区域性股权市场"专精特新"专板，提升多层次资本市场服务专精特新中小企业水平；组织各地开展"一链一策一批"中小微企业融资促进行动，制定精准匹配链上中小微企业融资需求的系统性解决方案。

四、食品制造业

本章第二节分析表明：市场结构、国企利润率对食品制造业绿色创新综合效率在5%的水平下有显著的正向影响，创新经济投入、政府投资转化率、行业开放水平、企业负债、绿色投入产出比对食品制造业绿色创新综合效率在5%的水平下有显著的负向影响，企业亏损率对绿色创新综合效率没有显著影响（没有显著影响不分析）。具体分析及建议如下：

（1）创新经济投入对食品制造业绿色创新效率在5%的水平下有显著负向影响，说明在食品制造中业更多的经济资源未被用于食品研发制造活动，反映了创新经济的活跃程度和创新能力需要提升。2023年3月16日，工业和信息化部等十一部门发布《关于培育传统优势食品产区和地方特色食品产业的指导意见》，建设重点地方特色产业集群专栏，明确强调建设北京清香型白酒、烤鸭产业集群，指出文化创新和生产制造创新的道路：推动食品领域老字号创新发展，促进非物质文化遗产以及历史文化、节庆文化、民俗文化等元素融入地方特色食品品牌，鼓励企业将中华传统饮食制作技艺与现代食品生产技术工艺合理结合；同时，鼓励食品制造业推进绿色低碳和安全发展，提升数字化和智能化水平。

（2）市场结构对食品制造业的绿色创新效率在5%的水平下有显著正向影响。大型食品制造业企业总产值在整个市场中所占的比重越大，说明其垄断力量越强，越容易对绿色创新效率的提高产生有利影响。因此，需要大型食品制造业企业继续充分发挥带头作用，充分利用规模效益，坚持创新理念，提高食品制造业的绿色创新效率。2023年3月16日，工业和信息化部等十一部门发布《关于培育传统优势食品产区和地方特色食品产业的指导意见》，鼓励地方特色食品龙头企业发挥产业链主引擎作用，加强科技创新，大力开展品牌和渠道建设，发挥聚合辐射效应，带动上下游中小企业发展，提高资源配置效率；加大地方特色食品领域专精特新中小企业培育力度，引导各类成长型企业深耕细分市场，加强分工协作，做大做强专业领域产品和品牌，营造大中小企业融通发展的良好产业生态。

（3）政府投资转化率对食品制造业的绿色创新效率有显著负向影响，说明政府对食品行业创新产品投入的研发资金未得到充分利用，政府的研究与试验发展经费对食品制造业的绿色创新效率有积极引导作用。应加大政府研发资金的投入并保证投资得到有效利用，促进食品制造业的绿色创新效率提高。2023年3月16日，工业和信息化部等十一部门发布《关于培育传统优势食品产区和地方特色食品产业的指导意见》，强调充分利用现有资金渠道，支持地方特色食品生产企业工艺技术提升、加工设备改造和数字化转型等；发挥国家产融合作平台作用，引导金融机构为地方特色食品生产企业发展提供助力；鼓励市场化运作的各类基金加大对地方特色食品领域技术创新和薄弱环节攻关的支持力度；稳妥推进农产品增值税进项税额核定扣除试点。

（4）行业开放水平对北京市食品制造业绿色创新效率5%的水平下有显著负向影响。食品制造业创新产品出口收入占比越低，对其绿色创新效率的激励越不显著，因而无法形成提高行业开放水平和绿色创新效率的良性循环。因此为了提高创新产品收入占比，政府应制定一些关于新产品出口的政策，以此限制企业的出口频率。同时，通过加强内部创新、优化产业结构、提升绿色生产意识、强化政策支持等多方面的努力，北京市食品制造业仍有望实现绿色、高效、可持续的发展。例如，可以实行多元化市场策略。虽然行业开放水平的影响不显著，但北京市食品制造业仍应关注国际市场动态，通过多元化市场策略来分散风险。鼓励企业不仅依赖进出口，还要拓展国内市场，通过线上线下结合的方式增加销售渠道。依照2023年3月16日工业和信息化部等十一部门发布《关于培育传统优势食品产区和地方特色食品产业的指导意见》的指示，促进线上线下融合发展，加强与大型电商平台产销对接，深化生产、流通、销售、服务全渠道布局，实现线上线下多元业态深度融合；科学构建地方特色食品消费需求数字预测模型，解析不同地区消费偏好以及未来消费流行趋势，引导产业链上下游合理调配研发、制造及营销资源，更好满足地方特色食品消费需求。

（5）国企利润率对食品制造业绿色创新效率5%的水平下有显著正向影响。北京市食品制造业应充分发挥国有企业的"领头羊"作用，加强国企改革、政策支持、产学研合作、绿色生产转型、国际合作与交流以及发挥行业协会和中介组织作用等多方面的努力，以推动食品制造业的绿色创新发展。在加强国企改革方面，鼓励国有企业进一步深化改革，完善现代企业制度，提高企业活力和市场竞争力。优化国有资产配置，推动国有资本向优势产业和绿色创新领域集中。在推动绿色生产转型方面，国有企业应积极响应国家绿色发展政策，加大环保投入，推动生产过程的绿色化、低碳化，强化环境管理体系建设，确保企业在生产过程中减少对环境的影响。

（6）企业负债对食品制造业的绿色创新效率5%的水平下有显著负向影响。企业高负债率会降低食品制造业绿色技术创新效率，减弱绿色技术创新效率的激励效应。北京市食品制造业应关注融资结构、财务管理、销售渠道、技术创新、国际合作与交流、政策支持与引导以及发挥行业协会和中介组织作用等多方面的因素，以降低企业负债对绿色创新效率的负向影响，促进食品制造业的绿色创新发展。此外，还可以优化融资结构，鼓励企业通过股权融资、债券发行等方式降低债务比例，优化融资结构；引导金融机构增加对食品制造业的信贷支持，特别是对于绿色创新项目的支持。

（7）绿色投入产出比对食品制造业绿色创新效率在5%的水平下有显著负向影响。这可能表明该行业的绿色创新效率较低，或者企业在绿色生产方面的投入与产出不成比例，导致绿色投入产出比失衡。依照2023年3月16日工业和信息化部等十一部门发布的《关于培育传统优势食品产区和地方特色食品产业的指导意见》的指示，北京市食品制造业的发展要同时注重绿色投入和加大绿色投入变现的能力，在绿色研发与技术投入的基础上，挖掘历史文化内涵，完善品牌培育体系，加大宣传推广力度，鼓励传统优势食品产区举办地方特色食品专业性展览会、博览会、交易会等，通过设计大赛、品鉴会等形式推广特色主导产品，提升品牌影响力和美誉度。引导地方特色食品生产企业参加"中国品牌日""非遗购物节""吃货节""网上年货节""全国行""进名店"等活动，加大宣传推介力度。此外，还要支持地方特色食品开拓国际市场。

五、铁路、船舶、航空航天和其他运输设备制造业

本章第二节分析表明：地区开放水平和能源消耗率对铁路及航天制造

业绿色创新综合效率在5%的水平下有显著的正向影响，政府投资转化率与应收账款总计在5%的水平下有显著的负向影响，环境规制对绿色创新综合效率没有显著影响。具体分析及管理建议如下：

（1）地区开放水平在5%的水平下显著，且正向影响北京市铁路及航天制造业绿色创新综合效率。说明政府应该鼓励铁路及航天制造业的产品进出口，这有利于外部资金及高新技术的引入，促进本地制造业绿色创新效率的提高。

政府应鼓励铁路及航天制造业等行业龙头企业提高国际化经营水平，逐步融入全球供应链、产业链、价值链，形成在全球范围内配置要素资源、布局市场网络的能力；贯彻落实国家、省市品牌发展战略，引导企业积极创建自主品牌，支持企业开展品牌培育活动，搭建自主品牌国际化展示平台，提升国际市场认知度；支持企业积极开展境外商标注册认证、专利申请和国际通行体系认证，加大对自主品牌知识产权保护力度；落实鼓励企业开拓国际市场政策，推动企业转型升级，聚焦主业，走"专精特新"国际化道路；推动铁路、船舶、航空航天和其他运输设备制造业企业扩大出口，提升铁路及航天制造业企业进出口占比。

（2）能源消耗率对北京市铁路及航天制造业绿色创新综合效率在5%的水平下有显著的正向影响，说明随着能源的投入，制造业企业有更多的能源进行绿色创新。但过度的能源消耗不是企业绿色创新的本意，提高能源转化率才是企业进一步的发展方向。

北京市铁路及航天制造业可开展清洁生产和废水资源化利用改造，推进新型基础设施能效提升，推动数据中心绿色节能改造，鼓励绿电替代，推广高效制冷技术、先进通风技术、余热利用技术、能耗管理系统等；同时优先利用可再生能源，优先开发当地分散式和分布式可再生能源资源，大力推进分布式可再生电力、热力、燃气等就近利用，结合储能、氢能等新技术，提升可再生能源在区域能源供应中的比重。这对我国改善新能源消费结构的意义非常重大。国家发展改革委、国家能源局等九部门联合印发的《"十四五"可再生能源发展规划》也提到，要促进存储消纳，高比例利用可再生能源，提升可再生能源存储能力，优先促进就地就近消纳，积极推动外送消纳，加强可再生能源电热气多元直接利用，推动可再生能源规模化制氢利用。

（3）政府投资转化率在5%的水平下有显著的负向影响，随着政府投资的增加，企业的绿色创新效率反而下降，说明单纯依靠增加政府投入的研发资金的不足以提高企业的绿色创新水平，企业自身要注重绿色创新研发，着眼长远、立足当下，加大自身的研发投入。研发投入有两个方面，一是科研人才的投入，二是科研项目的投入，二者相辅相成，缺一不可。企业应积极引入和培养科研人才，加大自身的研发投入，不断探索新的技术和解决方案，从而推动企业的可持续发展。政府也应该采取多种措施支持企业的绿色创新发展，在鼓励企业绿色创新方面，税收是比较常用的政策工具，通过税惠政策可以直接或间接降低企业创新成本、缓解研发资金约束。政府可以对企业创新实施阶段性减税政策。此外，良好的税收营商环境也非常重要。政府可进一步深化与银行业金融机构等的合作，不断创新"税融通"贷款产品，优化贷款发放审批流程，引导更多的信贷资金流入实体经济。比如"银税互动"等服务，进一步利用税收大数据等资源支持企业发展。

（4）应收账款总计在5%的水平下有显著的负向影响，当企业应收账款越来越多时，对于铁路及航天制造业企业来说，资金流通成为问题，企业没有多余资金进行绿色创新。此时，企业应促进资金回笼。

企业可以通过加强资金运作来加速资金周转，加强对现金流的监控和管理，确保企业有足够的流动资金，避免资金短缺的情况。企业还可以通过多样化的融资渠道，包括银行贷款、信托融资、企业债券等方式，增加企业的资金来源，保证企业业务发展的持续性。企业还可以加强资金的投资和运营，选择适合企业的投资项目和方式，提高资金的利用效率和回报率。政府可以推出科创债，优先重点支持高新技术和战略性新兴产业领域的企业融资需求；优化融资服务机制，提高融资效率，适度降低债券融资市场门槛，加大对企业直接融资的支持力度，比如，推动更多符合要求的优质企业纳入知名成熟发行人名单，发挥市场化增信作用，鼓励市场机构、政策性机构通过创设信用保护工具为企业债券融资提供增信支持，健全企业融资增信支持体系，等等。

六、电气机械和器材制造业

本章第二节分析表明：环境规制、市场结构、应收账款总计对机械及器材制造业绿色创新综合效率在5%的水平下有显著的正向影响，政府投资转化率、行业开放水平、企业亏损率、国企利润率、绿色投入产出比在5%的水平下有显著的负向影响。具体分析及管理建议如下：

（1）环境规制在5%的水平下显著，且正向影响北京市机械及器材制造业绿色创新综合效率。说明环境规制作为政府保护环境实现绿色发展的重要手段，严格的环境规制政策会促使制造业进行绿色创新活动。机械及器材制造业作为北京市制造业发展的重点行业之一，同时是北京市制造业中高耗能行业，因此也存在较大的节能减排空间。为鼓励北京市机械及器材制造业的绿色发展，可借鉴广东省出台的一些相关政策，促进企业节能、降碳、减排。如使用国家能源管理体系要求作为认证标准，用能单位按照GB/T23331《能源管理体系要求》委托第三方开展能源管理体系认证，首次通过能源管理体系认证的，按实际委托费用的50%给予一次性补，最高10万元；企业自行委托有资质的第三方机构开展碳排放状况核查或温室气体核查并获得《碳排放核查报告》或《温室气体核查声明/证书》的，按实际委托费用的50%给予一次性补贴，最高5万元；企业自行委托有资质的第三方机构开展碳排放状况核查或温室气体核查并获得《碳排放核查报告》或《温室气体核查声明/证书》的，按实际委托费用的50%给予一次性补贴，最高5万元；企业自行委托有资质的第三方机构开展碳减排评估及达峰评估并获得评估报告的，给予一次性补贴 5 万元。对在碳普惠平台签发的项目予以补贴，依据签发的减碳量按 10 元/吨二氧化碳予以项目单位补贴，单个项目补贴最高 10 万元。

同时，应不断提升北京市机械及器材制造业节能服务管理水平，遴选优质节能服务机构，组织节能服务进企业行动，为重点用能企业把脉问诊，深入挖掘节能空间，提供节能低碳绿色发展解决方案。支持重点用能企业在节能诊断的基础上，联合节能服务机构，采取合同能源管理、工程项目总包建设营运等多种方式，实施节能改造项目，符合条件的统筹纳入北京市重点节能项目库予以支持。强化工业能耗在线监测系统在线分析、预警功能，支撑企业优化提升能源消费管理。鼓励重点用能企业建设二级、三级能耗在线监测系统，按系统建设级别分别给予不超过 10 万元、15 万元一次性补助；对于未开展能耗在线监测系统建设，或数据传输持续异常、断线的重点用能企业，不得申请北京市节能和循环经济专项资金和绿色制造项目。通过降低北京市机械及器材制造业的能源消耗总量，能够增加地区生产总值，从而提高环境规制，促进机械及器材制造业绿色创新。

（2）市场结构对北京市机械及器材制造业绿色创新综合效率在 5% 的水平下有显著的正向影响，说明市场对制造业企业进行绿色创新具有促进作用，随着大中型企业数量的增加，企业之间竞争愈演愈烈，促使企业自发地进行绿色创新来占取市场份额，保证自身的优势。2021 年 8 月 18 日，北京市人民政府发布《北京市"十四五"时期高精尖产业发展规划》，以"优品智造"为主攻方向，全面增强装备的自主可控、软硬一体、智能制造、基础配套和服务增值能力，以装备的智能化、高端化带动北京制造业整体转型升级；重点布局北京经济技术开发区和昌平、房山等区，力争到 2025 年智能制造与装备产业实现营业收入 1 万亿元，其中智能装备部分达到 3 000 亿元。因此，北京市政府可以构建多层次集群创新平台，集成和开放创新基础设施和服务资源，推动机械及器材制造业集群与大型企业、高等院校和科研院所建立稳定的创新合作机制，开展主导产业大中小企业融通创新、共性技术产学研协同创新，强化知识产权运用和标准研制。同时鼓励大型企业强化质量品牌建设，发挥龙头企业带头作用，促进大中小企业协同发展，加强优质中小企业梯度培育，支持集群参与先进制造业集群的培育和建设。

（3）应收账款总计对北京市机械及器材制造业绿色创新综合效率在5%的水平下有显著的正向影响，在电气机械与器材制造方面进行绿色创新需要大量的资金，企业是否具有这个能力与资质是主要问题。当应收账款总计增加时，说明企业有资金支持，可以提高企业的收入和利润，更能促进企业进行绿色创新。应收账款的增加意味着企业的销售额增加，客户需支付的货款增加，从而提高了企业的收入和利润水平。这将为企业提供更多的资金用于扩大生产规模、改善生产条件或进行项目投资，从而推动企业的发展和壮大。北京市政府应依托中国人民银行征信中心应收账款融资服务平台，推动政府采购合同线上融资。或者效仿海南省，对符合规定的应收账款融资新增贷款额排名全市前5名的银行机构，市级财政将按照其年度贷款发放额的1‰、单户最高200万元给予奖励；对促成上游中小企业应收账款融资新增贷款额排名前5名的核心企业，按照其实际促成年度贷款额的2‰、单户最高200万元给予奖励。

（4）政府投资转化率在5%的水平下有显著的负向影响，随着政府投资的增加，新产品销售收入反而下降，说明企业在进行绿色创新时生产的新产品不被社会公众所接受。企业要提高自己的创新水平，在绿色环保的基础上研发出吸引社会公众的产品，充分利用政府的投资。北京市可以仿照广东省的政策，对重大技术研发的器材进行奖励，例如，经认定为市内首台（套）重大技术装备产品的，量产后对研制企业进行奖励，原则上按单台（套）售价的50%给予奖励，成套装备奖励最高不超过700万元/套，单台设备奖励最高不超过400万元/台，总成或核心部件奖励最高不超过100万元/台。

（5）行业开放水平在5%的水平下有显著的负向影响，出口的新产品销售收入比在国内获得的收入增长更快时，企业更倾向于将产品出口海外销售，不愿意投入很多时间和金钱去进行产品的绿色创新。因此，政府应制定一些关于新产品出口的政策，鼓励企业不仅依赖进出口，还要拓展国内市场。按照《标杆孵化器培育行动方案（2022—2025年）》，积极利用国内大循环和统一大市场带动更多团队和企业，基于产业数据和平台网络开展创新创业，助推产业链供应链能级跃迁，助力国内大循环和国内国际双循环深入发展。鼓励标杆孵化器充分利用我国场景需求巨大、数据要素丰沛、产业链供应链完备、加工制造能力突出等核心优势，广泛招引海外硬科技创业项目和企业在京集聚发展。在相关区域建设国际创新创业社区和园区，引进国际化服务能力突出的标杆孵化器，加快形成类海外的创新创业环境。

（6）企业亏损率在5%的水平下有显著的负向影响，企业在亏损的情况下，自身经营状况的改善是首要的，因此企业不愿意再投入成本进行绿色创新。在这种情况下，政府应给予企业一定的补贴，让企业利用产出的新产品扭转盈亏。北京市政府可以参照河南省的做法，对当年新增单个订单合同执行额在1 000万元以上的装备制造业企业，按其银行贷款金额的一年期基准利率给予补贴。且政府可给予电价政策补贴，并调整能耗政策，按照"一区一策、分类处理"的原则，分区设置新上项目能耗强度标杆值，合理保障低能耗强度优质项目用能需求。与此同时，北京市电气机械和器材制造业仍需关注机械设备产出产品的盈利能力、产品质量管理、销售渠道拓展、设备研发更新、企业管理水平等多方面因素，以实现可持续发展。例如，通过对机械设备的监管，提升其产品质量，有助于提高消费者对产品认可，从而增加销售额。政府可以通过加强市场推广，来促进企业的绿色创新产品的研发和销售。

（7）国企利润率在5%的水平下有显著的负向影响，国有控股的电气机械和器材制造业利润持续增长时，企业已经获取高额利润，管理者不再愿意冒风险进行绿色创新，更倾向于维持现状。政府可以出台相关政策和法规鼓励国有企业加大研发投入、加强技术创新和人才培养等；加强对国有企业的监管力度，建立健全的监督体系，确保国有企业履行其社会责任和创新义务；将国有企业创新能力作为考核指标之一，激励企业积极开展创新活动；通过引入市场竞争机制，打破国企在某些领域的垄断地位，促使国有企业提高效率和竞争力；发挥社会监督的作用，促进国有企业与非国有企业在技术创新的公平竞争环境。

（8）绿色投入产出比在5%的水平下有显著的负向影响，企业投入资金但工业总产值下降，说明企业绿色创新的技术水平不足，政府应支持企业创新平台建设，对国家级制造业创新中心、市级、区级企业技术中心给予一次性研发经费补助。政府还可以定期发布新技术产业化应用指导目录，对列入目录的重大技术创新成果在区内实现转化应用的项目，按实际完成投资额的一定比例给予一次性补助，单个项目补助设置上限。政府可支持首台套、首批次产品推广，对认定为北京市技术装备首台（套）、关键零部件首批（次）、新材料首批（次）产品，按照保费的一定比例给予补偿。

七、仪器仪表制造业

本章第二节分析表明：环境规制、应收账款总计、地区开放水平对仪器仪表制造业绿色创新综合效率在5%的水平下有显著的正向影响，绿色投入产出比在5%的水平下有显著的负向影响，企业负债率对绿色创新综合效率没有显著影响。具体分析及管理建议如下：

（1）环境规制在5%的水平下显著，且正向影响北京市仪器仪表制造业绿色创新综合效率。说明环境规制是政府保护环境实现绿色发展的重要手段，政府应发布相关政策，促进环境规制的实施。

本书通过对比北京市与广东省的相关政策发现，广东省采取产品研发事后奖励和加大信贷支持力度的方法鼓励制造业成果转化。比如广东省推动银行保险机构主动融入深圳制造业相关发展战略，加大制造业贷款投放力度；不断优化信贷结构，重点推动制造业中长期、信用贷款、首贷投放；持续优化内部定价机制，积极向制造业企业合理让利，降低企业综合融资成本；在优化调查和审批流程方面，要求银行业金融机构逐步完善制造业企业授信体系，结合重点制造业企业特征，制定针对性的信用评价模型和风险防控体系。而北京市采取的是单一的资金奖励方法，因此北京市可以丰富补贴形式，运用贷款贴息、担保降费补助、贷款风险补偿等政策，引导金融机构加大投入；为符合条件的中小企业提供融资增信支持，对中小企业获得银行等金融机构新增贷款（展期视同新增）的，按实际支付利息的30%给予贴息支持，贴息期限不超过3个月，每家企业不超过5万元；降低仪器仪表制造业的产出成本，增加地区生产总值，从而提高环境规制，促进仪器仪表制造业绿色创新。

（2）应收账款总计对北京市仪器仪表制造业绿色创新综合效率在5%的水平下有显著的正向影响，在仪器仪表制造方面进行绿色创新需要大量的资金，企业是否具有这个能力与资质是主要问题。当应收账款总计增加时，说明企业有资金支持，更能促进企业进行绿色创新。

北京市可以鼓励成立本地先进制造业重点项目金融信贷工作专班，协调金融机构加强融资支持，优化审批流程，便利企业融资，降低企业融资成本，鼓励制造业企业充分用好国家政策性银行优惠政策。此外海淀区开展知识产权质押融资，对企业以知识产权质押方式向银行成功贷款，并还款完毕的企业，按照其融资成本的50%进行补贴，最高补贴100万元。此项政策可以推广到各区使用，提高融资力度。

（3）地区开放水平对北京市仪器仪表制造业绿色创新综合效率在5%的水平下有显著的正向影响，说明政府应该鼓励仪器仪表制造业的产品进出口，这有利于外部资金及高新技术的引入，促进本地制造业绿色创新效率的提高。

本书通过对广东省的政策梳理发现，广东省政府对珠江西岸在2014年及以后引进或新建的具有国内自主知识产权、国际先进核心关键技术的先进装备制造业项目（与珠江西岸有关合作方签订有投资合同），省财政按不高于同期银行贷款基准利率予以贴息支持，予以贴息的借款总额不超过项目完工形成的固定资产总额的70%（予以贴息的借款指银行机构、非银行金融机构、政府融资平台借款等，固定资产指厂房和设备等基础设施）；为发挥财政贴息放大作用，明确贴息资金实行先付后贴的原则，按标准核算贴息额。同时，对开展飞机及航空专用设备租赁业务的公司，在租赁期限的前三年内，每年按照不高于合同租金总额的2.5%给予奖励，不设上限；对开展船舶、海工设备等业务的，按照当年实际交易租赁合同金额或者租赁资产购买合同金额的1%给予奖励，不设上限。类似地，北京市政府可以对引进或新建的具有国内自主知识产权、国际先进核心关键技术的先进仪器仪表制造业项目予以贴息支持，予以贴息的借款总额不超过项目完工形成的固定资产总额的70%；对于用于国内外运输的飞机、船舶等设备公司每年按照不高于合同租金总额的2.5%给予奖励。

（4）绿色投入产出比在10%的水平下有显著的负向影响，企业投入资金但工业总产值下降，说明企业绿色创新的技术水平低下，需要更先进的方法促进企业的技术提升。

本书通过对河南省和广东省政策的梳理发现，河南省支持智能装备企业（机器人、数控机床、增材制造等）集群发展，经市有关部门认定入库的规模以上企业，以上年为基数，主营业务收入5 000万元以上，每增长1个百分点，奖励5万元，单个企业每年最高不超过300万元。广东省经认定为省内首台（套）重大技术装备产品的，量产后对研制企业进行奖励，原则上按单台（套）售价的50%给予奖励，成套装备奖励最高不超过700万元/套，单台设备奖励最高不超过400万元/台，总成或核心部件奖励最高不超过100万元/台；同时对先进装备保费进行补贴，采取以奖代补方式，支持先进仪器仪表制造业企业首次购买具有自主知识产权的重大成套设备、通用和专用设备及核心部件等先进装备，按首次购买先进装备实际财产类保费支出总额的80%予以奖补，奖补总额最多不超过1 000万元。类似地，北京市政府应该推动集群内部协同创新，探索发展"产业园区+创新孵化器+产业基金+产业联盟"模式，充分利用产业集群产生专业知识、生产技能、市场信息等方面的累积效应，同时企业相互学习，不仅降低了成本，而且能够凝聚力量促进更多的创新产出；另一方面，企业存在相互竞争，倒逼企业保持创新动力，提高创新水平，推动行业的创新发展。

第五节　北京市七大先进制造业绿色创新效率影响因素及启示

基于Tobit模型，本书选取通过超效率SBM-DEA模型评测出的北京市各先进制造业2013—2022年绿色创新综合效率作为被解释变量，选取环境规制、地区开放水平、企业负债率、绿色投入产出比、应收账款总计等影响因素作为解释变量，对北京市医药制造业、汽车制造业、铁路及航天制造业、计算机及通信制造业、食品制造业、机械及器材制造业以及仪器仪表制造业七大先进制造业的影响因素进行了分析，分别找出对七大制造业影响最大的因素，分析其促进或抑制北京市先进制造业绿色创新的原因，并基于研究结论为七大制造业依次提出针对性政策建议，探索北京市先进制造业绿色创新发展的提升路径。研究发现：

（1）行业开放水平正向影响医药制造业、汽车制造业，而对食品制造业、机械及器材制造业有负影响；

（2）政府投资正向影响汽车制造业，却反向作用于食品制造业、铁路及航天制造业、机械及器材制造业；

（3）对于机械及器材制造业、仪器仪表制造业，环境规制的实施有利于绿色创新；

（4）外商投资有利于提高医药制造业的绿色创新；

（5）国企利润率高，汽车制造业、食品制造业会提高绿色效率，而机械及器材制造业反而会降低绿色效率；

（6）计算机及通信制造业绿色创新综合效率与能源消耗率、资产流动率呈正相关。

对于各个先进制造业，具体建议与管理启示如下。

一、医药制造业

医药制造业绿色创新综合效率与行业开放水平、外商投资水平呈正相关，与地区开放水平呈负相关。

北京市可以实施生物经济重点工程，发挥生物医药新材料产业引导基金作用，加强重点企业引育，推进生物高技术产业基地建设，争创国家级生物经济先导区，同时加大对民营、中小微企业进出口信贷投放，降低企业融资成本，进一步发挥民营企业稳定北京外贸基本盘的重要作用；开展生物医药领域研发用物品进口试点工作，建立本市生物医药企业，进一步激发生物医药产业创新活力，促进生物医药领域研发能力持续提升。

二、汽车制造业

汽车制造业绿色创新综合效率与市场结构、政府支持、政府投资转化率、国企利润率、行业开放水平呈正相关，与资产流动率呈负相关。

北京市需要鼓励小型汽车企业关注热点，发展新能源汽车，促进消费，以增加收入跻身大中型汽车制造业行列；综合运用信贷、债券、保险等各类金融工具提高大中型汽车制造企业的生产力，促进大中型汽车企业的发展；针对汽车制造业的发展应定期召开问题分析会、针对行业发展热点关键点开展专题调研,及时充分地掌握汽车行业发展情况和汽车企业痛点、难点、堵点;在企业坚强创新力度的基础上,政府应重点有针对性地加大研究与实验发展经费的投入,以实现政府投资转化率的提升;积极研究出口地区相关政策与法规,促使企业产品符合标准,在新产品销售收入增加的基础上提高新产品出口力度。

三、计算机及通信制造业

计算机及通信制造业绿色创新综合效率与能源消耗率、资产流动率呈正相关,与绿色投入产出比呈负相关。

北京市应鼓励建设计算机、通信和其他电子设备制造业绿色工厂,推进产业资源利用循环化,大力开发推广具备能源高效利用、污染减量化、废弃物资源化利用和无害化处理等功能的工艺技术和设备;企业需要加强绿色技术的研发和应用,提高绿色创新能力和技术水平,加快信息技术领域关键核心技术创新和迭代应用,推动能源电子产业创新发展,加快产业转型升级向高质量发展迈进;鼓励企业开展逆周期投资,增强产业竞争力;坚持扩大开放、合作共赢,持续优化外资营商环境,鼓励外资企业在我国扩大电子信息领域投资。

四、食品制造业

食品制造业绿色创新综合效率与市场结构、国企利润率正相关,与创新经济投入、政府投资转化率、行业开放水平、企业负债、绿色投入产出比负相关。

食品制造业应该建设地方重点地方特色产业集群专栏,推动食品领域老字号创新发展,鼓励企业将中华传统饮食制作技艺与现代食品生产技术工艺有机结合,推进食品制造业向绿色、低碳和安全发展,提升其数字化和智能化水平；鼓励地方特色食品龙头企业发挥产业链主引擎作用；发挥国家产融合作平台作用，引导金融机构为地方特色食品生产企业发展提供助力；优化国有资产配置，推动国有资本向优势产业和绿色创新领域集中；优化融资结构，鼓励企业通过股权融资、债券发行等方式降低债务比例，优化融资结构；支持地方特色食品开拓国际市场。

五、铁路及航天制造业

铁路及航天制造业绿色创新综合效率与地区开放水平和能源消耗率呈正相关，与政府投资转化率与应收账款总计呈负相关。

政府应鼓励行业龙头企业提高国际化经营水平，引导企业积极创建自主品牌，支持企业开展品牌培育活动，搭建自主品牌国际化展示平台，提升国际市场认知度；鼓励优先利用可再生能源，优先开发当地分散式和分布式可再生能源资源，大力推进分布式可再生电力、热力、燃气等就近利用，结合储能、氢能等新技术，提升可再生能源在区域能源供应中的比重；通过税惠政策直接或间接降低企业创新成本、缓解研发资金约束，优化融资服务机制，提高融资效率，适度降低债券融资市场门槛，加大对企业直接融资的支持力度。

六、机械及器材制造业

电气机械及器材制造业绿色创新综合效率与环境规制、市场结构、应收账款总计呈正相关，与政府投资转化率、行业开放水平、企业亏损率、国企利润率、绿色投入产出比呈负相关。

政府应该利用严格的环境规制政策，提供节能低碳绿色发展解决方案，促进企业节能、降碳、减排；构建多层次集群创新平台，集成和开放创新基础设施和服务资源，推动电气机械和器材制造业集群与大型企业、高等院校和科研院所建立稳定的创新合作机制，开展主导产业大中小企业融通创新、共性技术产学研协同创新，强化知识产权运用和标准研制。企业要提高自己的创新水平，在绿色环保的基础上研发出吸引社会公众的产品，充分利用政府的投资。

七、仪器仪表制造业

仪器仪表制造业绿色创新综合效率与环境规制、应收账款总计、地区开放水平呈正相关，与绿色投入产出比呈负相关。

北京市可以运用贷款贴息、担保降费补助、贷款风险补偿等政策，引导金融机构加大投入；鼓励成立本地先进制造业重点项目金融信贷工作专班，协调金融机构加强融资支持，优化审批流程，便利企业融资；推动集群内部协同创新，探索发展"产业园区+创新孵化器+产业基金+产业联盟"模式，推动行业的创新发展。

第七章 北京市先进制造业绿色创新演化策略研究

在非首都功能转移及"双碳"目标的大背景下，北京市以绿色创新为发展核心，积极提升先进制造业的竞争力。然而先进制造业的绿色创新是一个由各级政府、社会公众与企业共同组成的绿色创新系统，应该通过系统内部的有效协同发展实现绿色创新的整体功能，提高行业的绿色创新效率。由此，本书建立由企业、政府和公众共同组成的三方演化博弈模型，在政府补贴和公众绿色偏好的双重约束下，分析北京市先进制造业绿色创新策略的演变过程及提升因素。根据最终的演化稳定结果可以发现：政府的研发补贴和税收优惠并非始终能促进企业选择绿色创新策略；随着时间推移，当企业的新产品销售收入大于其经费支出与交税金额之和时，公众的绿色偏好对企业影响更加显著，此时即使政府不再提供补贴，企业也将积极开展绿色创新。

第一节 北京市先进制造业绿色创新的三方演化博弈

先进制造业的绿色创新不仅可以推动制造业的发展，还可以采取先进的手段达成国家降碳减排的目标。北京先进制造业的创新研发需要投入大量的资源与资金，政府的补贴可以为企业承担部分的研发风险，从而促进企业的绿色创新。通过对北京市近些年的政策进行梳理，可以发现北京市政府着力于通过研发补贴和税收优惠的方式对企业的绿色创新过程予以支持。例如，北京市科学技术委员会发布的《标杆孵化器培育行动方案（2022—2025年)》指出市区两级要综合运用资金补贴、股权投资、空间委托运营等方式，支持标杆孵化器建设，积极促进符合条件的标杆孵化器享受税收减免政策，鼓励其为在孵企业申报科技型中小企业评价入库和国家高新技术企业认定。另外，北京先进制造业的绿色创新是多方参与的，博弈参与方的行为和策略选择随着时间的推移相互影响与演化，最终形成一种稳定的动态平衡。演化博弈理论认为参与者是有限理性的，可以被看作设计和评估各种利益相互关联的行动者联盟的辅助工具。因此，本书基于演化博弈构建一个企业、政府、公众组成的三方演化绿色创新系统，分析"双碳"目标下促进企业绿色创新行为的因素。

一、模型基本假设和参数设定

在构建一个由企业、政府、公众组成的三方演化绿色创新系统时，所有博弈主体均是有限理性的且博弈主体之间存在信息不对称，博弈者可以选择维持现状，也可以选择通过一些方式促进企业绿色创新。企业绿色创新行为的主要影响者为企业、公众和政府。其中，企业（主体1）的策略集合为$S_1 = \{$进行绿色创新，不进行绿色创新$\}$，政府（主体2）的策略集合为$S_2 = \{$补贴，不补贴$\}$，公众（主体3）的策略集合为$S_3 = \{$购买绿色产品，购买一般产品$\}$]。企业选择进行绿色创新的概率为x，不进行绿色创新的概率为$1-x$；政府选择补贴的概率为y，选择不补贴的概率为$1-y$；社会公众选择购买绿色产品的概率为z，反之购买一般产品的概率为$1-z$。x、y、z均为时间t的函数且满足约束条件$0 \leq x, y, z \leq 1$。

政府在出台相关支持政策之前可获得的转移支付和社会收益为R_2，企业、公众在选择绿色创新前的初始收益分别为R_1、R_3。在政府政策支持的情况下，企业单个绿色创新产品的销售价格为 P，绿色创新产品的年产量为 A，企业总绿色创新产品的销售收入为 AP。随着绿色环保、节能降碳重要性的普及，越来越多的人环保意识增强，产生了绿色偏好，更加喜欢购买可以回收利用、环保节能的产品。当公众具有绿色偏好选择"购买绿色产品"时，自身会节约购买成本，相当于获得额外收益 k，企业通过消费者的绿色偏好获得忠实的用户，从而获得经济效益 Δ。另外，政府综合采取"研发补贴"与"税收优惠"两种绿色创新激励政策，在建模过程中主要假设如下：

假设 1：研发补贴通过激励自主研发促进绿色技术进步[46]，由于绿色创新产品的研发有一定的风险和难度，为了激励企业进行绿色创新，政府对新产品研发给予一定的研发补贴比例 β（$0<\beta<1$），若令企业 R&D 经费内部支出为 C_1，则政府的研发补贴为 βC_1。

假设 2：税收优惠也是政府补贴企业绿色创新的一种方式，税收优惠是指政府对进行绿色创新的先进制造业采取免税、减税或税额抵免等优惠政策，减轻企业的税收压力，促使企业将更多的资金投入绿色创新中[47]。设企业每年上交的税收金额为 C_2，当企业实行绿色创新时，政府给予企业税收优惠 α（$0<\alpha<1$），即减少部分的税收；当企业不实行绿色创新时，政府正常收税，不给予企业税收优惠。

综上，当企业选择研发绿色创新产品时，在政策两种研发补贴下企业的总经费支出实际为 $(1-\beta)C_1+(1-\alpha)C_2$，此时政府产生的总成本为 $\beta C_1+\alpha C_2$。

二、企业绿色创新行为相关者收益矩阵

根据以上模型分析，本书构建了企业、公众、政府之间的博弈收益矩阵，如表 7-1、表 7-2 所示。以表 7-1 中社会公众选择"购买绿色产品"、企业选择"进行绿色创新"且政府选择"补贴"时为例，三方都倾向于

促进企业选择绿色创新,提高其绿色创新水平,此时企业的收益为 $R_1+AP-(1-\beta)C_1-(1-\alpha)C_2+\Delta$,即在初始收益 R_1 的基础上,通过研发并出售绿色产品获取销售收入 AP,减去企业实际进行绿色创新的经费支出 $(1-\beta)C_1$(政府补贴 β 比例),再减去企业需要上交的税金 $(1-\alpha)C_2$(政府给予 α 比例的税收优惠),最后加上企业通过消费者的绿色偏好获得忠实用户,而获得的经济效益 Δ;政府的收益为 $R_2+(1-\alpha)C_2-\beta C_1$,即初始收益 R_2,加上收取税收优惠政策后的企业税收 $(1-\alpha)C_2$,减去给予企业的研发补贴 $(1-\beta)C_1$;公众的收益为 R_3+k,即初始收益 R_3,加上购买绿色产品获取的额外收益 k。

表 7-1 公众"购买绿色产品"时的三方演化博弈收益矩阵

企业	政府	
	补贴 (y)	不补贴 ($1-y$)
进行绿色创新 (x)	$R_1 + AP - (1-\beta)C_1 - (1-\alpha)C_2 + \Delta$	$R_1 + AP - C_1 - C_2 + \Delta$
	$R_2 + (1-\alpha)C_2 - \beta C_1$	$R_2 + C_2$
	$R_3 + k$	$R_3 + k$
不进行绿色创新 ($1-x$)	$R_1 + \beta C_1$	R_1
	$R_2 - \beta C_1$	R_2
	R_3	R_3

表 7-2 公众"购买一般产品"时的三方演化博弈收益矩阵

企业	政府	
	补贴 (y)	不补贴 ($1-y$)
进行绿色创新 (x)	$R_1 + AP - (1-\beta)C_1 - (1-\alpha)C_2$	$R_1 + AP - C_1 - C_2 + \Delta$
	$R_2 + (1-\alpha)C_2 - \beta C_1$	$R_2 + C_2$
	R_3	$R_3 + k$
不进行绿色创新 ($1-x$)	$R_1 + \beta C_1$	R_1
	$R_2 - \beta C_1$	R_2
	R_3	R_3

第二节　企业、政府、公众三方演化的稳定分析

根据表 7-1 和表 7-2，企业在博弈时选择"进行绿色创新"策略期望收益记作 E_{Ux}，选择"不进行绿色创新"策略期望收益记作 E_{U1-x}，选择"进行绿色创新"和"不进行绿色创新"策略平均期望收益记作 $\overline{E_{Uq}}$，根据模型假设计算公式如下：

$$E_{Ux} = yz[R_1 + AP - (1-\beta)C_1 - (1-\alpha)C_2 + \Delta] + (1-y)z$$
$$(R_1 + AP - C_1 - C_2 + \Delta) + y(1-z)[R_1 + AP - (1-\beta)C_1 - (1-\alpha)C_2]$$
$$+ (1-y)(1-z)(R_1 + AP - C_1 - C_2)$$

$$E_{U1-x} = yz(R_1 + \beta C_1) + (1-y)zR_1 + y(1-z)$$
$$(R_1 + \beta C_1) + (1-y)(1-z)R_1$$

$$\overline{E_{Uq}} = xE_{Ux} + (1-x)E_{U1-x}$$

政府选择"补贴"策略期望收益记作 E_{Uy}，选择"不补贴"策略期望收益记作 E_{U1-y}，选择"补贴"和"不补贴"策略平均期望收益记作 $\overline{E_{Uf}}$，根据模型假设计算公式如下：

$$E_{Uy} = xz[R_2 + (1-\alpha)C_2 - \beta C_1] + (1-x)z(R_2 - \beta C_1)$$
$$+ x(1-z)[R_2 + (1-\alpha)C_2 - \beta C_1] + (1-x)(1-z)(R_2 - \beta C_1)$$

$$E_{U1-y} = xz(R_2 + C_2) + (1-x)zR_2 + x(1-z)$$
$$(R_2 + C_2) + (1-x)(1-z)R_2$$

$$\overline{E_{Uf}} = yE_{Uy} + (1-y)E_{U1-y}$$

公众选择"购买绿色产品"策略期望收益记作 E_{Uz}，选择"购买一般产品"策略期望收益记作 E_{U1-z}，选择"购买绿色产品"和"购买一般产品"策略平均期望收益记作 $\overline{E_{Ug}}$，根据模型假设计算公式如下：

$$E_{Uz} = xy(R_3 + k) + (1-x)yR_3 + x(1-y)(R_3 + k) + (1-x)(1-y)R_3$$

$$E_{U1-z} = xyR_3 + (1-x)yR_3 + x(1-y)R_3 + (1-x)(1-y)R_3$$

$$\overline{E_{Ug}} = zE_{Uz} + (1-z)E_{U1-z}$$

通过以上分析，得到企业的复制动态方程为：

$$F(x) = \frac{dx}{dt} = x(E_{Ux} - \overline{E_{Uq}})$$

$$= x(1-x)(y\alpha C_2 + z\Delta + AP - C_1 - C_2)$$

政府的复制动态方程为：

$$F(y) = \frac{dy}{dt} = y(E_{Uy} - \overline{E_{Uf}}) = y(1-y)(-x\alpha C_2 - \beta C_1)$$

公众的复制动态方程为：

$$F(z) = \frac{dz}{dt} = z(E_{Uz} - \overline{E_{Ug}}) = z(1-z)xk$$

根据 Friedman 提出的方法，微分方程系统地演化稳定策略（ESS）可由该系统的雅可比矩阵（记为 J）的局部稳定性确定，因此由上式得到的雅克比矩阵为：

$$J = \begin{bmatrix} (1-2x)(y\alpha C_2+z\Delta+AP-C_1-C_2) & x(1-x)\alpha C_2 & x(1-x)\Delta \\ -y(1-y)\alpha C_2 & (1-2y)(-x\alpha C_2-\beta C_1) & 0 \\ z(1-z)k & 0 & (1-2z)xk \end{bmatrix}$$

当复制动态方程解等于 0 时，演化博弈策略处于稳定状态。令上述复制动态方程中的 $F(x) = F(y) = F(z) = 0$，可以得到局部均衡点，以下均衡点分别代表企业、政府、公众的策略。1 代表"进行绿色创新""补贴""购买绿色产品"，0 代表"不进行绿色创新""不补贴""购买一般产品"的策略，得到 9 个均衡点：$E_1(0, 0, 0)$，$E_2(0, 0, 1)$，$E_3(0, 1, 0)$，$E_4(0, 1, 1)$，$E_5(1, 0, 0)$，$E_6(1, 0, 1)$，$E_7(1, 1, 0)$，$E_8(1, 1, 1)$，$E_9(x^*, y^*, z^*)$。利用李雅普诺夫法来判断均衡点的稳定性：雅可比矩阵的所有特征值均为负值时，均衡点为渐进稳定点，雅可比矩阵的特征值至少有一个为正值时，均衡点为不稳定点。当 $F(x) = 0$ 且

$F'(x)<0$ 或 $F(y)=0$ 且 $F'(y)<0$ 或 $F(z)=0$ 且 $F'(z)<0$ 时，局部均衡点为演化稳定点，在非对称博弈中，若演化博弈均衡 E 是演化稳定均衡，则 E 一定是严格纳什均衡，而严格纳什均衡是纯策略均衡，即在非对称博弈中，混合策略均衡一定不是演化稳定均衡，因此我们只需讨论纯策略均衡的渐近稳定性。由于 E 是一种混合策略纳什均衡，所以 E_9 不是 ESS，后文不再讨论 E_9 点的渐近稳定性，下面分析其他 8 个平衡点（如表 7-3 所示）。

表 7-3 均衡点的特征值

均衡点	特征值 λ_1	特征值 λ_2	特征值 λ_3
$E_1(0,0,0)$	$AP-C_1-C_2$	$-\beta C_1$	0
$E_2(0,0,1)$	$\Delta+AP-C_1-C_2$	$-\beta C_1$	0
$E_3(0,1,0)$	$\alpha C_2+AP-C_1-C_2$	$-\beta C_1$	0
$E_4(0,1,1)$	$\alpha C_2+\Delta+AP-C_1-C_2$	$-\beta C_1$	0
$E_5(1,0,0)$	$-(AP-C_1-C_2)$	$-\alpha C_2-\beta C_1$	k
$E_6(1,0,1)$	$-(\Delta+AP-C_1-C_2)$	$-\alpha C_2-\beta C_1$	$-k$
$E_7(1,1,0)$	$-(\alpha C_2+AP-C_1-C_2)$	$\alpha C_2+\beta C_1$	k
$E_8(1,1,1)$	$-(\alpha C_2+\Delta+AP-C_1-C_2)$	$\alpha C_2+\beta C_1$	$-k$

首先，分析均衡点 $E_1(0,0,0)$ 的情况，此时雅可比矩阵为：

$$J=\begin{bmatrix} AP-C_1-C_2 & 0 & 0 \\ 0 & -\beta C_1 & 0 \\ 0 & 0 & 0 \end{bmatrix}$$

可以看出，此时雅可比矩阵的特征值 $\lambda_1=AP-C_1-C_2$，$\lambda_2=-\beta C_1$，$\lambda_3=0$。以此类推，将 7 个均衡点分别代入雅可比矩阵中，可以分别得到均衡点所对应的雅可比矩阵的特征值如表 7-3 所示。通过对特征值的大小进行分析，得出 8 个均衡点的稳定性受到政府给企业的税收补贴 α 和政府对新产品开发项目的补贴力度 β 的影响。

当 $AP>C_1+C_2$，即企业绿色创新产品的销售收入大于企业 R&D 经费内部支出和企业每年上交的税收金额之和，企业研发新产品可以收获一定的利润时，均衡点如表7-4所示。企业进行绿色创新的根本目的是盈利，若企业经过一系列的研发、投入大量的资金、人力、物力进行绿色创新，产出的绿色产品的销售收入还不足以抵消研发的经费支出和交给政府的税收，那么企业就不愿意进行绿色创新，也不可能达到三方演化的稳定点。

表7-4 均衡点局部稳定性

均衡点	λ_1	λ_2	λ_3	稳定性
$E_1(0, 0, 0)$	+	−	0	不稳定点
$E_2(0, 0, 1)$	+	−	0	不稳定点
$E_3(0, 1, 0)$	+	+	0	不稳定点
$E_4(0, 1, 1)$	+	+	0	不稳定点
$E_5(1, 0, 0)$	−	−	+	不稳定点
$E_6(1, 0, 1)$	−	−	−	ESS
$E_7(1, 1, 0)$	−	+	+	不稳定点
$E_8(1, 1, 1)$	−	+	−	不稳定点

通过对均衡点进行分析可知，系统仅有一个渐进稳定点 $E_6(1, 0, 1)$，对应策略为（进行绿色创新，不补贴，购买绿色产品）。这表明当企业绿色创新产品的销售收入大于企业 R&D 经费内部支出和企业每年上交的税收金额之和，企业研发新产品可以收获一定的利润时，政府对企业绿色创新行为的"补贴"作用随着时间的演进逐渐减弱，最终仅通过社会公众对绿色产品的偏好，利用市场的作用就能促进企业进行绿色转型。这是因为企业进行绿色创新的目的不仅仅是自身的社会责任感，更多的是盈利。当企业的绿色创新产品受到社会公众的认可，可以为企业带来利润时，即便政府不再给予其研发补贴和税收优惠，在利益的驱使下企业也会自发地进行绿色创新。而这种发展模式正是目前财政资金紧张的政府亟须

的，想要形成这种发展模式，政府不仅需要在企业研发初期给予一定的支持，帮助企业做出绿色创新的选择，企业也需要寻找或者研发一种新的技术，在降低研发成本的同时，确保生产的绿色产品在投入市场时可以得到社会公众的喜爱。因此，政府可以将更多精力放在对社会公众的管理上，培养社会公众的绿色偏好，以合理的手段促进社会公众对绿色产品的选择。既减轻政府的财政压力，同时促进企业进行绿色创新。

第三节 数值仿真分析

为验证演化稳定性分析的有效性，本书利用 Matlab2023a 进行数值仿真，初始参数数值的设定如表 7-5 所示，各参数的取值均在合理范围内。根据李柏洲等[47]设定政府补贴力度 $\beta \in (0, 0.5]$，税收优惠参照柳雅君[48]设定的所得税费用除以息税前利润，同时当博弈主体均选择不促进绿色创新时可获得的基本收益为 $R_i (i = 1, 2, 3)$，企业进行绿色创新时所需成本 C_1，通过销售绿色产品可获得的收益 AP，公众购买绿色产品获得的额外收益 k，企业获得的经济效益 Δ 均参照徐乐等[49]的设定。参数的初始值设置满足 $AP > C_1 + C_2$，即企业进行绿色创新开发新产品时获得的利润大于企业原来的收益。

表 7-5 参数设定

参数	β	α	C_1	C_2	AP	k	Δ	R_1	R_2	R_3
赋值	0.5	0.3	9	3	20	0.9	1	10	10	2

下面分析博弈三方初始意愿、政府税收优惠、政府对新产品开发项目的补贴力度、单个新产品开发经费对演化博弈过程和结果的影响。

一、初始意愿对演化过程的影响

如图 7-1 所示，参与意愿 x、y、z 同时变化的演化结果是在其他参数不变的情况下，企业、政府和公众的初始意愿变化对演化结果影响的仿真，政府的税收优惠 $\alpha = 0.3$，政府对新产品开发项目的补贴力度 $\beta = 0.5$。假设企业、政府和公众的初始意愿相同，即 $x = y = z$。通过假设三方初始意愿在（0.4，0.6）之间，最终平衡点均趋向于（1，0，1），说明企业、政府、公众初始意愿的高低对于其最终策略的选择影响不大，最终三方都会趋于选择（进行绿色创新，不补贴，购买绿色产品）策略。这是因为企业在进行绿色创新时可以获得利益，社会公众购买绿色创新产品也会收获一定的利益，这促使企业与公众之间形成一个良性的循环，激励各方向绿色创新行为迈进，而在这种条件下，政府给予补贴与否的作用不大，那么政府为了节省自身的财政支出，势必选择不补贴。在这种各方选择结果都很明确的情况下，企业、政府、公众的初始意愿高低并不会影响其最终的选择结果。因此，想要培养公众的绿色偏好，促进企业与公众之间的良性循环比培养三方的初始意愿更加重要。

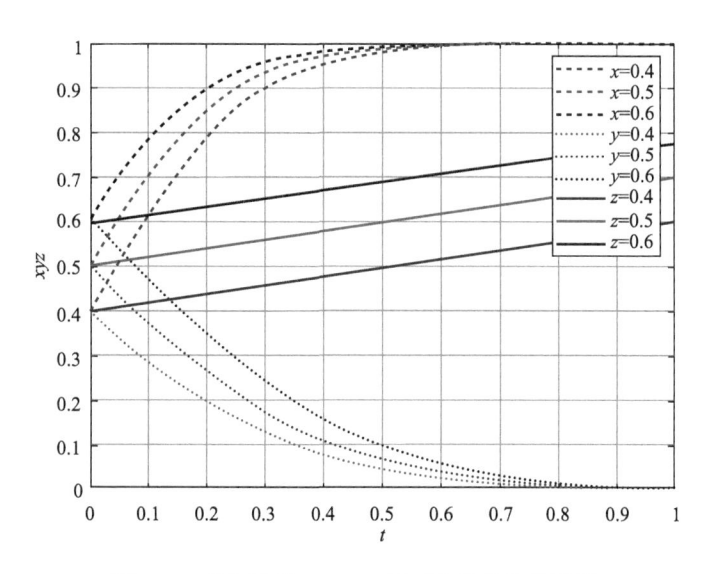

图 7-1　参与意愿 x、y、z 同时变化的演化结果

二、政府税收优惠对演化过程的影响

图 7-2 是在其他参数不变的情况下，政府的税收优惠 α 对演化结果影响的仿真，取 $\alpha=100$，$\alpha=200$，$\alpha=300$。演化结果表明，当企业进行绿色创新开发新产品时获得的利润大于企业原来的收益时，政府给绿色创新企业的税收优惠会促使企业趋向于选择绿色创新，但此时政府的税收优惠额度已经不再是企业是否选择绿色创新的决定性因素，即便政府不再给予企业税收优惠，企业也愿意进行绿色创新。

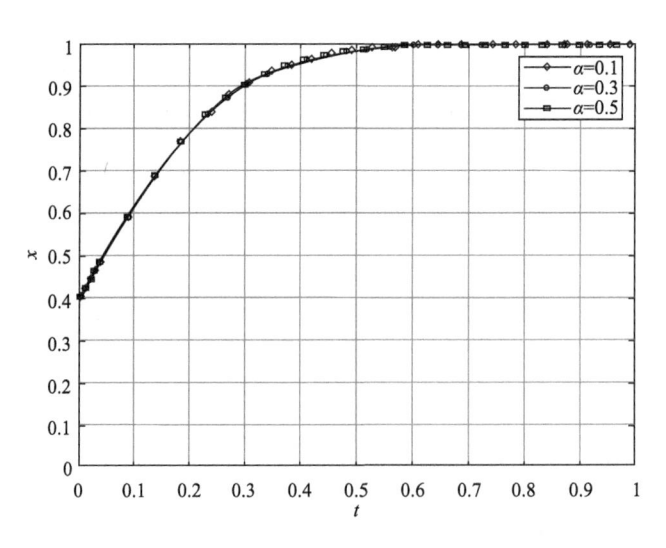

图 7-2 政府的税收优惠 α 的演化结果

三、政府对新产品开发项目的补贴力度对演化过程的影响

图 7-3 是在其他参数不变的情况下，政府对新产品开发项目的补贴力度 β 对演化结果影响的仿真，取 $\beta=0.1$，$\beta=0.3$，$\beta=0.5$。演化结果表明，在这种情况下，无论政府对企业的研发补贴力度如何，企业均趋向于

进行绿色创新，说明此时政府对企业绿色创新的影响力度很低，也验证了政府最终的策略选择趋向于"不补贴"。

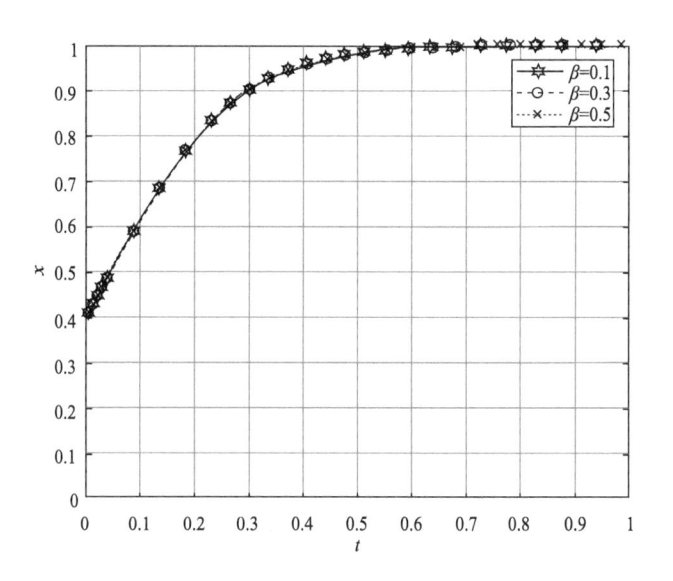

图 7-3 政府对新产品补贴力度 β 的演化结果

四、新产品的销售收益对演化过程的影响

如图 7-4 所示，在其他参数不变的情况下，新产品的销售收益 AP 对演化结果影响的仿真，分别取 $AP=10$，15，20。当 $AP=10$ 时，企业决策的演化趋向于 0，表明若企业进行绿色创新，但新产品的销售收入并不可观，企业所获得的收益就远不能弥补支出，企业不愿意进行绿色创新；当 $AP=15$ 时，企业决策的演化趋向于 1，表明此时企业进行绿色创新即开发新产品的收益高于企业的研发支出和上交的税额，企业愿意进行绿色创新；当 $AP=20$ 时，企业决策的演化更快地趋向于 1，表明此时企业开发新产品的收益更高，企业发现新产品的绿色研发可以为企业带来收益，故更快速地选择进行绿色创新。这一现象可归因于企业重商逐利的本质，企业

都希望研发销售能够给企业带来利益的产品，而放弃那些投入成本高收益却甚微的产品。因此，通过绿色创新研发的新产品能给企业带来的收益越高，企业越趋向于自发地进行绿色创新。但企业想要获得更高的收益不能仅通过提升新产品的销售价格来实现，过高的销售价格会给社会公众带来巨大的压力，反而使收益下降，更要通过发展新质生产力，寻找新技术、新方式降低新产品的生产成本。

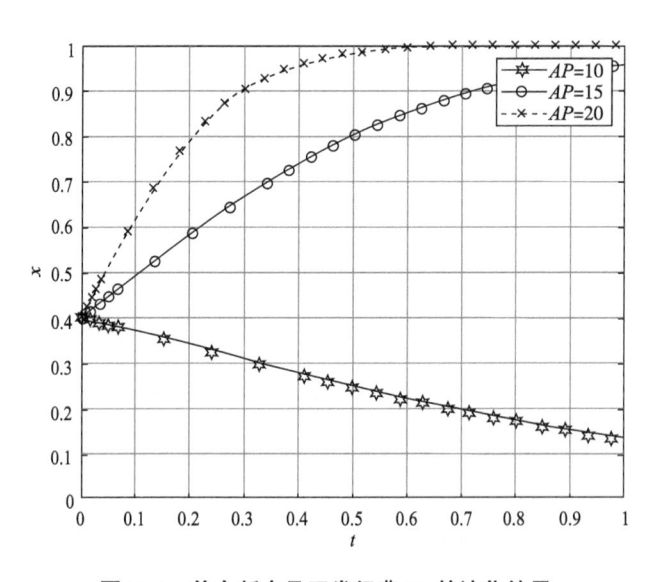

图 7-4　单个新产品开发经费 P_1 的演化结果

通过以上数值仿真的演化结果可知，在企业绿色创新产品的销售收入大于企业 R&D 经费内部支出和企业每年上交的税收金额之和的条件下，企业、政府和公众三方参与绿色创新的初始意愿高低对其最终的策略选择没有影响，三方的最终策略始终为企业进行绿色创新，政府不补贴，公众购买绿色产品。此时虽然政府的研发补贴与税收优惠政策对企业选择绿色创新有促进作用，但是随着时间的演进，其作用越来越低，最终即使没有政府的补贴，企业也会进行绿色创新。而企业进行绿色创新研发出的新产品的销售收入对企业的绿色创新行为始终是产生促进作用的。

第四节 结论及管理启示

以博弈方有限理性为前提，本书构建了企业、政府、社会公众三方组成的演化博弈模型，并通过仿真模拟的方式，研究政府对绿色创新企业的税收优惠，政府对新产品开发项目的补贴力度、新产品的销售收益对企业是否进行绿色创新行为的影响。得出以下主要结论和管理启示：

首先，在北京市先进制造业是否进行绿色创新的选择过程中，当企业绿色创新产品的销售收入大于企业 R&D 经费内部支出和企业每年上交的税收金额之和时，最终三方参与主体的策略选择倾向于企业自发地进行绿色创新，社会公众购买绿色产品，但政府不需要给予企业补贴。这种发展模式正是目前财政资金紧张的政府亟须的，但想要形成这种发展模式，政府需要在企业研发初期给予一定的支持，确保企业生产的绿色产品在投入市场时可以得到社会公众的喜爱，能够给企业带来更多的利润。同时企业进行绿色创新时，新产品的销售收入对企业的决策也会产生重要影响。企业绿色产品的开发经费过高会影响企业的利润，抑制企业进行绿色创新的意愿，从而降低企业进行绿色创新的概率。因此寻找或者开发一种新的技术从而促使企业降低开发成本，是目前企业需要努力的方向。达到稳定状态之后，政府对企业是否进行绿色创新的影响不大，因此选择不给予企业补贴，所以政府可以将更多精力放在对社会公众的管理上，培养社会公众的绿色偏好，以合理的手段促进社会公众对绿色产品的选择，既减轻政府的财政压力，又促进企业进行绿色创新。

其次，社会公众的绿色偏好是企业进行绿色创新、生产绿色产品的主要动力，也是其最本质的激励来源。为了促进北京市先进制造业的绿色创新，北京市政府应该弘扬可持续发展观，培养社会公众的绿色偏好和以保护环境为先的消费观，积极引导社会公众购买绿色产品。北京市政府应该推动产业集群内部协同创新,探索发展"产业园区+创新孵化器+产业基金+产业联盟"模式,充分利用产业集群产生专业知识、生产技能、市场信息等方面的累积效应,同时先进制造业的各个企业之间相互学习,不仅降低了绿色产品的生产成本,而且能够凝聚力量促进更多的创新产出;另一方面,企业存在相互竞争,倒逼企业保持创新动力,提高创新水平,推动行业的创新发展。政府应该培育新的创新组织形式,打造京津冀城市群创新生态系统;创新人才合作共享机制,利用区域间的互补优势和协作机制,降低区域内的创新资源交易成本,加快科技创新资源开放共享;通过强化科技成果转化基础能力建设,提升科技成果对接效率,在促进北京创新成果在津冀落地转化的同时,助力津冀产业优化升级。

本书仅考虑政府研发补贴与税收优惠政策,构建了先进制造企业绿色创新的演化博弈模型。除了书中选取的因素外,可以探究其他因素对先进制造业绿色创新的重要影响,如政府监管及处罚等。除此之外,未来也可以采用实证研究方法验证本模型,如运用案例研究方法对绿色创新的先进制造企业进行分析。

制造业是全球最大的能源消耗和温室气体排放行业之一,因此制造业的绿色转型对于实现国家"双碳"目标至关重要。先进制造业作为制造业的重要领域,具有高附加值、技术密集、资源节约和环境友好等特点,是实现制造业绿色转型的关键。通过推动先进制造业的发展,可以实现从传统制造业向绿色制造业的转型,降低资源消耗和环境污染,提高生产效率和质量,促进经济可持续发展。在疏解非首都功能的背景下,北京市将绿色创新放在先进制造业发展的前沿位置,旨在推动先进制造业竞争力的整体提升。因此本章以北京市先进制造业为例,将企业、政府和公众构成的绿色创新系统看作一个先进制造业发展的演化过程,对政府补贴与公众的绿色偏好双重约束下的先进制造业绿色创新行为进行了研究。以博弈方有限理性为前提,本书构建了企业、政府、社会公众三方组成的演化博弈模型,并通过仿真模拟的方式,研究了政府对绿色创新企业的税收优惠、政府对新产品开发项目的补贴力度等对企业进行绿色创新行为的影响,从而为北京市先进制造业的绿色创新提供理论指导和政策建议,进一步推动北京市制造业绿色转型与可持续发展。

第八章　北京市先进制造业绿色创新发展管理启示及建议

北京市作为全国率先探索碳中和发展路径的示范区之一，其"碳达峰、碳中和"目标不仅是生态环境问题，更是经济发展问题。因此需要从绿色创新与城市化发展耦合角度来评价制造业绿色创新的协同度。本书拟揭示北京市先进制造业绿色创新的相对效率，针对重点需要推进绿色创新的产业，深入分析绿色创新过程中企业与政府、公众之间的关系，结合"双碳"目标拟提出促进北京地区先进制造业绿色创新的相关对策。

第一节　北京市先进制造业现状及总体提升对策

针对先进制造业，北京市从"两区"建设、成果转化与人才支持、环境奖惩、研发税等多方面给予了扶持：

首先，"两区"建设方面。在绿色金融支撑政策上，北京市先进制造业围绕"双碳"目标，利用绿色金融相关政策，加快自身绿色专项与发展；在政策与税收优惠上，通过降低企业存续和退出成本，全面推行纳税缴费"网上办"，加快建设一体化政策支撑平台，落实减税降费、稳企稳岗等支持中小企业发展的政策措施，营造便利的市场环境；在发展补贴政策上，重点支持先进制造业企业租赁研发、建设、生产环节中需要的关键设备和产线，降低企业运营成本，鼓励长期投资，适当放宽享受税收优惠的技术转让范围和条件，落实本市特定区域的境外高端人才个人所得税优惠政策；在租金等其他政策上，为鼓励中小企业和金融机构发展，加大力度落实房租补贴、减税降费等政策。

其次，成果转化与人才支持方面。北京市大力促进高精尖产业能级跃升，推动高精尖项目投资落地，加快产业绿色低碳转型，推动产业高质量发展；为鼓励创新成果取得专利权，提高发明专利质量，促进发明专利的实施和商用化，表彰为北京市经济社会发展做出突出贡献的专利权人和发明人；为培养高新技术行业的创新型人才，实现环境、经济和社会的可持续发展，推出一系列人才政策。

再次，环境奖惩方面。为促进经济社会全面协调可持续发展，北京市出台了一系列环境保护和奖励政策，支持企业申请智能化、数字化和绿色化技术改造项目。

最后，研发税方面。为促进高精尖产品创新优化，鼓励企业加大补贴力度，推动产业转型升级，北京市层面出台一系列研发税政策，例如：《关于北京市2022年国民经济和社会发展计划执行情况与2023年国民经济和社会发展计划的报告》提到基础研究税收试点、科技成果"先使用后付费"等突破性政策措施，发布实施中关村示范区"1+5"系列资金支持政策；《2022年北京市高精尖产业发展资金实施指南》设置先进制造业企业融资租赁和高精尖创新产品保险补贴，对符合条件的商业航天、汽车芯片等领域企业给予不超过50%的保费补贴；等等。北京市层面的研发税政策主要包括在城市副中心运河商务区、交通枢纽等地率先建设绿色金融机构、国际绿色金融组织、绿色金融基础设施等集中承载地，鼓励银行业金融机构在城市副中心设立绿色金融专门机构，加快设立国际绿色投资集团等。立足北京市制造业发展现状，本书梳理了涉及北京市制造业的相关政策，同时基于北京市近年先进制造业的原始投入产出数据，建立了包括先进制造业R&D人员全时当量、R&D经费内部支出、新产品开发经费支出、能源消耗总量、发明专利申请数、新产品开发项目数、新产品销售收入、二氧化碳排放量、地区生产总值、工业利润总额、工业资产总计在内的制造业绿色创新发展评价指标体系。运用 DEA 三阶段模型和 Malmquist 指数模型，本书对中国各地区连续 7 年（2015—2021 年）的先进制造业绿色创新发展效率进行横向和纵向的分析研究，结果表明海南省、河南省、广东省、上海市绿色创新效率连续多年大于北京市。因此，相对于先进制造业效率较高的海南省、河南省、广东省和上海市，北京市先进制造业仍存在一定的提升空间：

首先，相较于海南省，北京市可以进一步采取提升对外开放程度、加大税收减免力度等鼓励措施，适当参考海南省的有效政策。例如，设置专属保税仓，依托自由贸易港的税收减免或"零关税"等政策吸引富士康科技集团等先进制造业企业落地海南，进而提高高技术产业绿色创新水平。

其次，相较于河南省，北京市可以汲取集群发展的优秀经验，进一步鼓励企业集群、协同发展。例如，河南省通过建设郑州国际软件产业园等产业基地，引领省内 18 个地级市因地制宜发展先进制造业，在省内推动、构建汽车、电子信息、医药制造等高技术行业集群协同发展，以创新引领高质量发展来提高先进制造业新产品销售收入水平等。

再次，相较于广东省，北京市在战略性新兴产业集群建设以及产业迭代方面存在提升空间，可以参考广东省的优秀做法，例如通过产业链群来激发粤港澳大湾区的产业创新活力。

最后，相较于上海市，北京市先进制造业存在资源转化率较低、二氧化碳排排放量较高等问题。虽然上海市和北京市在税收优惠、财政政策支持、产业用地等方面的政策要求基本一致，但上海市先进制造业的"研发机构数"、"能源消耗总量"和"二氧化碳排放量"等指标均显著低于北京市，使得上海市先进制造业的绿色创新发展效率高于北京市，因此北京市需要进一步提高资源的投入产出效率。

综上，通过对比海南省、河南省、广东省、上海市这四个省市在发展制造业方面的有效措施，本书提出以下建议：

一是设置绿色金融目标考核机制。将推动绿色金融发展纳入年度工作责任目标，明确主责部门和时间表，将相关任务纳入重点督办事项，确保绿色金融改革任务落到实处、改出效果。

二是推动北京市集群化协同发展。发挥北京市已有产业集群的力量，设置集群发展专项资金，调整各区制造业结构。开展集群制造业重大招商引资活动，推动产业集群发挥辐射作用，依托龙头企业和大型项目，围绕支柱产业的上下游领域延伸产业链，实现北京市各区的协同发展。

三是激励企业创新，加大研发补贴力度。促进高新技术企业发展，势必要从产品创新角度着手，突破发展瓶颈。例如，政府可以采取对高新技术企业按15%税率征收企业所得税、研发费用按100%加计扣除、投入基础研究按100%加计扣除、购置设备器具一次性扣除等税收政策，同时落实好个人所得税专项附加扣除政策以及股权激励、创业投资、职务科技成果转化税收优惠政策。

四是引导有基础、有条件的企业开展创新。开展以设备换芯、生产换线、机器换人为核心的智能化改造，建设数字化车间、智能化工厂；深化"5G+AI+工业互联网"应用，强化人机协作，发挥工业互联网平台作用，优化供应链资源配置，提升数据、资金等要素流通效率，积极推动中小企业上云上平台。同时在供应链风控和信用风控方面强化制造业数字绿色创新的风险控制，注重统筹短期效果和长期目标，激发市场主体活力。

五是培育新的创新组织形式。打造京津冀城市群创新生态系统，创新人才合作共享机制，利用区域间的互补优势和协作机制，降低区域内的创新资源交易成本，加快科技创新资源开放共享；通过强化科技成果转化基础能力建设，提升科技成果对接效率，促进北京创新成果在津冀落地转化，也有利于京津冀产业优化升级。

第二节　北京市七大先进制造业管理启示及建议

分析北京市先进制造业绿色创新效率的影响因素时，本书选取通过超效率 SBM-DEA 模型评测出 2013—2022 年绿色创新综合效率作为被解释变量，选取环境规制、地区开放水平、企业负债率、绿色投入产出比、应收账款总计等影响因素作为解释变量，对北京市医药制造业、汽车制造业、铁路及航天制造业、计算机及通信制造业、食品制造业、机械及器材制造业，以及仪器仪表制造业七大先进制造业的影响因素进行了分析，分别找出对七大制造业影响最大的因素，分析其促进或抑制北京市先进制造业绿色创新的原因，并基于研究结论为七大制造业依次提出针对性政策建议，以此探索北京市先进制造业绿色创新发展的提升路径。研究发现：行业开放水平正向影响医药制造业、汽车制造业，却对食品制造业、电气机械及器材制造业有负向影响；政府投资正向影响汽车制造业，却负向作用于食品制造业、铁路及航天制造业、电气机械及器材制造业；对于电气机械及器材制造业、仪器仪表制造业，环境规制的实施有利于绿色创新；外商投资有利于提高医药制造业的绿色创新；较高的国企利润率会推动汽车制造业、食品制造业提高绿色效率，但电气机械及器材制造业反而会降低其绿色效率。

不同先进制造业的绿色效率促进因素不尽相同，因此，应当区分不同领域以有效提升其绿色创新效率，具体如下：

第一，医药制造业绿色创新综合效率与行业开放水平、外商投资水平呈正相关，与地区开放水平呈负相关。基于此，北京市可以实施生物经济重点工程，发挥生物医药新材料产业引导基金作用，加强重点企业引育，推进生物高技术产业基地建设，争创国家级生物经济先导区，同时加大对民营、中小微企业进出口信贷投放，降低企业融资成本，进一步发挥民营企业稳定北京外贸基本盘的重要作用；开展生物医药领域研发用物品进口试点工作，建立本市生物医药企业，进一步激发生物医药产业创新活力，促进生物医药领域研发能力持续提升。

第二，汽车制造业绿色创新综合效率与市场结构、政府支持、政府投资转化率、国企利润率、行业开放水平呈正相关，与资产流动率呈负相关。因此，北京市需要鼓励小型汽车企业关注热点，发展新能源汽车，促进消费，以增加收入，跻身大中型汽车制造业行列；综合运用信贷、债券、保险等各类金融工具提高大中型汽车制造企业的生产力，促进大中型汽车企业的发展；针对汽车制造业的发展应定期召开问题分析会，针对行业发展热点和关键点开展专题调研，及时充分地掌握汽车行业发展情况和汽车企业痛点、难点、堵点；在企业加强创新力度的基础上，政府应重点有针对性地加大研究与实验发展经费的投入，以实现政府投资转化率的提升；积极关注出口地区相关政策与法规，保证企业产品符合标准，在新产品销售收入增加的基础上提高新产品出口力度。

第三，计算机及通信制造业绿色创新综合效率与能源消耗率、资产流动率呈正相关，与绿色投入产出比呈负相关。北京市应鼓励建设计算机、通信和其他电子设备制造业推进产业资源利用循环化，大力开发推广具备能源高效利用、污染减量化、废弃物资源化利用和无害化处理等功能的工艺技术和设备；鼓励企业开展逆周期投资，增强产业竞争力；坚持扩大开放、合作共赢，持续优化外资营商环境，鼓励外资企业在我国扩大电子信息领域投资。企业需要加强绿色技术的研发和应用，提高绿色创新能力和技术水平，加快信息技术领域关键核心技术的创新和迭代应用，推动能源电子产业创新发展，加快产业转型升级向高质量发展迈进。

第四，食品制造业绿色创新综合效率与市场结构、国企利润率正相关，与创新经济投入、政府投资转化率、行业开放水平、企业负债、绿色投入产出比负相关。食品制造业应可以设立地方特色产业集群专栏，推动食品领域老字号创新发展。政府应鼓励企业将中华传统饮食制作技艺与现代食品生产技术工艺有机结合，形成绿色低碳、安全发展的食品制造业，提升其数字化和智能化水平；鼓励地方特色食品的龙头企业发挥产业链主引擎作用；发挥国家产融合作平台作用，引导金融机构为地方特色食品生产企业的发展提供助力；优化国有资产配置，推动国有资本向优势产业和绿色创新领域集中；优化融资结构，鼓励企业通过股权融资、债券发行等方式降低债务比例，优化融资结构；支持地方特色食品开拓国际市场。

第五，铁路及航天制造业绿色创新综合效率与地区开放水平和能源消耗率呈正相关，与政府投资转化率与应收账款总计呈负相关。政府应鼓励行业龙头企业提高国际化经营水平，引导企业积极创建自主品牌，支持企业开展品牌培育活动，搭建自主品牌国际化展示平台，提升国际市场认知度；鼓励优先利用可再生能源，优先开发当地分散式和分布式可再生能源资源，大力推进分布式可再生电力、热力、燃气等就近利用，结合储能、氢能等新技术，提升可再生能源在区域能源供应中的比重；通过税惠政策直接或间接降低企业创新成本、缓解研发资金约束，优化融资服务机制，提高融资效率，适度降低债券融资市场门槛，加大对企业直接融资的支持力度。

第六，电气机械及器材制造业绿色创新综合效率与环境规制、市场结构、应收账款总计呈正相关，与政府投资转化率、行业开放水平、企业亏损率、国企利润率、绿色投入产出比呈负相关。政府应利用严格的环境规制政策，提供节能低碳绿色发展解决方案，促进企业节能、降碳、减排；构建多层次集群创新平台，集成和开放创新基础设施和服务资源，推动电气机械和器材制造业集群与大型企业、高等院校和科研院所建立稳定的创新合作机制，开展主导产业大中小企业融通创新、共性技术产学研协同创新，强化知识产权运用和标准研制。企业要提高自己的创新水平，在绿色环保的基础上研发出吸引社会公众的产品，充分利用政府的投资。

第七，仪器仪表制造业绿色创新综合效率与环境规制、应收账款总计、地区开放水平呈正相关，与绿色投入产出比呈负相关。北京市可以运用贷款贴息、担保降费补助、贷款风险补偿等政策，引导金融机构加大投入；鼓励成立本地先进制造业重点项目金融信贷工作专班，协调金融机构加强融资支持，优化审批流程，便利企业融资；推动集群内部协同创新，探索发展"产业园区+创新孵化器+产业基金+产业联盟"模式，推动行业的创新发展。

第三节　北京市绿色创新策略建议

第一，推动北京市产业集群化协同发展。发挥北京市已有产业集群的力量，设置集群发展专项资金，调整各区制造业结构。进行集群制造业重大招商引资，推动产业集群发挥辐射作用，依托龙头企业带头作用，促进大中小企业协同发展。鼓励龙头企业发挥产业链主引擎作用，带动上下游中小企业发展，提高资源配置效率。充分发挥国有企业的"领头羊"作用，通过加强国企改革、产学研合作、绿色生产转型以及发挥行业协会和中介组织作用等多方面的努力，推动制造业的绿色创新发展。加大中小企业培育力度，做大做强专业领域产品和品牌，营造大中小企业融通发展的良好产业生态。促进企业之间的信息共享，缩小信息差，实现资源共建共享。企业需要优化绿色生产流程和管理体系，提高绿色生产效率和资源利用效率，发挥"链主"企业作用，优化产业链资源配置，培育一批具有国际竞争力的先进制造业集群。

第二，政府制定补贴优惠政策，指明产业发展方向。首先，政府应制定新产品出口政策和完善的产业政策及引资方向，注重外商直接投资质量，将外商直接投资控制在合理范围内，通过加强内部创新、提升绿色生产意识、强化政策支持等多方面的努力，实现制造业绿色、高效、可持续的发展。其次，政府应加大对绿色创新的政策支持力度，限制制造业污染物排放，并通过政策指明未来产业的发展方向，刺激制造业主动进行绿色创新改革。此外，政府可以通过加强市场推广来促进企业绿色创新产品的研发和销售，对国家级制造业创新中心、市级、区级企业技术中心给予一次性研发经费补助。最后，政府可以定期发布新技术产业化应用指导目录，对列入目录的重大技术创新成果在区内实现转化应用的项目，按实际完成投资额的一定比例给予一次性补助，单个项目补助设置上限。

第三，增加信贷支持力度，降低企业创新成本。鼓励企业通过股权融资、债券发行等方式降低债务比例，优化融资结构。市场引导金融机构增加对制造业的信贷支持，特别是对于绿色创新项目的支持。北京制造业应加大对民营、中小微企业进出口信贷投放，降低企业融资成本，进一步发挥民营企业稳定北京外贸基本盘的重要作用。鼓励市场化运作的各类基金加大对地方特色技术创新和薄弱环节攻关的支持力度。企业可以通过多样化的融资渠道，包括银行贷款、信托融资、企业债券等方式，增加企业的资金来源，保证企业业务发展的持续性；还可以加强资金的投资和运营，选择适合企业的投资项目和方式，提高资金的利用效率和回报率。

第四，培育新的创新组织形式，打造京津冀城市群创新生态系统；创新人才合作共享机制，利用区域间的互补优势和协作机制，降低区域内的创新资源交易成本，加快科技创新资源开放共享；通过强化科技成果转化基础能力建设，提升科技成果对接效率，在促进北京创新成果在津冀落地转化的同时，助力津冀产业优化升级。

第五，为了促进北京市先进制造业的绿色创新，北京市政府应弘扬可持续发展观，培养社会公众的绿色偏好和以保护环境为先的消费观，积极引导社会公众购买绿色产品。公众的绿色偏好是企业进行绿色创新、生产绿色产品的主要动力，也是其最本质的激励来源。北京市政府应推动产业集群内部协同创新，探索发展"产业园区+创新孵化器+产业基金+产业联盟"模式，充分利用产业集群产生专业知识、生产技能、市场信息等方面的累积效应，同时先进制造业的各个企业之间相互学习，不仅降低了绿色产品的生产成本，而且能够凝聚力量促进更多的创新产出；另一方面，企业存在相互竞争，倒逼企业保持创新动力，提高创新水平，推动行业的创新发展。

第四节　加快培育新质生产力

相关文件指出，要加快培育新质生产力应加速构建现代化产业体系，夯实高质量发展的产业基础，推进北京先进制造业高质量发展，牢牢扭住自主创新这个"牛鼻子"，发挥科技创新的支撑引领作用，推动劳动资料迭代升级与长期持续发展，推动生产组织方式网络化转型，创造新型生产工具、拓展新的劳动对象，培育新型劳动者，促进新质生产力诸要素实现高效协同匹配，不断提高先进制造业核心竞争力。本书基于北京市近七年先进制造业发展的面板数据，全面评价北京市先进制造业发展的内部均衡性，综合揭示北京市先进制造业各行业绿色创新的影响因素。研究发现：

（1）加快发展新质生产力，需要关注北京市先进制造业各行业劳动要素发展不均衡，增强经济增长和社会发展的持续性。计算机、通信和其他电子设备制造业的发展远领先于其他先进制造业，然而该行业处于规模报酬递减状态，目前的繁荣发展与北京新质生产力的长期持续创新欠匹配；医药制造业，汽车制造业，铁路、船舶、航空航天和其他运输设备制造业，食品制造业，电气机械和器材制造业，以及仪器仪表制造业目前处于规模报酬递增阶段，发展前景相对较好。

（2）北京市先进制造业的发展缺少科研与产业的融合，需要促进生产要素创新性配置以及产业深度转型，同时推动生产组织方式向平台化、网络化和生态化转型。市场结构对北京市食品制造业、电气机械和器材制造业、汽车制造业的绿色创新效率具有显著正向影响，说明大中型企业的协同发展影响绿色创新效率的提高，然而北京市强大的科研资源虽然使其在科学论文发表和专利申请上独占鳌头，但在科研与产业的互动上相对薄弱。现有的产业集群和产业基地没有充分发挥资源共享、协同发展的作用，也没有发挥出龙头企业的带头作用。因此，亟需依托生产要素的自由流动、协同共享和高效利用，打造广泛参与、资源共享、精准匹配、紧密协作的产业生态圈，加速全产业链供应链的价值协同和价值共创。

（3）更广范围的劳动对象（如数据）是新质生产力的物质基础，国家的开放度是影响创新投入转化的重要因素，故北京市先进制造业需要妥善处理自主创新和开放创新之间的关系。地区开放水平对北京市仪器仪表制造业、铁路、船舶、航空航天和其他运输设备制造业的绿色创新效率具有显著正向影响，且地区开放水平越高越有利于外部资金及高新技术的引入，促进本地制造业绿色创新效率的提高。目前北京市中关村示范区还存在企业创新主体地位不够突出、关键核心技术仍然受制于人、科技成果产业化效益需要提高、国际化发展水平需要进一步提升、先行先试改革需要进一步突破等问题和挑战。

（4）更高素质的劳动者是新质生产力的第一要素，但北京市对人才培养的定位不够准确，高校专业设置与人才需求不匹配，不利于先进制造业的发展。目前，北京市高校人才培养与新质生产力人才需求脱节，培养过程普遍存在重理论轻实践的现象。2023年，北京高校培养的毕业生中，文史类毕业生规模占比一半以上，但目前政府主导和重点发展产业发展新质生产力所需的人才约70%集中在工学、理学等基础研究和应用型学科方面，高校当前的专业设置和人才培养质量难以满足对人才的需求；此外，清北高校本科生近年来"留京率"持续下跌，从七成降低至两成左右。同为科技创新中心城市的上海市，对长三角其他省份的人才"虹吸效应"显著。在先进制造业人才引进政策方面，北京市人才计划、省市级杰出青年基金的资助力度虽远高于上海市，但对先进制造业技能型人才未有明确的认定标准，待遇方面缺少专项政策支持。

（5）着力为发展新质生产力蓄势赋能，利用金融手段提升先进制造业的绿色创新效率。北京市绿色金融政策侧重于支持先进制造业企业租赁研发、建设、生产环节中需要的关键设备和产线，加强对绿色项目的信贷支持，促进发展绿色投资，探索优化金融支持绿色项目融资的体制机制。

例如，对先进制造业企业融资租赁和高精尖创新产品保险提供补贴，完善新能源汽车推广补贴政策等。现有的金融手段应支持技术的突破，而不是产能的复制。企业积极培育新兴产业，引导投资机构聚焦科技型企业开展业务，持续加大对创新成果在初期的投入力度。

本书通过对海南省、河南省、广东省、上海市先进制造业相关政策的梳理，分析这四个省市在发展先进制造业方面的先行措施，寻找北京市下一步的发展方向，提出以下建议：

一是由北京市政府牵头主导，依据2013—2022年的计算机、通信和其他电子设备制造业的投入力度，适当地减少该行业的投入，并增加其余先进制造业的投入力度，以相对较少的资源获得更高的产出，实现协同和经济的高质量发展。电气机械和器材制造业的绿色创新发展水平受发明专利申请数量的影响较大，应从政策手段鼓励该行业发明专利的数量；医药制造业的绿色创新发展水平是受纯技术效率和规模效率的双重阻碍，应结合2021年投入情况适当减少其投入；汽车制造业，铁路、船舶、航空航天和其他运输设备制造业，食品制造业以及仪器仪表制造业处于规模报酬递增状态，有着良好的发展前景，应加大对其投入水平，从而获得更高的产出。建议以相辅相成、协同发展的方式提升北京市先进制造业综合实力。

二是推动先进制造业集群化协同发展，充分发挥企业作为研发应用新型生产工具主力军的作用。发挥北京市丰台区轨道交通智能控制产业集群、大兴区医疗器械产业集群、海淀区集成电路设计产业集群等先进特色的产业集群的力量，将科研与产业融合创新，推动产业集群发挥辐射作用，依托龙头企业带头作用，促进大中小企业协同发展，加强创新要素集成和科技成果转化，构建龙头企业牵头、高校院所支撑、各创新主体相互协同的创新联合体，加快科技成果向现实生产力转化，培育一批有国际竞争力的先进制造业集群。

三是政府制定补贴优惠政策，指明产业发展方向，促使北京市先进制造业自主创新与开放创新协同共进。对比广东省和上海市先进制造业的发展政策，北京市亟须利用税收、补贴等方式加强自主创新，同时鼓励企业应用数据等新型劳动对象加强绿色创新与开放创新，例如：政府应制定新产品出口政策和完善的产业政策及引资方向，注重外商直接投资质量；加大对绿色创新的政策支持力度，并通过制定足够的政策指明未来产业的发展方向，刺激先进制造业主动进行绿色创新改革；定期发布新技术产业化应用指导目录，对列入目录的重大技术创新成果在区内实现转化应用的项目，给予一定的支持。

四是在人才政策方面，应针对性地加强对京津冀地区先进制造业人才的培养和引进等来加快形成新质生产力。首先，坚持以打造创新型人才为导向，转变高校人才培养模式。由政府主导在北京地区开展先进制造业创新人才定向培养专项计划，成立特色班，将学生放在"卡脖子"的项目中培养，并基于资金补助和成果转化政策予以支持。其次，对各先进制造业所缺技能型人才、高精尖人才，分别针对性设置明确的认定标准，并灵活协调户口编制，对所需高端人才的薪资收入、住房补贴、子女教育等待遇设置专项的政策支持来强化北京地区对高素质劳动者的引进力度。最后，建立人才流动机制，将部分北京市先进制造业人才转移到津冀地区重点产业集群园区来孵化优秀人才队伍，由"单打独斗"转化为"攥指成拳"等以提高京津冀地区整体先进制造业整体素质来加速形成新质生产力。

五是培育新型创新组织形式，完善先进制造业绿色创新评价体系，打造京津冀城市群创新生态系统。金融机构应改变过去单纯以企业规模等为评价标准的做法，更加注重对科技创新能力、科技成果转化潜力等进行有效评价，在促进北京创新成果在津冀落地转化的同时，助力津冀产业优化升级。

参考文献

[1] 杨晓燕，胡永锋，贾秋淼，等．国际大都市碳中和行动对北京的启示［J］．地理科学，2024，44（1）：109-120．

[2] 周民良．京津冀世界级先进制造业集群建设中的北京定位［J］．中国发展观察，2020（Z7）：109-113．

[3] 北京国际科技创新中心．打造医药健康产业"北京样本"［EB/OL］．（2024-04-11）［2024-08-29］．https：//www.ncsti.gov.cn/kjdt/xwjj/202404/t20240411_153282.html．

[4] PONTESJ．Electric car sales：global top 20［EB/OL］．[2024-08-29]．https://cleantechnica.com/2022/06/29/electric-car-sales-global-top-20/．

[5] 国家能源局．中国光伏产业为全球市场供应了超过70%的组件［EB/OL］．（2021-03-31）［2024-08-29］．http：//www.gov.cn/xinwen/2021-03/31/content_5597134.htm#1．

[6] 刘文丽．中国高技术产业政府投入机制创新研究：机制设计理论视角［D］．北京：北京工业大学，2018．

[7] BANKER R D，CHARNES A，COOPER W W，et al. An introduction to data envelopment analysis with some of its models and their uses［J］．Research in governmental and nonprofit accounting，1989，5（1）：125-163．

[8] 汤金羽，朱学芳．我国公共文化云微信公众平台服务效率评估［J］．图书馆论坛，2019，39（9）：127-134．

[9] 余珮，程阳．我国国家级高新技术园区创新效率的测度与区域比较研

究：基于创新价值链视角［J］．当代财经，2016，385（12）：3-15．

［10］徐建中，王曼曼，贯君．动态内生视角下能源消费碳排放与绿色创新效率的机理研究：基于中国装备制造业的实证分析［J］．管理评论，2019，31（9）：81-93．

［11］光峰涛，邓雅婷，易明．绿色创新效率测度及时空分异特征：以长江经济带制造业为例［J］．科技管理研究，2022，42（6）：59-68．

［12］丁显有，陈杭盛，田泽，等．我国高端制造业绿色创新效率评价研究：基于YREB和非YREB比较视角［J］．生态经济，2022，38（5）：68-74．

［13］李杰，赵燕．"双碳"目标下先进制造业的区域绿色创新溢出效应［J］．科技管理研究，2023，43（3）：223-233．

［14］熊曦，窦超，关忠诚，等．基于R&D经费筹集来源的工业企业技术创新效率评价［J］．科技进步与对策，2019，36（3）：130-137．

［15］闫星，罗义，赵芹，等．基于SBM-DEA的陕西省制造业高质量发展效率评价及对策研究［J］．科技管理研究，2022，42（1）：44-50．

［16］王正，郭珩．"双碳"目标下创新要素配置优化与制造业高质量发展［J］．技术经济与管理研究，2023，318（1）：103-107．

［17］SCHUMPETER J A. The economy as a whole：seventh chapter of The theory of economic development［J］．Industry and innovation，2002，9（1/2）：93．

［18］王锋正，陈方圆．董事会治理、环境规制与绿色技术创新：基于我国重污染行业上市公司的实证检验［J］．科学学研究，2018，36（2）：361-369．

［19］刘文虎，王震，王子华，等．科技型企业董事会特征与技术创新效率关系研究［J］．证券市场导报，2020，340（11）：33-39，55．

［20］何景师，张智勇，叶善椿．基于三阶段超效率SBM-DEA模型的我国沿海五大城市群低碳物流效率研究［J］．上海海事大学学报，

2023,44(3):55-63.

[21] 郭彦琳.基于DEA模型的饲料上市企业财务效率评价[J].饲料研究,2022,45(12):126-129.

[22] 侯建,宋洪峰,李丽.非研发投入、知识积累与中国制造业绿色创新增长[J].系统管理学报,2019,28(1):67-76,85.

[23] 尹士,袁媛,韩陛贤."双碳"目标下制造业数字绿色创新发展评价:以京津冀为例[J].科技管理研究,2023,43(6):94-104.

[24] 陈普,万科.中国分省资本存量算法的改进及R包应用[J].统计与决策,2021,37(9):37-40.

[25] 张世俊,邓峰.多渠道国际技术溢出效应的区域差异性研究[J].科学学研究,2019,37(5):826-832.

[26] 张立国.中国物流业能源消耗与二氧化碳排放效率测度及分析[D].南京:南京航空航天大学,2017.

[27] CHARNES A,COOPER W W,RHODES E. Measuring the efficiency of decision making units[J]. European journal of operational research,1979,2(6):429-444.

[28] TONE K. A slacks-based measure of efficiency in data envelopment analysis[J]. European journal of operational research,2001,130(3):498-509.

[29] FRIED H O,YAISAWARNG S. Incorporating the operating environment into a nonparametric measure of technical efficiency[J]. Journal of productivity analysis,1999,12(3):249-267.

[30] 陈巍巍,张雷,马铁虎,等.关于三阶段DEA模型的几点研究[J].系统工程,2014,32(9):144-149.

[31] 胡德,郭刚正.最小二乘法、矩法和最大似然法的应用比较[J].统计与决策,2015,429(9):20-24.

[32] 郑思雨,周苏洋,邱玥,等.基于改进三阶段数据包络分析法的省域全要素能效评价方法[J].中国电机工程学报,2023,43(14):

5329-5342.

[33] 陈杰,许朗.基于面板三阶段DEA-Malmquist模型的中国农业绿色水资源利用效率研究[J].地理科学,2023,43(4):709-718.

[34] 梅国平,龚雅玲,万建香,等.基于三阶段DEA模型的华东地区物流产业效率测度研究[J].管理评论,2019,31(10):234-241.

[35] 曾贤刚,牛木川.高质量发展条件下中国城市环境效率评价[J].中国环境科学,2019,39(6):2667-2677.

[36] 葛世帅,曾刚,杨阳,等.基于DEA-Malmquist和Tobit模型的长三角城市群绿色创新绩效研究[J].长江流域资源与环境,2022,31(4):738-749.

[37] 徐敏,周婷婷,王凌,等.政府支持对高技术产业绿色创新效率的影响研究[J].资源与产业,2022,24(6):64-74.

[38] 李根,张学思,田爱瑞,等.基于超效率SBM-ESDA与Tobit模型的制造业绿色创新效率时空分异研究:以长江经济带为例[J/OL].生态经济,2024(10):1-25(2023-11-02)[2024-09-04].http://kns.cnki.net/kcms/detail/53.1193.F.20231102.1132.002.html.

[39] 宋慧勇.创新驱动发展战略下长三角研究型高校科技创新效率及影响因素[J].科技和产业,2023,23(20):52-58.

[40] 张树果,张聪果.基于超效率SBM-Malmquist-Tobit模型的市域科技创新效率评价及影响因素研究[J].内蒙古科技与经济,2023(14):19-24,28.

[41] 乔美华.对外贸易对工业企业绿色创新效率的异质门槛效应[J].中国科技论坛,2019(11):93-102.

[42] 秦淑娟,王磊玲.绿色信贷对绿色技术创新效率的影响:基于SBM-GML模型[J].财务与金融,2023(3):23-29,47.

[43] 李宇芳.绿色技术创新对能源利用效率的影响效应研究[D].太原:山西财经大学,2023.

［44］中华人民共和国国家质量监督检验检疫总局．国民经济行业分类：GB/T 4754-2017［S］．北京：中国标准出版社，2019.

［45］中华人民共和国工业和信息化部．电子信息制造业［EB/OL］．［2024-08-29］. https://wap.miit.gov.cn/ztzl/lszt/xysbdztbd/xy/art/2020/art_ 978ae65c64df41cc8a3caf93ac39e0fa.html.

［46］张文卿，董景荣，李婷婷，等．促进绿色技术进步的补贴政策工具选择［J］．系统管理学报，2024（3）：721-734.

［47］李柏洲，王雪，苏屹，等．我国战略性新兴产业间供应链企业协同创新演化博弈研究［J］．中国管理科学，2021，29（8）：136-147.

［48］柳雅君，薛文静．助力还是阻力：税收优惠政策与企业数字化转型［J］．经济问题，2024（4）：37-43.

［49］徐乐，马永刚，王小飞．基于演化博弈的绿色技术创新环境政策选择研究：政府行为VS.公众参与［J］．中国管理科学，2022，30（3）：30-42.